妈妈这样说 女孩才肯听 妈妈这样做 女孩更出色

韩佳宸 / 编著

北京理工大学出版社
BEIJING INSTITUTE OF TECHNOLOGY PRESS

图书在版编目(CIP)数据

妈妈这样说，女孩才肯听；妈妈这样做，女孩更出色 / 韩佳宸编著 .—北京：北京理工大学出版社，2019.4（2019.9重印）

ISBN 978-7-5682-6381-8

Ⅰ.①妈… Ⅱ.①韩… Ⅲ.①女性—家庭教育 Ⅳ.①G78

中国版本图书馆CIP数据核字(2019)第027492号

出版发行 / 北京理工大学出版社有限责任公司

社　　址 / 北京市海淀区中关村南大街5号

邮　　编 / 100081

电　　话 /（010）68914775（总编室）

（010）82562903（教材售后服务热线）

（010）68948351（其他图书服务热线）

网　　址 / http://www.bitpress.com.cn

经　　销 / 全国各地新华书店

印　　刷 / 三河市华骏印务包装有限公司

开　　本 / 710毫米 ×1000毫米 1/16

印　　张 / 24

字　　数 / 387千字

版　　次 / 2019年4月第1版 2019年9月第3次印刷

定　　价 / 45.00元

责任编辑 / 闫风华

文案编辑 / 闫风华

责任校对 / 周瑞红

责任印制 / 施胜娟

前言

父母做对了，女孩才优秀

小公主降临了，她是上天对你的恩赐，是你生命中最宝贵的礼物，相信每位家长在面对着这个娇弱、柔美的生命时都惊喜不已，此外，还有一丝茫然——如何把孩子教育得更完美、更优秀呢？如何让女儿拥有幸福的生活呢？

有时候，掌控女孩美好生活的按钮就握在你的手中。父母是孩子的第一任老师，也是任期最长的老师，如果你想培养出完美的女孩，首先就需要拥有足够的耐心，从一点一滴做起，任何一个细节都不要忽视。只有你的教育做到完美、极致，女孩的成长才能达到完美、极致。

其次，还需要你掌握正确的教育观念和方法。如果你引导得当、教育合理，你的女儿最后就有可能成为一个卓尔不群的人才。因此，不想让孩子输在人生的起跑线上，父母们就要随时更新自己的教育观念，随时修正自己的育儿方法。

那么，父母们具体该采用哪些教育方式呢？本书将为大家提供帮助。

第一章我们列举了女孩们一些有别于男孩的行为、性格特征，比如胆小、没有主心骨、重视人际关系、多愁善感等，只有父母们理解专属于女孩的表达方式，才能真正走入女孩的内心世界，真正地拉近彼此的距离。

第二章是为女孩父母们量身而写的，笔者希望每位父母都应认真、仔细地阅读。里面明确地指出了父亲、母亲在教育女孩这项“工程”中的责任。父亲和母亲都有各自的岗位，又相互影响，只有紧密协作，才能教育出优秀的女孩。

第三章讲的是教育女孩的关键性法则，即“女孩要富养”。当然，这里的“富”不是指物质上的富足，不是指无意义的溺爱和娇惯，而是指孩子在精神上的富足和人格方面的独立。只有这样，我们的小公主才会越来越有内涵，才能懂得自尊自爱。

第四章着重介绍了女孩的“情商教育”。此教育对于女孩来说具有非凡的意义，其中包括教女孩管理自己的情绪、提升女孩的自信心与抗挫折能力，培养女孩的意志力和独立性等，这些都可以使女孩拥有积极、乐观的心态，从而更好地面对今后的生活。

第五章也是本书的特色章节，主要是针对女孩的气质培养来展开的。我们都知道，只有气质才是伴随女孩一生的宝贵特质，所以，培养女孩的气质是非常重要的事。本章介绍了八种气质的培养，你若想自己的女儿成为天下最完美的女孩，就可以根据女儿的特性选择相应的方法。

第六章是有关女孩的能力培养，比如创新能力、应变能力、社交能力和理财能力等方面的培养。每一位父母都应注重培养女孩的综合能力，让其学会自我定位、自我控制、自我创造、自我完善和自我发展，逐步发展成为适应时代、适应社会的优秀人才。

第七章是对女孩的美德教育。善良、责任心、诚信、谦虚等良好的性格与成才的关系非常密切。若父母们能重点培养孩子这些品德，对其今后成才会有很大的帮助。

第八章是对女孩习惯的培养。有了良好的习惯，女孩将终身受益。当然，要养成良好的习惯不是一蹴而就的，需要一个长期渐进的过程，作为女孩的父母应有足够的耐心，从细节入手，及时给予督促和鼓励。

第九章重点介绍了女孩学习能力提高的方法。如何帮助女孩迈好入学的第一步，如何提高女孩的记忆力，提升其数学、外语等科目的成绩……相信这些都是父母们非常关心的问题。在本章，我们将会为大家指点迷津。

第十章是讲如何与女儿沟通的问题，这也是决定两代人关系是否和谐的基石。我们所说的沟通，不是指说教或打骂，而是双方信息交流及情感需要、态度等心理因素的有效传递与互动。概括说来，父母要在合适的时间、合适的地点、合适的氛围与女孩谈论合适的话题，只有这样，女孩才会喜欢听你说话，才会对你敞开心扉。

最后一章是对“青春期”女孩的教育。到了青春期，女孩大多叛逆、敏感、情绪多变……父母们应给予足够的理解和尊重、支持与信任。在女孩迷茫时，给她一个拥抱、一个希望，让她感受到你温暖的爱；在女孩需要帮助时，悄悄地拉她一把；耐心地陪在女儿的身边，才能让她成长得更健康。

以上便是对本书全部内容的介绍，每一节我们都结合最新的教育学、心理学知识，为父母提供了切实可行的方法，希望父母们可以活学活用。如果本书能够对天下所有父母都有所帮助，通过它可以培养出更多优秀的女孩，那将是我最大的心愿！

韩佳宸

2018 年 9 月

本书涉及的知名教育专家

家庭教育——卡尔·威特（德国著名教育专家）

教育方式决定孩子未来——李子勋（中国著名心理医生，《父母必读》杂志社专栏作家）

知心教育——卢勤（中国儿童的“知心姐姐”、著名教育专家）

家庭教育——尹建莉（中国著名教育专家）

真正有效的沟通改善亲子关系——汤姆·G·吉诺特（英国最受欢迎的演说家和作家）

幸福教育——郑委（中国著名教育专家）

早期教育——蒙台梭利（意大利著名教育专家）

女孩自尊教育——伊丽莎白·哈特利·布鲁尔（美国著名儿童心理学家）

智慧教育——王金战（中国著名教育专家）

女孩危机教育——孙云晓（中国著名教育专家）

健康心理教育——李中莹（中国香港著名教育专家）

目录

contents

第一章　读懂女孩的行为，走进女孩的内心花园

世界上每个女孩内心都深藏着不为人知的神奇密码，“吾家有女”的父母们需要时刻关注她们的言行举止，需要了解更多关于女孩的“秘密”。

第二章　培养最棒的女孩，家长要明确自己的责任

女孩就像一朵鲜花，她需要父亲阳光般的照耀，也需要母亲雨水般的滋润。父母在小心翼翼地爱护着这朵鲜花时，一定要懂得自己在女孩人生中所扮演的角色。

第三章　再穷不能穷孩子，女孩一定要“富”着养

富养女儿最重要的是富足孩子的精神世界，父母一定要记住，富养不是金钱、物质、溺爱、娇惯……

第四章　情商成就女孩的幸福，塑造高情商的女孩

成功人士＝ 80%情商 +15%智商 +5%逆商。可见，情商是一个人获得成功的关键，父母更应该从小就开始培养女孩的情商。

第五章 气质决定女孩的未来，让女儿变身为优雅小淑女

女孩需要修炼的真正的美是一种由内而外散发出的魅力，那就是气质。气质给人的美感是不受年纪、服饰和打扮局限的，而气质的形成是离不开父母的正确引导和培养的。

第六章 10 种能力教育，把女孩培养成出类拔萃的英才

女孩就是一个深藏着无限能力的小宇宙，父母们要想让这个小宇宙爆发出属于她的耀眼光芒，那就要打开女孩的“能力之门”。

第七章 美德教育为女孩加分，培养品格高贵的小公主

真正能令人印象深刻的好女孩，不是因为她多么出色的学习成绩，也不是因为她多么能言善辩，而是因为她有一颗充满“美”与“爱”的心。

第八章 好习惯让女孩受益终生，教女儿养成良好的习惯

习惯就像车轮的转动一样，它有着很强的惯性和力量。不过，好习惯会推着车轮朝着成功的方向挺进，而坏习惯会不断扯车轮的“后腿”，阻碍其与成功接近。

第九章 提高女孩的学习能力，为女儿插一双知识的翅膀

对于孩子来说，她们学习的目的不是获取知识，而是获得学习的能力。因此，我们要让女孩在学习中学会如何学习，这样才能激发她们学习的兴趣。

第十章 架起亲子沟通的桥梁，做女孩无话不谈的好朋友

沟通是一把“双刃剑”，良好有效的沟通会让父母与女孩变得更加亲近，而恶劣无效的沟通则会让双方关系恶化。

第十一章　我家有女初长成——陪女孩一起度过青春期

青春期的女孩似乎有着数也数不清的“问题”，因此教育专家把青春期称为女孩“人生的第二次危机”。面对青春期的女孩，父母一定要多点耐心与爱心。

第一章 读懂女孩的行为，走进女孩的内心花园

关键词：敏感、爱的教育、人际关系、胆小、鼓励、关注、家庭话题、主见、选择权、启发式话语、多愁善感、注意力、家庭氛围、刁蛮、尊重、情绪、肯定、天赋、善待。

每个女孩心底都有一座神秘的内心花园，作为父母的你了解这些吗？

你知道女孩胆小、多愁善感，是因为她们的敏感神经在作怪吗？

你知道女孩任性、刁蛮，是因为她们更渴望父母的关注吗？

你知道女孩情绪多变，是因为她们没有可以倾诉心事的渠道吗？

……

如果你无法肯定地回答这些问题，那就请走进这一章，走进女孩不为人知的内心花园，去真正读懂她们那些看似不可思议的行为吧！

第1招 “你不喜欢我了吗？”——女孩天生就敏感

法国著名的现实主义作家阿尔丰斯·都德曾说过这样一句话：“女人的眼睛总是比较敏锐的，哪怕是对世上的坏事全然无知的最老实的女人，有时也会突然闪现出惊人的睿智。”其实，女孩天性敏感，一个细微的动作，一声无人注意的叹息，一瞥不经意的眼神，都可能令女孩会错意，进而对家人、对朋友乃至对社会产生误解，造成无法挽回的憾事。

一位母亲就曾在“网络日志”中写道：

我有三个可爱的女儿，她们都很聪明伶俐，但又各不相同。其中上初中的大女儿细心、勤奋，照顾两个妹妹也尽心尽力，因此，我就经常表扬大女儿，企图让其余的两个女儿把姐姐作为榜样，也能成为很优秀的女孩子。

可事情没有朝我想象中的那样发展，另外两个女儿对姐姐非常敌视，我发现我越是赞美大女儿的行为，二女儿和小女儿就越是诋毁她们的姐姐。这到底是怎么回事呢？我虽然不断反思，可并没有发现问题的根本，于是我只好在最单纯的小女儿身上下功夫。

小女儿对我说：“妈妈，我和二姐觉得你太偏心了，只爱大姐一个，根本不喜欢我们。”听了小女儿的话我这才明白，二女儿和小女儿不理解我表扬大女儿是为了让她们学习她，而是认为我们只爱大女儿，不爱她们两个，这才是她们敌视自己的父母和姐姐的根本原因。

这位母亲怎会不喜欢自己的二女儿和小女儿呢？但由于女孩们天性敏感，让她们从母亲表扬姐姐的语言中听出了“弦外之音”。所以说，教育女孩子，一定要全面注意她们的心理特征，特别是她们的敏感性。

女孩们的敏感很容易促使她们对待事情的态度产生偏激，再加上各方面还不成熟，她们缺乏应有的自我调节的能力，又很容易产生怀疑、沮丧、悲观和失望等不良情绪。所以，如果父母们不能及时有效地帮助女孩们排解这些不良情绪，它们就会像病毒一样侵入到她们的学习、生活中，对其造成不良的影响。

那么，对于女孩的这种敏感性，父母应该采取哪些有效的方法进行引导呢？

方法一：多给你的小公主一些拥抱

儿童行为专家表示：在幼儿出生后两年内，父母每天能否和幼儿进行至少15分钟的身体接触，是决定孩子此后一生与父母关系的关键。因此，面对本就敏感的女孩子，父母应多给她们一些拥抱，用“爱的抱抱”带给女孩更多的安全感和亲密感。

青青刚出世没多久，妈妈就把她放在婴儿床里，然后去忙自己的事情。一开始，青青就用大声的啼哭表示自己的反抗情绪，但是她的妈妈就是不理睬，依然忙着做自己的事，她说不能给孩子惯下离不开大人的毛病。后来，青青不哭了，变得异常安静，甚至有些呆板，有时她的爸爸回来逗她玩，她都没有任何反应。

等到青青两岁的时候，爸爸妈妈以为她是智障，因为她只喜欢一个人玩，对爸爸妈妈和其他人都不感兴趣。但看过医生之后，却发现孩子的智力根本没有问题。无计可施之下，爸爸妈妈带着青青去看心理医生。

医生详细地了解了青青的情况，然后叫来了自己几个活泼的女助手，让她们抱着青青，和她一起玩。这些女孩子在青青的周围大声地欢笑着，争着抢着要抱她，不能抱到的就开始亲吻、抚摸孩子。一段时间之后，奇迹发生了，青青不但变得活泼起来，而且食欲也增强了，话也多了起来。

心理医生告诉青青的父母：“你们的孩子得的是‘皮肤饥渴症’，这种需求不是食物能满足的，而需要的是充满爱意的抚摸。如果孩子长期得不到这方面的满足，她很可能会发育不良，智力衰退，甚至变成弱智儿童。”

方法二：对待敏感女孩，父母要掌握好批评的火候

爸爸新买了一件衬衫，就被女儿苗苗用小剪刀弄成了“残次品”。爸爸心中十分生气，斥责女儿说：“你这孩子怎么这么烦人？”爸爸的话还没有说完，女儿就“哇”的一声哭了起来，一边哭一边说：“爸爸嫌苗苗淘气，不喜欢苗苗了！”，爸爸意识到刚才的批评伤了女儿的心，赶紧抱住女儿，抚摸着她的头说：“苗苗是爸爸的乖女儿，爸爸怎

么会不喜欢苗苗呢？不过以后苗苗要是再想当裁缝，要事先跟爸爸说，不要用小剪刀乱剪衣服了。”女儿点了点头，终于停止了哭泣。

小女孩非常在乎父母是不是爱自己，非常介意他人是不是对她有好感，有时看似不经意的一句批评就能让她们“闻”出别样的“味道”来。所以父母在教育女孩时，一定要注重批评的方式，切忌不计后果的训斥、打骂，而是多选择“爱的教育”，即使不得已要批评孩子，也要告诉她你是深爱着她的。

方法三：走进女儿的“心灵花园”，成为她的知心好友

一位母亲谈到自己的育女经验时这样说：

很多爸爸妈妈们都认为小女孩脆弱、敏感、不好相处，这是因为他们只会做孩子的父母，而不会做孩子的朋友。我和我女儿不仅仅是母女关系，更是朋友关系，她什么话都愿意和我说。记得有一次她爸爸批评了她，她非常伤心地找到我说：“妈妈，我惹爸爸生气了，他会不会不喜欢我了？”我抚摸着女儿的头说：“爸爸怎么会不喜欢自己的宝贝呢？不过以后可不要让爸爸生气了。”女儿懂事地点点头，心中的担忧终于放下来了。

小女孩天生敏感、多疑，内心深处还有很多父母所不知道的秘密，很多时候爸爸妈妈们并不知道自己做了什么、说了什么，女儿忽然就变得伤心起来。这时，父母最好的处理方法就是用真诚的沟通架起与女儿“心灵花园”的桥梁，进而成为她的知心好友，了解她情绪变化的根本原因，分享孩子的喜悦和难过。

教育专家给女孩父母的教女方案

女孩天生比较敏感，怎样才能帮助她相信自己，提高她的自我认知呢？英国教育专家伊丽莎白·哈特利·布鲁尔给出的建议是：

1. 信任和相信你的女儿。

2. 以孩子确信的方式向她表明你爱她、喜欢她。

3. 除了亲吻、拥抱之外，还可以通过其他方式表达你对她的爱，例如，多抽出时间陪陪她。

第2招　“我想找小朋友玩”——女孩很重视人际关系

王丹从小身体就很瘦弱，而她的双胞胎哥哥王凯则比她强壮很多，因此，王凯总是喜欢用拳头告诉王丹道理，这让她吃了不少苦头。虽然在女儿的哭泣声中，父母严厉地批评了儿子王凯很多次，但是王丹并没有得到多少安慰，因为哥哥王凯屡教不改，他们的父母也为此伤透了脑筋。

但有一次妈妈发现，儿子竟然一周都没有向女儿动拳头，这令她十分费解，为什么会这样呢？通过询问女儿，妈妈知道了事情的来龙去脉，原来女儿为了和儿子搞好关系，把自己最喜欢的玩具送给了他，而且王凯也很喜欢，并答应妹妹以后再也不打她了。

由上面这个事例我们可以看出，女孩子比男孩子更注重关系式的生活，她们更需要安全感，希望自己能够在一种和谐的关系中生存，所以为了创造这种关系，她们会充分利用自己的智慧去达到这一目的。

例如，很多女孩到了一个陌生的环境后，她们首先想到的是如何和大家建立良好的关系，而不是像男孩子那样有着强烈的竞争欲望和领导欲望。而且由于女孩体内荷尔蒙的影响，她们自我意识的提升，很大程度上来自情感方面的满足以及人际关系的质量。

下面，我们就来看一看女孩大脑里到底在想些什么：

怎样做才能让大家都喜欢我呢？

今天不开心，爸爸好像对我不满意！

妈妈早上拥抱了我，我感觉很温暖。

班里的同学都喜欢我吗？

怎样才能交到更多好朋友呢？

……

由此可见，女孩非常重视与他人的人际关系。那么，面对女孩对和谐人际关系的渴望，作为父母的你应该如何帮助和引导她呢？

方法一：让你的小公主学会爱自己

有一位母亲这样讲述自己的育女经验：

我8岁的女儿纤纤，非常在乎别人的评价。有一次考试的时候，她把唯一的一块橡皮借给了同学，可是那名同学用完后竟然忘记了还给她。女儿胆子很小，又不好意思管同学要，结果涂涂抹抹，把自己的考卷答得乱七八糟。

第二天，看到糟糕的成绩单，我问她是怎么回事，女儿委屈地说："都怪我当时没有橡皮。"然后她就把事情的经过向我讲述了一遍。听完女儿的话，我对她说："纤纤，你能够乐于助人，说明你是个善良的好孩子。但你应该想一想自己把橡皮借给同学后，你考试时用什么，这会不会影响你的考试成绩？"

此时，女儿低声说："可如果我不借给同学，她一定会说我小气的，以后都不跟我玩了。"

我抚摸着女儿的头说："妈妈这样说，不是让你不借给别人东西，而是要告诉你，别人的评价虽然很重要，但自己的正当利益更重要。"女儿对于我说的话虽然有些似懂非懂，但是我相信以后她会明白一个人只有先学会爱自己，才有能力去爱别人。

大多数女孩子都和上例中的纤纤一样，宁愿放弃自己的正当利益也不愿破坏自己的人际关系，也正因为如此，女孩才更容易受到伤害。因此，应及早让女孩明白：能够体谅和帮助他人是美德，但一定要先学会爱自己。

方法二：让女孩多参加一些集体活动

现在很多父母由于太过关爱自己的孩子，常常把女孩"封锁"在狭小的人际圈内，认为这样才会避免女孩受到伤害，却不知对天生渴望人际关系的女孩来说，这才是一种最大的伤害。

女孩并没有父母想象的那么脆弱，对于陌生的人际交往圈来说，也许一开始她会有些无所适从，但很快她就会运用自己的智慧融入集体中去，并结交到一大堆朋友的。因此，父母应让女孩多参加一些集体活动，以提高她的人际交往能力和语言表达能力，而人际交往顺利的女孩也会变得更加自信和乐观。

方法三：提升女儿的心灵“痛点”

与大大咧咧的男孩相比，大多数女孩的“痛点”都很低，身体稍有疼痛便会不安、难以忍受，不仅如此，天性敏感的她们心灵的“痛点”更低。很多时候，别人的一个眼神，就能让女孩的心灵受到伤害。所以，提升女孩的心灵“痛点”是避免女孩在人际交往中受到伤害的最佳方法。

童颜是一个有些敏感的小女孩，她与自己的小伙伴讲话，从来都是用最温柔的声音、最和善的态度。而有时候伙伴们不经意的一句话，就会让她受到伤害。童颜的爸爸意识到，继续这样下去将不利于女儿的成长，于是他准备提升女儿的心灵“痛点”。

例如，平时看到那些沿街乞讨的人时，爸爸就会告诉童颜，在这个世界上，还有很多衣食不保的人；每到假期，爸爸就会带着童颜去山区体验生活；一有空闲时间，爸爸就陪着童颜看搞笑电影。通过有意识的培养，爸爸发现女儿不再那么敏感了，与小伙伴们交往时也自如、阳光多了。如今的童颜，再也不是从前那个敏感又自闭的小女孩了，而是一个非常受欢迎的“孩子王”……

教育专家给女孩父母的教女方案

对于天生就重视人际关系的女孩来说，培养她们的社交技能是必不可少的。对此，英国教育家伊丽莎白·哈特利·布鲁尔给父母们提出了几点建议：

1. 带女孩参加适合她的各种社交活动。

2. 父母要以身作则，如果女儿看到父母自信地与他人交往，她自然就会受影响。

3. 鼓励女孩发展友谊，时常邀请她的朋友到家中做客，并鼓励她加入社团。

第3招 “我不想一个人睡”
——为何女孩都胆小

一位母亲曾在自己的博客中这样苦恼地写道：

我的女儿刚刚三周岁，胆子特别小，平时和自己熟识的小朋友还能玩一会儿，如果有陌生的小朋友靠近她，她就会变得紧张不安，通常情况下都会急忙离开。有时别的小朋友故意碰了她一下或者轻轻打了她一下，她就会吓得“哇”的一声大哭起来，要安慰好一阵子才能恢复过来。我曾试图给她讲道理：“乖女儿，和小朋友一起出去玩，不要怕、不要跑，他们都会和你好好相处的。”但每次都以失败而告终，我真不知道该怎么办了。

众所周知，女孩子天生都比男孩子要敏感、胆小。她们怕黑、怕虫子、怕打雷、怕陌生人，甚至怕自己的影子……也许很多父母认为等她们长大一些，恐惧感就会自然消除。其实不然，心理学家们经过研究发现：倘若一个孩子在幼年和童年时期的恐惧心理没有得到很好的解决，那么在成年以后极有可能形成严重的心理问题甚至心理障碍。特别是女孩，在受到外界刺激时，没有及时排除掉心中的不安、恐惧感，长大后更易形成不正常的心理。因此，父母有必要对女孩的胆小心理进行及时、恰当的纠正。

那么，父母应采取哪些相应的教育措施，帮助自己的小公主克服恐惧、胆小，变成一个身心健康的孩子呢？这就要求父母们“对症下药”，因为女孩胆小是有原因的。第一种原因是天性使然。第二种原因是受后天来自父母或者他人的暗示和影响。如果父母没有了解清楚女儿胆小背后的原因，就盲目地采取一些教育方法，很可能会导致不良的教育后果。

下面，就为父母们提供几种方法。

方法一：针对天生胆小的女孩，应多给予她锻炼胆量的机会

妮妮天生胆子就特别小，她的爸爸为了锻炼她的胆量，便挑了一个阳光灿烂的日子，

全家人一起去登山。

果然，面对不是很陡的土坡，妮妮显得很紧张，她一步一回头，不停地张望着爸爸，很想让爸爸把她抱上去。但妮妮的爸爸故意装作没看见女儿眼中发出的“求救信号”，只是自己不停地向上爬着。其实，爸爸心里很清楚，女儿是完全有能力爬上去的。但妮妮的妈妈看到后却非常担心，她怕女儿不小心摔下来，又怕她细嫩的小手被旁边的枝杈磨破。妈妈担心地看着妮妮，视线一刻也不曾离开过。为了保护女儿的安全，她一会儿嘱咐妮妮两句，一会儿喊前面的爸爸走慢些。妮妮终于胆怯了，再也不肯往上爬了。无奈之下，爸爸将妮妮抱上了山，这个锻炼孩子胆量的机会也被白白浪费了。

如果不是妮妮妈妈一直表现出提心吊胆的样子，妮妮是完全可以爬上坡的，这本来是一次女孩认识自己能力的机会，可是这个机会却被过度担心她的妈妈给善意地破坏掉了。

可见，我们要锻炼女孩的胆量，首先就要先锻炼自己的胆量，要给女孩“放心大胆”玩的机会，不要成为她“汲取”勇气的“绊脚石”和“拦路虎”。而且当女孩表现出胆小、怯懦时，父母应该以一颗自然、平常的心态面对女孩，然后告诉她事情并没有她想象中的那么可怕，相反，她可以凭借自己的勇气和能力去克服困难。

方法二：帮助女儿掌握一门特长，增强其自信心

一般来说，胆小内向的女孩子生活空间相对较小，但这也使她们的精力相对集中，平时观察周围的事物时会更加仔细认真，做事也比较有耐心，喜欢做一些深入性的思考，感情方面敏感而细腻。

所以，女孩的父母们完全可以充分利用女孩的这些特点，帮助和鼓励女儿掌握一门特长，比如，舞蹈、书法、乐器和朗诵等。而且一有机会就让女孩在众人面前展现自己的特长，以达到锻炼其胆量的目的。

最重要的是，掌握一门特长的女孩会体验到成功的感觉，进而增强其做事、做人的自信心和进取心，她的胆量也会自然而然地变大。

方法三：多鼓励，切忌对女儿说“怕什么，胆小鬼！”

田田的外婆生病了，爸爸妈妈要去探病，于是就对田田说：“女儿，爸爸妈妈要离开家一个星期。”田田马上问：“你们要去做什么？”爸爸说：“你住在乡下的外婆生病了，我们要去看她，但因为距离比较远，所以时间就长了一些。”田田嘟着嘴说：“我也要去。”这时，妈妈说：“你还没有放假，所以你不能和我们一起去。过两天等你放假了，我们再来接你。这几天你在家要照顾好奶奶，她每天会帮你做饭。对了，每天出门的时候把门窗关好，你老是记不住这一点。我还真不放心把你一个人留在家里。”田田此时眼泪都快出来了，说：“妈妈，我有点害怕，要是有贼怎么办？我打不过他们，奶奶也不行。”

爸爸听到后，便笑着对女儿说：“所以嘛，这个艰巨的任务就交给你了。每天关好门窗，睡觉前也要仔细检查一遍，不要随便给不认识的人开门。如果遇到突发状况，要巧妙应对，不要和对方起正面冲突，要向邻居和警察请求帮助。报警电话是110，急救电话是120，火警是119。”接着爸爸又给女儿列出了好几种方案，什么情况都计划到了。“好了，爸爸妈妈你们放心去照顾外婆吧，家里有我呢！”田田听完，满怀信心地说。

现实生活中，如果父母对自己女儿采用积极的心理暗示方式，如鼓励、赞扬和肯定等，那女孩自然会变得自信、勇敢、坚强；相反，如果父母采用的是消极的心理暗示方式，如嘲讽、批评、否定等，那女孩自然会变得懦弱、胆小、沮丧。所以，如果你家里有一个本就胆小的小公主，那你千万不要对她说：“怕什么，你真是个胆小鬼！”而应在接受女儿胆小、恐惧等情绪的同时，帮助和鼓励她应对困境。

教育专家给女孩父母的育女方案

女孩胆小怎么办？“知心姐姐”卢勤给父母们的教育经验是：

1. 大人害怕什么，不要在孩子面前表现出来，尤其是孩子小的时候。

2. 如果孩子已表现出害怕什么，父母就要创造机会让他们慢慢接触那些事物，以减少孩子内心的恐惧感。

3. 不要当着孩子的面，对别人说她怕什么东西。

第4招

“妈妈抱抱！”——女孩渴望得到父母的关注

“家”是还未接触社会的小女孩们参与的第一个团体，而父母是她们在这个团体中最亲近的人。当那些拿着玩具枪的男孩正在思考自己如何才能成为“头儿”，如何能摆脱父母偷跑出去玩耍时，女孩们思考的则是，如何从父母那里得到更多的爱与关注。

所以，在生活中，我们常常会看到类似下面的情形：

早晨，妈妈穿上外套刚想出门，女儿就大哭起来。

妈妈说：“乖女儿，妈妈去上班，你好好在家等妈妈回来，好吗？”

女儿继续哭着说：“不，我要跟妈妈一起去，妈妈抱着我一起去！”

妈妈：“宝贝，乖，妈妈上班要迟到了，你乖乖在家听奶奶的话，让爷爷奶奶陪你玩。”

女儿仍然拉着妈妈的衣角不肯放手，一直大哭着说：“不，不，我就不。”

于是，妈妈非常生气，在女儿的小屁股上轻轻拍了两巴掌。其实此时，女儿虽然还在哭，但她的心里在想：“我的目的达到了。”

女孩为什么那么爱“缠人”？是她们真的喜欢无理取闹、撒泼任性吗？当然不是，她们之所以常常缠着爸爸妈妈，是因为父母与她交流不够而造成的。因为父母没有满足自己女儿的情感需要，所以她才时常与父母闹别扭，缠着父母要“抱抱”或者无理取闹般地要求什么时间都要和父母缠在一起。

正因如此，我们才更不能小看或忽视女孩在生活中所表现出的那些看似“无理”的行为和要求，否则一个处理不当，就极有可能为我们的孩子带来难以弥补的伤害，甚至“斩断”女孩与父母之间的那道亲情纽带。

总之，小女孩更加渴望父母的爱与关注，而父母就应该给予她这个世界上最温馨、可贵的亲情，让我们的小公主真切地感受到爸爸妈妈无时无刻不在爱着她、关注着她。

方法一：多用语言和行动对女孩表示爱与关心

快节奏的现代社会，很多父母习惯把更多的时间放在工作和家庭事务上，当然大部分的父母都会说：“我们给孩子最多的恐怕就是关爱了。”没错，这一点无可辩驳，但许多父母给女孩的关爱注重的是相处时间的“质”，而不是“量”。父母们要知道有时只有“质”没有“量”的爱，会让孩子感觉陌生。

京京的爸爸由于经常工作在外，开始的时候与女儿京京的关系很陌生，但他非常注重与女儿的感情培养。只要有时间，他都会和女儿写信、打电话来增加交流，而每次只要他回家探亲，都会给女儿带很多童话书、作文选、连环画。当然，也少不了女儿最爱吃的零食。

回到家之后，京京爸爸更是抽出很多时间和女儿在一起，两人一起出去运动、逛图书馆、去动物园等。经过很长一段时间，京京终于慢慢地接受了爸爸。

后来，京京爸爸把一家人都接到了自己工作的地方，此时京京也已经长成了 14 岁的大姑娘，而她也更多地感受到来自父亲的关爱。

有一天中午下起了大雨，没有带伞上学的京京吃完午饭后，却看到课桌上放着一把崭新的雨伞，同学们都羡慕地告诉她：“京京，你真幸福，刚才你爸爸给你送伞来了。”京京笑了，她真切地感受到了父亲的关爱。

其实，女孩需要的不仅仅是物质上的满足，更重要的是情感上的满足。父母表达对子女的“爱”有很多种方式，可以用语言，例如：“女儿，我爱你！”也可以用动作，如抚摸女儿的头，轻拍她的肩膀，给她一个拥抱或者一个亲吻。只要你付出了真爱，女孩也就一定能体会得到。

教育专家给女孩父母的育女方案

女孩更喜欢父母待在她们的身边，因此，英国教育专家伊丽莎白·哈特利·布鲁尔给出几点教育经验：

1. 父母应花时间弄明白女儿的所思所想，和她谈谈最近她都在做些什么。

2. 和女儿一起玩，看着她从事最喜欢的活动或者你也加入，并表示出你很乐意参与其中。

“妈妈抱抱”——女孩渴望得到父母的关注

冷漠会斩断女孩与你之间的“爱的纽带”。

女孩希望得到父母的关注，请给予她这个世界上最温馨、可贵的爱吧！

第5招 “我该怎么办？” ——女孩常常缺少主心骨

一位心理学家去一所学校调查小学生的自主性情况，他随机抽取了200名学生参与调查，结果当他问到“遇到困难解决不了，应该怎么办？”时，这200名学生几乎异口同声地回答：“有困难当然找爸爸妈妈解决。”而当他问到今后所想要从事的职业时，竟有80%的学生说要等到回家后问父母才能回答。

这位心理学家看着自己的调查结果，忧虑地表示：缺乏自主性，已经成为当代青少年综合素质的一个不容忽视的弱项，尤其是女孩。

晶晶今年上小学五年级，一直以来她的学习成绩都非常出色，但她对任何事情都缺乏自己的看法，喜欢凡事都问别人再做决定。在家时，她经常问父母：“爸，我明天要不要去图书馆呢？”“妈，明天上学我穿什么衣服呢？”在学校，她也经常问老师和同学，如：“老师，你说这个节目我是参加还是不参加呢？”“敏敏，我要不要和大家一起去公园呢？”在生活中也是这样，有时为了避免犯错误，别人说什么，她就“鹦鹉学舌”地学一遍；有时，她看到别的女同学穿一件很漂亮的裙子，自己也要求妈妈买，结果买回来根本不适合她穿，最后只能送人。

女孩如此缺乏主见，责任在谁呢？还是说她们天性便如此没有“主心骨”？当然不是，一般来说，女孩缺乏主见的原因有以下三点：

第一，很多父母习惯替女孩包办一切，再加上父母在女孩心目中的权威形象，导致女孩对父母“唯命是从”，不敢做违背父母意愿的事情。

第二，女孩喜欢模仿父母，很容易盲目跟从。

第三，现实中许多父母由于工作繁忙的原因，和女孩之间缺乏有效的沟通，不理解甚至误解女孩，这些往往会造成女孩的畏惧心理，进而让她们变得不敢说、不敢做。

其实，综合以上事例和原因来分析，我们不难发现女孩之所以常常说：“我该怎么办？”这里面最主要的责任其实在于父母。那么，在日常生活中，父母应该怎么尽好自己的责任，把自己的小公主培养成一个有主见的女孩呢？

方法一：引导女孩学会选择

儿童教育专家建议，父母可在自己接受的范围之内，给孩子一定的选择权，但同时也要让她学会信守承诺，即父母在尊重孩子权利的同时，坚持对孩子有利的原则。

佳佳今年6岁，无论是在家里还是在幼儿园，她都表现得非常乖巧听话，大家也都非常喜欢她。在家里，爸爸妈妈让她做什么，她就做什么，表现得十分听话。在外边和小朋友玩耍的时候，也总是按照别人的意愿做事，十分顺从他人的领导，很少表达自己的想法。

不过，最近佳佳的父母从幼儿园了解到佳佳有个缺点：每当老师教给大家一种解题的方法时，她就不再尝试别的方法。女儿这种毫无主见和自己想法的情况让父母非常担心。

佳佳缺乏主见的情形的确令人担忧，但并不是没有方法可以帮助她。其实，要解决佳佳的问题最好的方法就是有意给她一定的选择权，然后让孩子遵守自己的诺言。例如，当佳佳不知道该穿哪件衣服时，妈妈可以鼓励说：“佳佳，别着急，对着镜子多试几件，妈妈相信你一定能选出最适合自己的。”这样，女孩慢慢就会相信自己的选择能力了。

方法二：用启发式的话语代替命令

生活中，许多父母在要求自己的女儿做事时，总是喜欢使用命令句式，如“别说其他的，就这样做吧”“你该去干了”。父母这种命令式的语气会让女孩觉得父母的话是说一不二的，而自己也会渐渐地懒于思考，习惯服从父母的命令做事。

所以，父母不妨用启发式的语气代替命令式的语气，如“这件事怎样做更好呢”“你是否该去干……了”，这样的表达方式会让女孩感受到父母对自己的尊重，从而引发女孩进行独立思考，按自己的意志和想法主动去处理事情。

方法三：让女孩学会说“不”

一位母亲曾写下这样一段话：

时光飞驰，转眼间，那个还在襁褓中的小丫头已经长成一个大女孩了，她也应该有自己的想法了。于是，我找了一个合适的时间，开始了与女儿的谈话。“如果你已经吃饱了，妈妈还让你继续吃饭，你会怎么做呢？”我问女儿。“嗯，我会告诉妈妈我已经吃饱了，不想吃了。”女儿说。

“那如果你正在写作业，妈妈走过来和你聊天，这时你会怎么做呢？”我又换了一个问题。

女儿想了一下对我说：“我会告诉妈妈我正在写作业，请不要在这个时候打扰我。”最后，我对女儿说：“孩子，今天你的回答都很对，非常精彩。你一定要记住，不要盲目相信大人，要有自己的想法和主见，然后大胆地说出来，大人们不会因为你的拒绝而不喜欢你，相反，人们会认为你是一个很有想法的孩子。”

后来，很多事实证明，我这种鼓励女儿说“不”的行为是正确的。从此之后，女儿变得不再盲从，不久之后，她还当上了班长。

一个不懂拒绝的女孩子，在他人的眼中总是有些唯唯诺诺的，并不可爱，反而给人一种呆板的感觉，失去了女孩应有的魅力。所以在日常生活中，父母要鼓励女孩说出自己的想法，并教会她们敢于对别人不合理的要求说“不”。

教育专家给女孩父母的育女方案

有什么办法能让女孩依靠自己做决定，而不是依靠父母呢？美国教育专家阿戴尔·法伯给出的六个教育技巧是：

1. 尊重孩子的努力。
2. 让孩子自己做选择。
3. 不问太多问题。
4. 鼓励孩子善用外部资源。
5. 别急着告诉答案。
6. 别毁掉孩子的希望。

第6招

“花儿枯萎了”——女孩是多愁善感的动物

一位母亲在网络日志中记录了这样一件事情：

一天夜晚，女儿和我躺在床上聊天，小家伙突然问我：“妈妈，人老了会不会死呀？”我如实地回答：“会呀，每个人老了都会死。有一天，妈妈也会死啊！”此时，女儿突然有些颤抖地抱住我说：“妈妈，我不想让你死，你再老我都不让你死。”我感觉出女儿似乎有些伤心和害怕，于是赶紧安慰她说：“傻丫头，没事的，妈妈会永远陪着你。”

可女儿还是很伤心地对我说：“妈妈，我不让你死，我希望你永远不会老。我不想长大，只要我不长大，妈妈就不会老，就会一直陪着我。”说完，她更加紧紧地依靠着我。

我的心被女儿稚嫩而真挚的话语所感动，我一边温柔地安慰女儿：“宝贝，妈妈会一直陪在你身边。”一边在心里暗自担忧起来：这丫头如此多愁善感，以后步入社会该怎么办呢？

感情丰富的女孩心思本就比别人更加细腻、敏感，而这也让她们在捕捉生活中的美感方面具有一定的优势，但有些小女孩太过多愁善感，有时看到枯萎的花朵或者听到一个伤心的故事，她就要痛哭半天，这对女孩来说并不是一件好事。

早在公元二世纪的时候，多愁善感就被看成一种疾病。希腊著名的医生、解剖学家加连发现一些病人常常会陷入一种极端消沉的状态，他们时常感叹人世无常、生命短暂、人生孤独，就连窗外飘落的树叶也会让他们泪水涟涟。最重要的是这类“多愁善感”的病人往往先于其他病人死去。于是加连医生就把这种现象写进了他的著作中，并把“多愁善感”归类于精神疾病。

由此可见，多愁善感必将对我们孩子的身心造成严重伤害，尤其是面对竞争日益激烈的现代社会，一个整日悲悲切切、郁郁寡欢的“林黛玉”，是不可能坚强勇敢地应对学习和生活中出现的各种各样的挫折和困难的。

所以，实际生活中父母应该仔细观察女儿的各种情绪和行为，采取正确的方法引导她们的“多愁善感”，教会她们如何坚强、自信、乐观地面对不好的事情。

方法一：学会转移小公主的注意力

15 岁的月月周末陪妈妈去看了一场电影。电影讲述的是一个很忧伤的故事，结果多愁善感的月月很长时间都不能平复自己的心情，脸上总有一丝忧愁的神情。月月的爸爸知道后，开始转移月月的注意力。他知道女儿非常喜欢芭蕾，便问她：“听说，你前两天和朋友去大剧院看了芭蕾舞专场，那个演出怎么样，是不是很精彩？快和爸爸讲一讲，有没有特别优美的桥段？”女儿一听爸爸聊起了芭蕾，顿时也来了兴致，便忘记了那个忧伤的电影。

很多时候女孩的悲伤情绪只是短暂性的，但如果不及时帮助她从这种不良情绪中解脱出来，她可能会一直沉浸在这种忧伤的氛围之中，进而越想越伤感，越想越忧虑。所以，当我们的女孩一直沉浸在自己的多愁善感中时，父母就要想办法把她的注意力转到那些有趣、开心的事情上去，以便让女孩能快速地从那些悲伤中解脱出来。

方法二：让女孩远离那些伤感的故事书和电视节目

有一位母亲这样讲述自己的育女经验：

我不知道女儿为什么非常爱哭，有时看着我给她新买的童话书，她的眼泪就会一滴一滴地落下来；有时，她坐在电视机前看电视节目，也会被节目内容感染得忧伤不已。我知道小女孩大多敏感、善良，她们内心深处都有一颗非常脆弱的同情心，但我并不想看到女儿整日忧心忡忡的样子。我要的是一个快乐的小公主，而不是一个整日伤春悲秋的“林妹妹”。所以，我下定决心要把女儿从“多愁善感”中解救出来。

我给女儿买了很多充满童趣的故事书、漫画书，平时也尽量让她看《猫和老鼠》《米老鼠和唐老鸭》等这类充满幽默感的电视节目。我和爱人还经常给女儿讲一些小笑话，逗她开心。现在，女儿变得开朗、乐观、自信起来，再也不像以前那样多愁善感了。

心理学家曾通过研究发现，现实中的人们都有一种惯性思维，比如，本就多愁善感的人，偏爱看一些伤感、催人泪下的书籍或电视节目，长此以往，必将更加敏感、脆弱。所以，如果你家有个多愁善感的女孩，就要尽量让她远离那些伤感的故事书和电视节目，不要刺激她敏感的神经，而是选择让她多接触一些积极、乐观、轻松的书籍和电视节目。

方法三：为女孩营造一种快乐、轻松的家庭氛围

常言道："童心如丝，染苍则苍，染黄则黄。"孩子最初就像一张白纸，对她影响最深的父母给她提供什么样的颜料，她就会画出什么样的色彩。如果一个女孩她从小生活在一种轻松、快乐的家庭氛围之中，那么她脸上的真心笑容一定多于忧伤；反之，如果一个女孩从小生活在压力、伤感的家庭氛围之中，那么她自然就会多愁善感。

所以，面对我们易敏感、易多愁善感的女孩们，父母应多给她们一些爱与关注，满足她们对父母爱的需求，同时，父母应尽力为女孩们营造一种温馨快乐的家庭氛围，以便让她们天天活在快乐之中，时刻都能与微笑、欢乐做伴。

教育专家给女孩父母的育女方案

"要做成功的家长，只有爱是不够的，还需要以'同理心'来对待孩子，并且帮助他们处理负面情绪。"这是李中莹先生在其《亲子关系全面技巧》一书中所说的一句话，他认为父母们应这样调节孩子的情绪。

1. 接受。父母要用"同理心"去帮助孩子描述他的悲观、沮丧等负面感受。

2. 分享。这时，父母可采取两个步骤：先处理孩子的负面情绪；后处理孩子遇到的事情。

3. 肯定与引导。父母应表示理解和接受孩子的情绪和动机，可对其行为设立一定的规范。

4. 策划。父母可询问孩子想得到什么，然后与其讨论解决问题的方法、途径等，鼓励孩子自己解决问题。

第7招 “我不管，我不管”——家有刁蛮小公主

10岁的雯雯是一个非常任性的女孩。在家里，爸爸妈妈什么事都要依着她，要不然她就会没完没了地吵闹下去。因为每天都长时间地看电视，雯雯的眼睛有些近视，妈妈劝她多休息少看电视，她随口就说：“我想看就看，你们不用管！”前两天家里来了客人，妈妈做好饭后，让爸爸和客人先吃，把雯雯放到了后面。这下雯雯不高兴了，当着客人的面就摔了筷子，气得妈妈直跺脚：“你这孩子太任性了，真是快把我气死了！”

随着独生子女的增多，现在的孩子都有些任性。从心理学角度来说，孩子的年纪小，心智发育不成熟，对很多事情都缺乏判断能力，所以多多少少都会有些任性。当他们的要求得不到满足时，就会用哭闹、摔东西、在地上打滚等方式来表达自己的情绪。尤其是一些小女孩，平时被家人娇惯，稍不如意就要“公主”脾气，完全是一副“刁蛮公主”的派头。

专家分析，孩子骄纵任性的性格主要与以下三点因素有关：

第一，父母过分娇惯和迁就。在很多家庭中，父母都把孩子放在中心位置，在孩子提出不合理的要求时，父母也不忍心拒绝他们，而是放任、迁就他们。慢慢地，孩子就形成了骄纵任性的心理以及行为定式。

第二，孩子对他人的模仿。当几个孩子在一起时，如果一个孩子出现了任性的表现，并且达到了他的愿望时，其他孩子就会进行模仿。

第三，父母对孩子不尊重，粗暴地对待孩子。有些父母对孩子要求非常高，孩子无论怎么努力都达不到父母的要求，慢慢地，孩子就会产生逆反心理，从而变得任性起来。还有些父母动不动就斥责自己的孩子，孩子为了保全自己的面子，就会做出任性、对抗的行为。

“我不管，我不管”——家有刁蛮小公主

当女儿有了某种要求时，应该和她讲道理，而不是单纯地制止。

我们应该让女孩分清是非，这样，她们就不会盲目地模仿自己的同伴了。

我们不能过分放纵孩子的任性，否则会对孩子的性格造成消极的影响，甚至会影响到他们长大后事业的成功，因为一个任性的人很难和他人友好地合作和协商，而往往把自己放在中心位置。

谁也不希望自己的女儿成为刁蛮、任性的“小公主”，最后连一个朋友也交不到。所以，当女儿任性时，我们要及早给予正确的引导。这样，才能让她们远离骄纵任性。

那么，父母具体应该怎样做呢？

方法一：教育女儿分清是非，不去模仿他人

妈妈带5岁的女儿到超市买东西，看到一个小男孩因为爸爸没有答应他的要求，正在地上打滚儿。妈妈对女儿说：“好孩子不应该骄纵任性，你看这个小男孩又哭又闹，大家都在看他，多不好啊！”

很多时候，孩子的骄纵任性是和其他同伴学来的。当她们看到同伴用哭闹的方式逼迫爸爸妈妈满足了自己的要求，也会使用同样的方法。所以，我们应该让孩子分清是非，对任性产生一种排斥的心理，这样，她们就不会模仿自己的同伴了。

方法二：父母不要过分迁就自己的女儿

现在大多数的孩子都是独生子女，而且在人们心目中，小女孩更需要父母的关心和疼爱，所以很多父母过分娇惯和迁就自己的女儿，即使她们提出一些不合理的要求也会答应。正是父母无原则的迁就，让女儿形成了骄纵任性的心理以及行为定式。

在和女儿相处时，父母应该与其“约法三章”：当女儿有了某种要求时，应该和父母讲道理，而不是用哭闹的方式逼父母“就范”。如果女儿不同意父母的意见，可以和父母进行讨论，也可以请其他家庭成员发表看法，但是不能发脾气、耍小性子。

方法三：父母不能一方批评女儿，而另一方袒护女儿

5岁的玲玲看到同伴都在吃口香糖，也让爸爸给自己买。爸爸说：“口香糖不适合小孩子吃，爸爸不能给你买。”玲玲一看爸爸拒绝了自己的要求，马上在地上打起滚儿来。看到女儿如此任性，爸爸也生气了：“你这孩子怎么这么任性，快点儿起来！”

因为听到了玲玲的哭声，爷爷奶奶赶了过来，非常心疼地扶起孙女，安慰玲玲说："宝贝想买什么？爷爷奶奶给你买。"爷爷还有些生气地对爸爸说："你这么大人了跟孩子怄什么气，真是的。"

当孩子受到批评时，往往有人偏袒他们。有时候是爸爸批评，妈妈护着；有时候是爸爸妈妈批评，爷爷奶奶护着。久而久之，孩子感觉自己有了"靠山"，就会越来越任性。所以，父母在教育孩子方面，应该保持一致性，尤其是爷爷奶奶，在孩子的父母批评孩子时千万不能偏袒、干涉，即使彼此意见不统一，也应该避开孩子私下商量。

教育专家给女孩父母的育女方案

《激励你的孩子》一书的作者英国作家伊丽莎白·哈特利·布鲁尔认为，女孩在被大人误解后很容易自我怀疑，而某些看似"倔强"的行为，其实背后都有很多潜在的"意思"。因此，她提出以下建议：

1. 接受女孩对世界的看法——她不一定要同意你的看法，你也不必同意她的看法。

2. 重视女孩的独特之处，告诉她，父母喜欢她什么。

3. 探寻她行为背后可能的原因和情绪感受，让她知道你了解那些原因和感受。

第8招 一会儿哭，一会儿笑——女孩的情绪很多变

妈妈给女儿报了一个舞蹈班，女儿刚上了一天课就气呼呼地对妈妈说：“那个舞蹈老师真讨厌，她说我太胖，不适合学习舞蹈。”妈妈一听也生气了：“她怎么能这样说呢？我现在就去打电话让她给你赔礼道歉。”对于妈妈的“打抱不平”，女儿不仅没有领情，反而把火气发到了妈妈身上：“谁让你多管闲事！”说完走进自己的房间，“砰”的一声把房门关上了，只留下妈妈站在原地发呆。

很多父母都会发现，女孩的心事真的很难猜，自己明明是想帮她，她不仅不领情，反而把火气发到自己身上。就像上文中的妈妈一样，她本来是想为女儿“打抱不平”，结果却使得女儿摔门而去。

之所以出现这样的情况，是由于我们没理解女孩情绪的表达方式。很多时候，女儿向我们诉说、抱怨，并不是想得到我们的指点和帮助，她们只是想找一个人倾听，发泄一下心中的不满而已。

作为父母，一定要学会识别和掌握女孩表达情绪的方式，要不然就不能做到真正了解女儿，有时候还会伤害到女儿。

爸爸发现远远最近添了不少坏毛病，时不时地会咬手指，晚上睡觉还会抱着一只毛毛熊或者一本书。要是远远的年纪还小，爸爸也许还能够容忍这些毛病，但现在远远已经上小学六年级了。所以，每次发现远远犯这些毛病的时候，爸爸都会大声责骂她。在爸爸的严厉监督下，远远逐渐改掉了这些坏毛病，但是却变得日渐憔悴。后来经过心理专家的诊断，确认这是因为远远近期学习压力太大所导致的，而那些“坏毛病”，正是她表达焦虑不安的一种方式。

看完上面这个例子，我们应该明白，女孩表达情绪的方式和我们成人是大不相同的，如果我们总是以自己的思维模式去教育女孩，那是要犯错误的。那么，我们应该怎样去识别和对待女孩的情绪呢？

方法一：识别和掌握女孩常用的表达情绪的方式

女孩表达情绪的方式虽然和成人大不相同，但也是有迹可循的。

焦虑的情绪：吮手指、咬指甲、喋喋不休地谈话、说话时发生口吃现象、晚上睡觉抱一个枕头。

厌烦的情绪：敲桌子、跺脚、手撑着头、胡乱涂鸦、茫然地凝视、跺脚。

喜悦的情绪：眼睛张大、微笑、注视。

恐惧的情绪：脸色苍白、呼吸不畅、嘴唇颤抖。

愤怒的情绪：脸色发红或者发青、面部肌肉抽搐、双眉竖立。

方法二：肯定和接受女儿的情绪

女儿：“妈妈，我养的小鱼今天早上死了。”

妈妈：“好了，别哭了，妈妈明天早上再给你买一条。”

女儿：“我不要，我就要我原来的那一条。”

妈妈：“你这孩子怎么这么任性，不就是一条小鱼吗，我不是答应给你买一条了吗？”

女儿：“好了，我不跟你说了，真烦人！”

很多时候，父母就是这样和女儿发生争吵的。其实这个女孩需要的不是另一条小鱼，而是希望妈妈能理解她目前的心情。对于敏感的小女孩来说，如果她们的情绪得不到认同，父母所有的建议和道理她们都无法听进去。她们甚至会觉得父母非常烦，从而把消极的情绪发泄到父母身上。所以，父母不要否定女孩的情绪，更不要盲目地提出建议，而是先要肯定和接受女孩的情绪，做到了这一点，很多问题就迎刃而解了。同样的情形，我们再来看看这样一段对话：

女儿：“妈妈，我养的小鱼今天早上死了。”

妈妈：“难怪你这样伤心。”

女儿：“我每天都喂它吃东西，昨天晚上还喂它了呢。”

妈妈：“你还真够关心它的。”

女儿：“妈妈，你能再给我买一条小鱼吗？”

同样一件事，由于处理方法不同，结果也大不相同。可见，当女孩情绪不好的时候，父母要尝试着肯定和接受她们的情绪，这样才能让女孩迅速地从坏情绪中走出来。

方法三：询问女儿用不用自己帮助

放学回家后，女儿气呼呼地对妈妈说："真是太气人了，明明不是我的错，但老师却批评了我。"妈妈点了点头说："被错怪确实挺让人难受的。"女儿的情绪有些缓和。妈妈接着又拍了拍女儿的肩膀说："妈妈挺想帮你的，用妈妈和老师解释一下吗？"女儿想了一会儿，说："老师也不是故意的，还是算了吧。妈妈，谢谢你关心我。"

很多时候，女儿向我们诉说、抱怨，只是想发泄一下，并不是希望得到我们的建议和帮助。但是有些时候，她们还是需要并愿意接受我们的帮助的。如果我们弄不清楚女儿到底需不需要帮助，可以像上文一样，用"妈妈是爱你的（挺想帮你的），你需要妈妈的帮助吗？"这样的句式询问一下。不过在询问之前，仍需要先肯定和接受女儿的情绪。

教育专家给女孩父母的育女方案

小女孩情绪多变，父母要学会妥善处理。英国教育家伊丽莎白·哈特利·布鲁尔给女孩父母的建议是：

1. 尊重女孩的恐惧、焦虑等情绪，即便这些情绪在你看来荒唐可笑或缺乏理性。

2. 分享女孩的快乐，分担她的失望。

3. 接受并理解女孩的情绪感受，让她发泄出来，有助于她调节自己的情绪。

第9招　女孩也有天赋——父母教育时要学会扬长避短

天赋，即天分，是一个人成长之前就已经具备的成长特性。出生在这个世界上的每一个人都具有天分，而天分在男孩和女孩身上是存有差异的，例如，女孩在语言天赋上优于男孩，但是在逻辑推理天赋上却劣于男孩等。

不过，很多父母在实际教育女孩的过程中，常常发出这样的疑惑："我怎么一点儿也没发现我们家丫头有什么特别的天赋呢？她什么都很普通！"父母怎样才能鉴定出自己的女儿有没有天赋呢？美国耶鲁大学的罗伯特博士为我们提供了一些具体的参考办法。

很少迷路，尤其是女孩。

善于记忆诗歌和富有情趣的台词。

能注意到别人情绪的各种变化。

能很好地按调子唱歌。

动作协调、优雅。

学习系鞋带、穿袜子、骑自行车很快，且不费力。

你讲述故事时改用了常用的一个词时，他会纠正你。

经常问雷鸣、闪电、下雨等关于大自然的问题。

喜欢扮演角色、编故事，且演得、编得很像样。

好模仿各种表情和各种体育动作。

擅长画地图、绘物体。

爱听不同的乐器演奏，并能根据音色讲出乐器名称。

……

以上这些就是孩子具有各方面天赋的特征。如果你的女儿表现出以上特征的话，她可能已显露出出色的能力和才华了。

另外，父母还应了解女孩所具有的独特天赋和优势，例如，女孩在听觉方面比男孩更敏感，她们在触觉、痛觉等方面还具有超乎寻常的敏感，大部分女孩直觉感很强，她们还具有很强的交际能力、观察能力、表达能力和艺术能力，而且她们都具有丰富的感情。

一旦父母了解和发现了女孩的天赋和优势，就应该在她少年成长的关键时期，采用科学有效的办法正确引导和激发她们体内的潜能，显现出她们与众不同的优势，进而开发孩子的智力，提高她各方面的能力，尤其是在她表现特别突出的天赋和优势方面。那么在实际教育女孩的过程中，父母应该如何扬长避短地正确对待女孩的天赋呢？

方法一：发掘女孩的天赋

居里夫人有两个女儿：伊蕾娜和艾芙。她在教育这两个女儿的时候，秉承的教育理念一直是：发掘孩子的某种天赋，而不是要求她们死记硬背那些用来考 100 分的死知识。早在女儿们咿呀学语时，居里夫人就开始对伊蕾娜和艾芙的天赋进行了发掘。她曾在自己的笔记本上这样写道："伊蕾娜在数学上聪颖，艾芙在音乐上早慧。"而当女儿上小学时，她就让姐妹俩每天放学后在家里再参加 1 小时的智力活动，以便进一步发掘其天赋才能。当她们进入塞维尼埃中学后，居里夫人就让女儿们每天补习一节"特殊教育课"，或由让·佩韩教她俩化学，或由沙瓦纳夫人教文学和历史，或由保罗·郎之万教数学，或由穆勒教授教外语和自然科学，或由雕刻家马柯鲁教雕塑和绘画。每逢周四下午，居里夫人都会亲自教两个女儿物理学。

经过对两个女儿两年的特殊教育，居里夫人发现，性格文静、专注的女儿伊蕾娜迷恋化学并立志要当科学家，研究镭。而女儿艾芙生性活泼，充满梦幻。本来居里夫人打算让她先学医，再进一步引导她研究镭，并希望激励她从事自然科学研究，但艾芙似乎对科学并不感兴趣，反而在文艺方面天赋较高。于是，居里夫人这种不断发掘女儿天赋的家教观念，指导着她通过成功的家教使女儿伊蕾娜因"新放射性元素的合成"而获 1939 年诺贝尔化学奖，也使另一个女儿艾芙成为一位优秀的传记文学作家和音乐教育家。

居里夫人的家教理念和家教方法对我们有很大的启迪和借鉴作用，而且这也是父母尊重孩子和孩子天赋的一种绝佳表现。所以，我们教育女孩时，不但要发掘她们各自的天赋，同时更要仔细、谨慎地探究她们更喜欢哪一个天赋，也许她很聪明，历史、数学和音乐都很好，但她可能更偏好音乐，那么就尊重她，让她在音乐的领域徜徉吧！唯有这样，女孩的天赋才能被发挥得淋漓尽致，她才能创造出更高的成就。

方法二：善待小公主的天赋

很多小女孩在幼年时期就表现出了过人的天赋，例如，她们有很强的模仿能力、表达能力，常常会一边听着音乐，一边有节奏地舞动着自己的小胳膊、小腿或者哼着大人都不明白的歌曲。但并不是所有的父母都会善待和引导自己女儿的天赋，例如，有很多父母在女儿唱歌跑调儿时，说："你这唱的什么呀？简直像噪声！"或者在女儿刚刚画好了一幅画拿给爸爸看时，有的爸爸就会说："你这画得树不像树，太阳不像太阳，我看不懂。"父母这样做无疑是对女孩最大的打击，从而使她们的天赋消失在萌芽之中。

所以，当女孩在某方面显现出一定的兴趣时，父母一定要正确对待、科学引导，学会欣赏女儿的天赋，然后多鼓励她在具有天赋的方面继续发展，提高她做事的积极性。

教育专家给女孩父母的育女方案

英国作家伊丽莎白·哈特利·布鲁尔说："如果能以适合自己的方式，通过自己感兴趣的主题来学习，任何女孩都会学得更好、更轻松，也会更加积极主动。"因此，她给父母们提供了一些有利于发挥女孩优势的建议：

1. 确认你的女孩具备什么样的能力和长处，关注她有能力做什么而不是她做不了什么。

2. 不要看不起你的女孩非常看重的个人才能。

3. 认真考虑女孩喜欢什么样的做事方式和学习方式、她对什么有特殊的兴趣，不要强迫她以违背其天性的方式去做事。

第二章

培养最棒的女孩，家长要明确自己的责任

关键词：母亲、理性、坚强、品行高尚、父亲、独立、叛逆、教育误区、自卑、早熟、玩伴、习惯、品德、爱情观、表里如一、气质、性格、择偶标准、品位、必备教育、单亲家庭、性别教育、脸谱化、隔代教育

父亲和母亲就像太阳和月亮一样，在教育女孩的过程中都有属于自己的责任。

母亲是女儿最贴心的“镜子”，她教会女孩优良的生活习惯、品德和爱情观。

父亲是女儿永远的“导航标”，他会对女孩的气质、性格和择偶标准产生影响。

但做好女孩的父母并不像你想象的那么简单，你还要知道如何给予她最温暖的“爱”，如何对她进行性别教育……

第10招 妈妈——女孩生命中的一面镜子

法国著名的作家巴尔扎克曾说：“决定未来的是孩子，决定孩子的是母亲，民族的未来掌握在母亲的手中。”的确如此，母亲不仅给予了孩子宝贵的生命，更对孩子的一生起着至关重要的作用。她就像一面镜子，能够“映照”出孩子所表现出来的一切，尤其是当她的孩子是一个和她同性别的女孩的时候。

田甜刚刚八岁，是一名小学二年级的学生。大家都说田甜随她妈，性格开朗、乐观，做事也比较细心，田甜妈妈听到大家这样夸赞女儿，总是很高兴地说：“当然了，我的女儿最像我了！”可田甜像妈妈的地方不是只有好的方面，不好的地方她也学，比如妈妈比较胆小，田甜就觉得自己也应该胆小；妈妈讨厌下厨做饭，田甜也认为厨房是令人讨厌的地方；有时妈妈喜欢在背后说别人的是非，她就学妈妈在背后讲同学的“坏话”……

有一天，田甜的妈妈突然被老师叫去了学校，原因是田甜说另一个同学的“坏话”正巧被那位同学听到了，结果两个人就打了起来。在办公室，老师当着田甜妈妈的面儿对田甜说：“田甜，在背后说同学的‘坏话’是一种很不好的行为，如果那位同学哪儿做得不好，你可以来找老师解决。”听了老师的批评，田甜一脸不服气地说：“我又没说错。”这时，田甜妈妈有些生气地对女儿说：“田甜，你怎么能这样说话呢！”谁知田甜振振有词地说：“妈妈每次都是这样说的。昨天你在家说李阿姨粗鲁、讨厌……”此时，站在女儿身旁的田甜妈妈只剩下一脸的尴尬……

女孩在成长过程中，与她待在一起时间最长的人就是母亲了，所以母亲的言行举动就成了她模仿的对象。例如，她会偷偷地穿上妈妈的高跟鞋，涂上妈妈的化妆品，学着妈妈的样子说话……女儿和母亲之间有的不仅是血缘，更有一生难以割舍的牵连，在彼此的人生道路上她们都在扮演着对方非常重要的角色。

作为对女孩人生影响更为深刻的母亲，要想扮演好自己的“母亲角色”，最重要的就是做好女儿的榜样，让女儿能从自己的身上学到更多益于其人生的东西。

方法一：做一个不唠叨、不抱怨的好妈妈

女人爱唠叨——似乎世界上大部分的人都这么认为。的确，在日常生活中，很多妈妈总是喜欢扮演“说教者”的身份，以至于这种行为直接影响到与她们朝夕相伴的女孩们。

场景一：女儿期中考试只考了60分，因此沮丧的她不想理任何人，这时，妈妈一直说：“平时让你好好学习，你不听！现在考出这种成绩，你有什么可垂头丧气的！这都是你平时不努力的结果……”女儿不耐烦地说：“妈妈，你烦不烦啊！”

场景二：一大早，面对睡懒觉而起床晚的女儿，妈妈就说：“早说让你睡早一些，你吃早饭没？不吃早饭可不行，吃了早饭再去学校。”急急忙忙的女儿拿起书包就说：“我到学校吃。”妈妈马上接着说：“什么？去学校吃？学校做的饭哪有妈妈做的好吃，而且还不卫生，你还是吃了再走吧。我看时间还来得及……”

两个家庭的妈妈本意都是出于关爱女儿，但“唐僧式”的说教只会引起女孩的反感，久而久之，会让那些整天听妈妈唠叨、抱怨的女孩变得消极起来。所以，在实际生活中，妈妈们应该首先提高自己对生活的满意度，把自己爱唠叨、爱抱怨的毛病改掉，变得乐观、自信、积极起来。

方法二：做一个理性、坚强的好妈妈

中国的妈妈们或许是受传统女性观念的影响，总喜欢在孩子的面前扮演“受害者”的形象，她们时常会很委屈地对女儿说：“你爸爸对不起妈妈，他总是欺负我。”或者“我这样委屈地在这个家待着，都是为了你，为了这个家。”但无数事实证明：一个柔弱的母亲带给自己女儿的影响是消极的。

事实上，人们本能地都希望自己与强者为伍，这会带给她们安全感，而且也会激发自己变得积极起来。所以，妈妈们应该在女儿的面前做一个理性、坚强、勇敢的好榜样，努力把柔弱、冲动的一面改正或隐藏起来，进而让女孩受其影响，也变成一个理性、坚强、

勇敢、乐观和自信的人。

方法三：做一个品行高尚的好妈妈

母亲是否有同情心和爱心、是否孝敬长辈，女孩都是最先受到感染的人，并且在不自觉地模仿着母亲的行为。

有这样一个意义深远的故事：

在一个小康家庭里，住着奶奶、爸爸、妈妈和女儿四口人。七岁的小女儿一直很好奇，为什么大家都在屋里睡觉，而奶奶只能睡在阳台上，而且平时妈妈也不准奶奶到客厅里坐？为什么过节的时候，大家都有新衣服穿，奶奶身上永远是那件蓝色的破衣裳？为什么大家都在饭桌上吃饭，而奶奶只能坐在小板凳上端着小碗吃饭？为什么妈妈把好吃的都留给自己，却把残羹冷炙扔给奶奶？

有一次家里吃鱼，而奶奶只能吃鱼头和鱼尾，谁知小女孩突然做了一件惊人的事情——她把奶奶吃剩的鱼头和鱼刺收了起来。这时，妈妈诧异地问女儿："你收拾这些东西干什么？"女儿笑着说："我要留下，等妈妈老的时候拿给妈妈吃。"

看看，这就是母亲没有给女儿做好榜样的后果：等你老了，我也会这样对你的！妈妈是女儿学习和模仿的对象，如果你孝顺老人，对他们友爱，那么你的女儿也会受你的高尚品性的影响，变成一个有孝心、有爱心的善良的女孩。

教育专家给女孩父母的育女方案

英国教育专家伊丽莎白·哈特利·布鲁尔认为，很多妈妈希望在女儿的身上寻找自己，但妈妈们要允许女儿与自己不同，具体做法是：

1. 给女孩空间，让她做她自己。

2. 不要和你的女孩竞争，更不要批评或嘲笑她。

3. 对女孩喜欢的音乐、杂志、运动或服装要表现出自己的兴趣。

第11招　母爱缺失，女孩长大后易“叛逆”

曾经有一位幼教工作者这样描述母女间的关系：大多数女孩在生命之初，都是由自己的妈妈来哺乳和照顾的。在生命最初的这段时间里，女孩会深深沉浸在妈妈的世界中。她们只要听到妈妈的声音、看到妈妈的微笑或是注意到自己的妈妈就在身边，她们就会变得很安静，还会张着小嘴儿笑或是踢蹬着小腿儿表示对妈妈的欢迎。

不过，如果在女孩最需要母亲的爱与关注，但却没有得到满足时，她就会变得哭闹不止、任性、叛逆，甚至去做一些不好的事情，以期望能够得到母亲的关注。

看到女儿撒谎，妈妈很生气，一边打女儿的屁股，一边说：“以后再撒谎，我还打你屁股。”女儿这时就心想：“妈妈不爱我了。”

第二天，妈妈生气地对女儿大嚷大叫：“打过你多少次了，你这孩子怎么就不长记性，还是撒谎！”女儿心想：“反正你现在不爱我了，不过没关系，至少我还能用撒谎来吸引你的注意力。”

第三天，妈妈显得很无奈，有些泄气地对女儿说：“你为什么要去偷别人的东西？”女儿心想：“我做这些都是为了吸引你的注意力啊！”

上例中的妈妈完全没必要上来就对女儿一顿打骂，这样是最伤害亲子感情的。妈妈的这种行为只会让小女孩误解成：“妈妈根本不爱我”“妈妈不理解我”“这是在冤枉我！”一旦这种想法在她的小脑袋里“生根发芽”，她对母亲就会产生一种抵触感，甚至变得越来越叛逆。

天下没有哪位母亲不爱自己的孩子，但也有很多母亲因为各种各样的原因对自己的女儿疏于照顾和关爱，以至于造成女孩母爱的缺失。岂不知幼年时期的“母爱缺失”，会随着女孩年龄的增长，造成越来越大的不良影响。

所以说，女孩的妈妈们应该时刻审视自己哪里做得不好、哪些方面需要改善，然后尽自己最大的努力给女儿一份完整的母爱。

方法一：妈妈的“工作”不要让旁人代替

现代社会，很多母亲喜欢雇人照顾自己的女儿，而自己则把更多的时间放在工作以及其他事情上，岂不知这种做法就是在推卸自己作为“母亲”的责任，是对孩子最大的伤害，也是造成家庭悲剧的根源。

有这样一位母亲，她一直想要去国外旅游，可是因为怀孕，这件美好的事情就此搁置下来了。但她一直没有放弃自己的这个想法，再加上丈夫也很支持她，而且他们的经济条件也不错。所以，等女儿一岁生日刚过，他们就委托一位亲戚代为照顾孩子，自己出国旅游了。而这位亲戚平时工作也很忙，所以就请了一个保姆照顾小女孩。

这对夫妇在英国住了一年，又去美国住了一年，后来还去了非洲，他们的足迹几乎踏遍了全世界。他们旅游之前总对别人说，现在有了女儿，趁她还小的时候应该去外面多玩一下，否则等小女孩长成大姑娘要教育她就没有时间了。

但当他们从国外回来的时候，发生的事情让他们目瞪口呆。女儿根本就不认识他们，她把自己的爸爸妈妈看成陌生人，甚至拒绝他们的靠近，而是快速地跑向一直照顾她的保姆。

最让女孩母亲难以接受的是，他们本应该知书达理的女儿竟然满口粗话，整天在外边和一群捣蛋鬼玩，还常常欺负别的小朋友。每当母亲想要教育女儿时，女儿总是振振有词地说：“你是谁！你根本从来没有管过我，我也没有妈妈，所以你现在也不要管我！”

小女孩这样的回答能怪谁呢？只能怪她的母亲，因为在女儿最需要母爱的时候，她“抛弃”了她。虽然这种“抛弃”并不是真正意义上的不要她，但是缺失的母爱是很难补齐的。所以，母亲的工作决不能由旁人代替，一定要自己教育女儿。

方法二：用真诚的爱打动女儿的心

有一位女孩曾这样讲述自己的经历：

小学三年级我就在日记本中写下这样一句话：“我今生绝不原谅我的妈妈！因为她是个坏女人，她不配做我的妈妈，她曾在这个家最困难的时期抛弃了我们。”

我记得小时候爸爸突然下岗了，天生老实的爸爸整天被妈妈讽刺、挖苦，妈妈骂他窝囊、没出息，一辈子挣不了大钱。妈妈对我也是呼来喝去，没给过我一个好脸色。后来，她找了一个有钱的男人，跟着他跑了。

从此之后，我就像活在了永无止境的黑暗里，再也没有真心地笑过，爸爸自从妈妈走后，整个人仿佛更没有了生气，天天唉声叹气。我们家里没有钱，也没有多余的粮食拿去卖，后来爸爸摆摊给别人修自行车，但我们的生活依然很拮据。

班里有些男同学听说我家的事情都嘲笑我，我一气之下就和他们打了起来，结果被打得浑身是伤的我，还挨了老师的一顿批评。这次事件之后，我就再也不和班里的同学来往了。

每次听到别人说我可怜，我就觉得自己更可怜，而这一切都是我的妈妈带给我的，我现在真的很恨她……

"恨"这个字怎么能出现在女儿和母亲之间呢？这两个原本最该亲密无间的人，为何变成了仇人呢？从事例中我们不难看出这一切都是因为妈妈没有真正"爱"自己的女儿。可见，只有真诚的爱才能打动女儿的心，那些只认为给予女儿生命、养活女儿长大就算尽了母亲职务的人，是最不负责任的母亲。所以，请妈妈们真诚、真心地爱你的孩子吧！

方法三：从妈妈教育的误区中走出来

有这样一条新闻：一位女婴因为早产没有了呼吸，虽然经过医生们的极力抢救，最后还是被判定死亡。但还躺在病床上的妈妈始终不愿相信自己刚刚生下的女儿已经死了，她发疯般抱着女婴一遍又一遍地抚摸，然后不停地同孩子讲着话。两个小时后，奇迹发生了，女婴竟然有了生命迹象，并最终存活了下来。

这是生命的奇迹，更是伟大母爱的奇迹。后来有专家表示，女婴之所以能够活过来，完全是她妈妈爱的抚摸拯救了她。不过，现在有很多母亲认为，孩子小时候可以抱抱她、亲亲她，等她长大一些就没必要做这些亲昵的举动了。

其实不然，无论到什么时候，母亲的爱抚和亲吻都会给孩子一种安全感和信任感，她渴望母亲肢体的友好接触。所以，请从妈妈教育的误区中走出来，时不时地拍拍女儿的肩膀、握握她的手来帮她们消除紧张和表达你的爱吧！

教育专家给女孩父母的育女方案

德国教育专家卡尔·威特认为，母亲对孩子的一生影响巨大，他针对“母爱缺失”这一问题的教育方法可简单归纳为以下几点：

1. 特别关注法，即在特别的时刻，给予孩子特别的关注。

2. 细节服务法，即在生活细节上帮助自己的孩子。

3. 心灵抚慰法，即在孩子犯了错误、遭受尴尬和失败时，及时地给予安慰。

第12招 妈妈对女儿一生的影响：习惯、品德、爱情观

美国著名的心理学家做过这样一项研究：他选取社会上几十名成功人士作为甲组，让其回忆母亲的教育对他们的影响。另外，他又选取监狱里相同人数的囚犯作为乙组，也让他们回忆母亲的教育对他们的影响。巧合的是，甲乙两组里竟有两个人有过类似的回忆，但他们的母亲对其各自的影响却是大相径庭。

乙组的那名囚犯回忆说：“小时候，母亲拿着一篮子大小不同、青红不均的苹果对我们三兄弟说：‘你们想要篮子里的哪一个苹果？’当时我心想，当然要又大又红的苹果啦，但我没来得及说，我弟弟就抢先对母亲说：‘妈妈，我要那个又大又红的苹果。’这时，母亲突然板起脸，很生气地对弟弟说：‘你真不懂得谦让，小孩子怎么能先要又大又红的。’于是，我从母亲对弟弟的态度中得出一个结论：母亲是不喜欢你说又大又红。所以心中想着得到那个又大又红的苹果，嘴上却说：‘妈妈，我要那个又小又青的苹果。’母亲马上就说：‘真是好孩子。’说完，母亲就把篮子里那个又大又红的苹果给了我。从这件事中我就得出这样一个结论，要想得到自己要的东西，不能说真话。因此我自小就学会了撒谎，长大以后还走上了犯罪之路。”

甲组的那名成功人士，也是家有三兄弟，同样是某一天母亲拿着一篮子苹果，对三兄弟说：“你们看到了，这篮苹果里有大小、青红不一样的苹果，可这个又大又红的苹果给谁呢？你们应该知道我们家后花园有三块草地，现在你们三兄弟去花园修剪草坪，最后谁修剪得又快又好，我就把这个又大又红的苹果给他。”最后是这位成功人士修剪得又快又好，自然他就得到了那个又大又红的苹果。从这件事中，他体验到一个道理：人要想得到自己想要的东西，就一定要靠自己的努力和奋斗，而这种行为习惯和理念一直伴随着他走向成功之路。

我们从上面两个“母亲分苹果”的故事中不难看出：一个孩子自小的家庭教育，

尤其是母亲的教育行为对他的影响有多大！事实上，一个女孩从小到大，只要她的母亲伴随着她的成长历程，那么母亲的一切，包括母亲的形象、习惯、品德、做人的原则、爱情观、思想……也都会在不知不觉中影响着自己的女儿。

例如，一个坚强的母亲会教女孩在困难面前不胆小、怯懦，一个心胸宽阔的母亲会让女孩学会展望美好未来，一个善良的母亲会让女孩懂得悲天悯人，一个冷静、镇定的母亲会使女孩学会坚忍不拔，一个有修养的母亲会使女孩铸就高雅的品质，一个有文化内涵的母亲会使女孩学会深刻思考。

那么，妈妈们面对自己对女儿习惯、品德、爱情观方面的影响，应如何更科学更有效地实施“育女计划”呢？

方法一：赋予女孩有节奏、有条理的生活

一位母亲曾在博客中这样写道：

一直以来，我都知道作为一个母亲对自己的女儿有着怎样重要的影响，所以没生孩子前我是一个很懒惰的女人，生了女儿之后，全家人都觉得我变了，竟然爱打扫卫生，变成了“家务女王”。我不但把家里收拾得很洁净，而且及时督促家里每个成员的个人卫生，这样的好习惯一直伴随着女儿的成长。

最近，我新换了一份工作，突然忙了起来，连带着身体也有些不舒服，有时就懒得打扫家务。不过，我的生活方式已经深深影响了女儿，所以每当我感到疲劳的时候，就会对女儿说：“妈妈有些累了，你能帮妈妈打扫一下卫生吗？”往往还没等我说完，女儿就已经很勤快地去打扫了，而且晚上还监督爸爸洗脚。当然，女儿每次帮忙整理家务时，我都会适时地表扬她：“我的女儿真是了不起，把我们家打理得这么干净整洁，真是看着都开心，住着就更舒心了，呵呵！”

行为学家曾做过一项针对女孩的生活出现脏乱差及没有条理性等问题的调查。其中一项结论是：在众多的原因中，来自妈妈的不良榜样作用占 4/5。由此可见，妈妈对孩子的习惯影响是多么大了！所以，妈妈要想培养女儿良好的生活习惯，就要以身作则，先培养自己的良好习惯，真正赋予女孩一个有节奏、有条理的生活。

方法二：妈妈要做到表里如一、举止文明

妈妈们不要以为只有自己同女儿谈话、教导女儿的时候才是在教育孩子。其实在你生活的每一瞬间，甚至你怎样与别人说话、怎样对待他人、怎样穿衣打扮、怎样笑、怎样为人处事……所有这一切，对女孩都有很大的教育意义。

所以，作为母亲，我们有责任更有义务成为一个思想高尚的人，不但要做到表里如一，更要培养自己健康的情趣和文化修养，并利用自己的良好行为去影响自己的女儿。相信如果作为母亲的你是一个善良、有爱心、有同情心的品德高尚的人，那么在你长期的影响下，你的女儿也必将成为一个品德高尚的人。

方法三：一起和女孩讨论“爱是什么”

爱情，是女孩很难逃避的话题。但是在现实生活中，女孩很容易对爱情产生极度悲观或玩世不恭的想法。女孩的“爱情观”如何，很大程度上取决于她对自身家庭和周围家庭的观察。所以，从少女时代走过来的妈妈们，应及时和女孩讨论“爱是什么”，让懵懂期的她们真正认识到爱情的美好，同时也要培养女孩对情感危机的承受力，以便她们受到感情伤害时能够正确处理。

有一位母亲在这方面就做得非常好：

三年前，女儿正上高二，我和她爸爸离婚了。我知道这对她来说是一个严重的打击，因为之前我们的家庭一直很幸福，常常充满欢声笑语，女儿也经常向朋友炫耀自己如何幸福。可是现在，离婚事件令她惶恐和伤感，甚至令她怀疑之前的家庭幸福只是虚伪和欺骗的假象。于是，我在女儿情绪稍微稳定一些后，和她进行了一次坦诚的对话。

女儿红着眼眶问我：“妈妈，你和爸爸的感情怎么说变就变，你们不是很相爱吗？”我轻轻抱了女儿一下，说：“女儿，不要怀疑我和你爸爸的感情，我们以前确实彼此相爱，而且有很美好的回忆。或许现在我们之间没有了爱情，但我仍然感激你的爸爸，他给了我最美好的感觉，还有一个幸福的家、一个可爱的女儿……”

就这样，我和女儿一直讨论着我和她父亲之间的感情，以及我们为什么不继续在一起的原因等。经过一番深入的谈话，虽然女儿还是难以接受，但我感觉她已经在试着理解我们了。

教育专家给女孩父母的育女方案

卡尔·威特在教育儿子的过程中认为：很多母亲只顾关心孩子的健康而忽略孩子品德的形成和智力的发展，这是十分错误的，并且是一种不负责任的行为。因此，他的妻子在教育儿子品行的过程中是这样做的：

1. 为了拥有一个从小就很勇敢的孩子，母亲要变得更加坚强。

2. 怀孕期间，纵使有再难过的事情，她也要忍住眼泪，让自己快速从痛苦中解脱出来。

3. 为了使孩子成为爱美、爱正义、爱真理的人，母亲需要用勇敢、乐观、坚强的精神影响儿子，并且给予孩子爱与智慧。

第13招　爸爸——女孩人生的“导航标”

有一个女孩在日记中写下了一件发生在她和父亲之间的事：

昨天，爸爸和我去看画展，我们在一幅牡丹图前停了下来。因为我被画中娇艳的牡丹深深吸引住了，然后还情不自禁地说：“牡丹花真是好美丽啊，真希望我也能变成一朵牡丹花！”这时在一旁的爸爸听了我的话，却摇摇头，指着另一幅画上的梅花对我说：“女儿，你不应该做娇弱的牡丹，而是应该做坚强的梅花！”

我顺着爸爸手指的方向望去，画上是一盆三角梅。可是那些梅花既不硕大，也不艳丽，非常平凡，看起来就像路边的小野花。我奇怪地问：“爸爸，我为什么要做梅花？”爸爸笑着说：“女儿，你可别小看普通的梅花，虽然它外表平凡，但是它的生命力却远比牡丹强。你看那朵盛开的牡丹花，它虽然像个光彩夺目的美人，但它那怒放的花朵毕竟是它拼尽了生命的力量才绽放出来的，而且一遇到风吹雨打，它就会顷刻间变得不堪一击；但梅花就不同了，它虽然花朵小，颜色也比不上牡丹的艳丽，但是它有坚强的品格，能够在寒霜雨雪中一次又一次面对困境，而且它不喜张扬，总是在人们不注意的地方散发着淡淡的芳香。”

通过爸爸这番品花的高论，我对梅花有了一种全新的认识，它文静、不张扬、坚强、温和、谦虚，爸爸希望我成为那样可爱的“一朵花”，所以我要向梅花学习，成为爸爸心目中的“梅花”。

这样懂事聪明的女儿的确令人感到欣慰，同时我们更庆幸她有一个如此智慧的父亲。

人们常说：“子不教，父之过。”父亲在女孩的成长过程中所起到的作用是母亲无法代替的：他会影响女孩心中最初的男性形象，他的肯定和认同更容易提高女孩的自信，他对女孩具有特别的价值，他对女孩气质的培养作用更大。

总之，父亲就像女孩人生中的“导航标”，具有指引她目标和方向的无人能够替代的作用。可你知道怎样才能做一个好父亲、怎样更正确地表达父爱、怎样做好女孩的“导航标”吗？

方法一：做一个懂得表达“爱”的好爸爸

一位父亲曾这样表述自己的育女经验：

从小到大我都是一个很含蓄的人，除了结婚那天对妻子说过“我爱你”三个字之后，我再也没说过这三个字，我总觉得男人的“爱”应该更多地表现在行动上，而不是表现在嘴上。即使后来我有了非常可爱的女儿，也没有对她说过任何亲昵的话，父亲不就应该是“威严”的代表吗？直到有一天，4岁的女儿怯生生地走到我面前，问：“爸爸，你是不是不爱我？”这一句问话当时就把我问蒙了，我怎么会不爱她呢？我甚至愿意为了她献出我的生命，她怎么会有这种“爸爸不爱我”的想法呢？于是，我问她：“为什么你会这样问呢？是谁告诉你爸爸不爱你的？”女儿摇摇头说：“没有人告诉我，可爸爸也从来没说过爱我啊！”此时，我才惊觉真正的原因是出在我身上，是我对女儿的态度和言行让她误以为我不爱她。

中国的爸爸们大多都存在上面类似的问题，他们在对待女孩的问题上较含蓄，尤其是在语言表达方面，他们认为：父亲就应该有父亲的样子，要成为女儿心目中的英雄和榜样，如果总是把“我爱你”“宝贝，你真出色”“爸爸为你骄傲”等挂在嘴边，那将有失父亲的威严和形象。这种不正确的认知，很容易让年幼的女孩们误会爸爸，认为爸爸不爱她们，进而变得自卑、消极起来。

所以，女孩的爸爸们不要吝惜你对女儿“爱的语言”，把“爱”说出口，让孩子真正感受到父爱的深厚。

方法二：做一个为女儿提供“自信”的好爸爸

众所周知，女孩很小的时候常做妈妈的“跟屁虫”，可随着她们年龄的增长、眼界的开阔，她们渐渐会把放在妈妈身上的注意力转移到爸爸的身上，她们总是会被父亲的力量和幽默，以及父亲“无所不能”的能力所吸引。如果这时父亲能够更多地给予她鼓励和肯定，那无疑是她最大的自信来源。

一位成年女性曾这样回忆道：

小时候，每次穿上新衣服，我总会跑到父亲的面前问："爸爸，好看吗？"因为如果父亲说："很好看！"我就会非常高兴，学习也变得积极认真起来。但其他人的评价却起不到这样的效果。

当然，有时父亲也会忽视或者批评我，每当遇到这种情形的时候，我就会对自己产生怀疑，并且不停地问自己："爸爸为什么不喜欢我了？我哪里做得不好？我到底做错了什么？"而每当父亲责骂我时，我就觉得自己仿佛坠入了万丈深渊，心里一直有个声音对自己说："你真是一无是处！"……

一个失去自信的女孩，是无法真正持久拥有成功的，而不断地怀疑自己的能力，只会让自己不断品尝失败，进而变得自卑、消极。因此，爸爸们应该在实际生活中不断鼓励和肯定自己的女儿，给她提供源源不断的自信。

方法三：教女儿学会坚强、独立

父亲往往是女儿心目中的英雄，他不但要能够照顾好整个家庭，更要学着教会女儿如何做一个坚强、独立的女性。

现在独生子女日益增多，大多数父母都会宠爱自己的孩子。假如家里有个"小公主"，爸爸们就希望给女儿更优越的物质条件，凡事都喜欢先替女儿规划好，小到玩具、大到职业选择，爸爸都希望做女儿人生的"决策者"。结果这种溺爱的行为，让小女孩们变得胆小、懦弱、依赖性强、抗压力弱，根本无法一个人坚强地面对这个复杂的社会和生活中出现的各种挫折和磨难。

因此，爸爸们应该在日常生活中做好女儿坚强、独立的榜样，不要溺爱她，用自己良好的生活态度和生活习惯去影响女儿，进而让她学会如何应对难题、处理好自己的事情。

教育专家给女孩父母的育女方案

很多父亲喜欢把自己的人生观、价值观和世界观强加在女儿身上，英国教育家伊丽莎白·哈特利·布鲁尔认为这是极不正确的，她认为家长最正确的教育方式应是以下几点：

1. 要妥善面对自己的成功，让女儿认识到成功是敬业和努力的结果。

2. 作为家长你要保持谦虚，为女儿做个成功的好榜样。

3. 不要试图每一项活动都擅长，有时也让女儿看到你失败和脆弱的一面。

第14招 父亲缺席，女儿容易自卑、早熟

12岁的小如是个品学兼优的女孩子。父亲节快到了，小如准备以“优异的期末成绩”作为送给爸爸的节日礼物。可爸爸的工作非常繁忙，晚上时常要加班到很晚，等他回到家时，小如早已进入梦乡。虽说是同住一个屋檐下，但是父女俩却很少有“碰面”的机会。小如对朋友轻声抱怨说：“我爸爸偶尔早回家，也总是满脸疲惫，很多次都是连饭都不吃，就去睡觉了。现在和爸爸交流，已经成为我生活中最大的奢侈了。”

你是不是也是这样一位让女儿抱怨的父亲呢？或许很多父亲会说：“不是还有妈妈吗？女孩有妈妈做榜样，有妈妈教育和陪伴就足够了。”或许还有很多父亲会说：“我是个大老粗，根本不懂得如何与女儿相处，那些事情交给她妈妈就行了！”

事情真的是“都交给妈妈”就能解决的吗？当然不是，父亲对女儿的作用是母亲所不能替代的，而且只有父爱和母爱加起来才能给女儿最完整的爱。如果女孩只有母爱，而父爱“缺席”，那她就会很容易变得自卑、早熟。

7岁的小女孩诺诺比同龄的孩子看起来要早熟一些，平时她不愿意和同龄的小朋友玩，而是喜欢和那些年龄比她大的男孩子在一起玩。诺诺小学三年级的时候，爸爸发现女儿有早恋的倾向。

因为平时工作太忙，所以爸爸很少回家，很少和女儿交流，并不清楚女儿早熟的原因，也不知道面对这种情况应该采取什么样的办法。有时他一着急起来，就责骂女儿，警告女儿不要和那些年龄大的男孩子一起出去玩，而应把时间放在学习上。但没想到，诺诺不但不听爸爸的话，反而和那些男孩走得更近了。

为此，爸爸找到了心理医生。在详细了解了诺诺的情况之后，心理医生告诉爸爸，是由于他长期对女儿的忽视，没有让女儿在“父爱”上得到满足，才使得她变得早熟，并喜欢和那些年龄比她大的男孩子一起玩。

曾经有一位教育专家说，在家庭教育中，父亲像一棵大树，母亲则像一片绿草地。他们在给孩子提供着不同的保护和关爱。但事实上，很多父亲并没有给予女儿足够多的爱与关注，有些父亲是因为懒于给予，而有些父亲则是不知道如何给予。

下面，就给爸爸们提供一些正确的教育方法。

方法一：爸爸可成为女儿的“军师”和“后盾”

一天放学后，小女孩抽抽噎噎地来到爸爸面前：“爸爸，小佳和小强欺负我！”爸爸不解地问：“他们不是你最好的朋友吗？怎么会欺负你呢？”原来，这个小女孩天生有些男孩子性格，看起来就像个“假小子”。所以和朋友们玩游戏的时候，大家都嘲笑她是个“男孩子”，不愿意和她一起玩。而她的好朋友小佳和小强也没有站在她这一边，所以她觉得朋友们都不喜欢她，甚至讨厌和她一起玩游戏。

爸爸一听完女儿的哭诉，就安慰她说：“你怎么会是‘假小子’呢？只不过是不像其他女孩那样娇弱罢了，而且大家常夸你开朗、活泼，爸爸也觉得你是一个勇敢、坚强的女孩子，将来一定会有所作为！”女儿不确信地看着爸爸：“是真的吗？”“当然了，爸爸什么时候骗过你！”小女孩受到爸爸的鼓励和肯定，渐渐变得自信起来，不一会儿就停止了哭泣。后来，在爸爸的帮助下，她又和自己的好朋友们在一起愉快地玩耍了。

小女孩非常注重人与人之间的关系，尤其是自己与父母之间的关系。她渴望他人的爱与关注，但又害怕自己说错话、做错事、做错决定，于是往往会变得畏缩不前、犹犹豫豫。此时，如果父亲能够成为帮助她化解问题的“军师”，并不断地鼓励和肯定她，成为她“最坚强的后盾”，那么她一定会充满自信地迎接各种挑战和困难。

方法二：爸爸可变成女儿的“朋友”和“玩伴”

有一位父亲曾在日记中这样写道：

我一直认为“养不教，父之过”，更坚信在女儿面前必须保持作为父亲的权威，随时纠正她的错误。但事实让我发现这样的教育竟让女儿觉得我是“敌人”，我真不知道问题出在哪里。直到有一天，我和女儿进行了一场推心置腹的交谈，才明白自己错在哪里。当时，女儿是这样对我说的：“一直以来，我觉得您并不爱我，从来也没喜欢过我。

在你眼里，我全身上下都是毛病，永远不会做对一件事情，我的存在只会不断地带给你失望、痛苦。我多希望你能成为我的朋友，而不是一个整天‘教育’我的父亲。”

父亲在家庭中似乎一直扮演的是“威严”的角色，而并非女儿最好的“朋友”或“玩伴”。其实，父亲的“权威”角色和“朋友”角色在教育孩子的过程中并不矛盾，相反，如果父亲能掌握好其中的“度”，不过分限制女孩，又能适当保持一定的距离，那么两种角色就可以同时存在。

方法三：爸爸可化身为女儿的“跟班”

父亲对女孩的爱很容易走入两个极端：一是过度放纵，不闻不问，一切交给母亲打理；一是过度管制，凡事都替女儿决定好、规划好。这两种极端的教育方式，只会造成女孩自卑、早熟、依赖性强、处理问题能力差。

那父亲如何避免走入两个极端，平衡对女儿的爱与关注呢？不妨尝试做一做女儿的“小跟班”，让女儿学会自己处理日常生活中的小事情，让她学会照顾别人，进而增强其自理能力、抗压能力等。或许有些父亲会说：“让女儿照顾我，给我做决定，不是‘逼’着她早熟吗？”当然不是，小女孩虽然在领导能力和抉择能力方面不如小男孩，但她们也需要父母在实际生活中的肯定，比如，让女儿为你做一个小决定，或让她帮自己做点儿小事，等等。不要小看这些事，那是在证明她的能力，更能表明父亲对她的信任和赏识。

教育专家给女孩父母的育女方案

德国教子专家卡尔·威特认为，父亲和母亲一样对孩子的一生起着至关重要的作用，而他针对“父爱缺失”这一问题的教育方法可简单归纳为以下几点：

1. 成功激励法。父亲要提供各种展示孩子智慧和才干的机会，让孩子获得成功的快乐。

2. 娱乐放松法。父亲要经常带自己的孩子游戏或参加户外运动，使孩子保持精神放松，心情愉悦。

3. 爱心书信法。父亲如果无法长时间和孩子在一起，可通过书信的方式鼓励孩子成长。

父亲缺席，女儿容易自卑、早熟

如果女孩只有母爱，而父爱“缺席”，她就会很容易变得自卑、早熟。

父亲平时要多关注一下女儿，使其在良性的父爱下健康成长。

第15招

爸爸对女儿一生的影响：气质、性格、择偶标准

著名心理学家格尔迪曾说过这样一句话："父亲的出现是一种独特的存在，对培养孩子有一种特别的力量。"密歇根大学也曾在1949—2001年中，针对数百家庭做了100项家庭调查，调查表明爸爸对女儿生活的良性介入对于女儿的情感形成、智力发展以及身体健康至关重要，而且这种影响将是深远的，会波及女儿成年后的情感、行为以及精神健康。

有一个女孩就曾在日记中这样写道：

从小我就很敬重我的父亲，并把他作为我衡量男性的标准。一直以来，父亲为我树立的是这样一种男人形象：可爱、亲切、幽默、值得信赖、有责任感、有修养……总之，在我心目中他是一个非常了不起的男人。无论我们的家庭经历怎样的变化，他都是我和母亲最坚强的靠山，是我们委屈伤心时最温暖的臂弯。所以，我希望我未来的老公也是这样一个男人，也成为这样一位父亲。

可能很多父亲并不知道，自己在日常生活中的一点一滴都在影响着女儿的气质、性格、择偶标准……

如果父亲赏识女儿的穿衣打扮，她一定会显得特别高兴，便会更容易认同和重视自己的性别角色，进而塑造出更加完美的气质。

如果父亲性格乐观、开朗，那么他的女儿通常也比较活泼，对生活充满了热情。

另外，父亲是否勇敢、顾家、坚强、自信、稳重、博学等，都会影响女孩对异性的评价，如果父亲在女儿面前表现得很糟糕，那么会让那些涉世未深、判断能力差的女孩们误以为"男人都是这个样子"。

所以，父亲要好好把握自己对女儿的影响力，让自己的女儿在良性的父爱下健康成长。

方法一：做个有责任心的父亲

场景一：15岁的少女芊芊坐在昏暗的审讯室里，泪流满面地诉说着自己的故事，这次她是因为参与贩毒而被抓住的。当警察问到她的父亲时，她显得尤为激动，不停地吼叫道："我没有父亲，那个男人在我心里已经死了。"待她情绪平稳后，才缓缓说道："从我有记忆开始，父亲在我心中就是一个粗暴、无理的人。他最擅长的就是喝酒、打人，我和妈妈整日生活在恐惧和泪水之中，你们能想象才5岁的我身上就已经布满伤痕吗？我8岁那年，父亲丢下我和母亲还有一大堆债务离开了。我恨他，如果不是他，我的生活不会变成现在这样！"

场景二：同样是15岁年龄的少女圆圆，却有着截然不同的命运。在一次大赛上，圆圆获得了金奖，她激动地说："今天我能站在领奖台上要感谢我的父母，尤其是我的父亲，他在我最心灰意冷的时候鼓励我、肯定我，这让我又有自信继续努力下去。爸爸，谢谢你！"

同样是15岁的少女，一个进了监狱，一个走上了成功之路，她们的差别在哪里呢？没错，就是父亲。她们因为有不一样的父亲而拥有了完全不同的人生道路，由此可见，父亲的负责任和不负责任，对孩子未来造成的影响是多么巨大。

因此，为了女儿拥有健康美好的未来，父亲必须敢于担起自己的责任，多为孩子树立正面形象，把自己身上那些不良的性格、习惯统统改掉，这才是你真正父爱的体现。

方法二：为女儿今后找男朋友做一个好模板

一项有趣的研究表明，很多妈妈都发现自己的女婿和自己的丈夫如出一辙！原因就在于10个女孩里有7个女孩在成年后会按照自己爸爸的模式选择男友及丈夫。不过，也有一些父亲认为自己的女婿很"讨厌"，原因就在于10个女孩中剩下的那3个会在成年后选择与父亲类型截然相反的男人做丈夫，而做出这样的选择可能在于父亲的形象太令她们失望了。

看，这就是父亲对女儿择偶标准的影响！下面再让我们看一个真实的故事：

假日的时候，宋佳带着自己的未婚夫李磊去探望自己的爸爸妈妈。由于是第一次见面，李磊有些紧张，在路上他就问宋佳："你爸爸有哪些东西不喜欢吗？"宋佳笑笑说："你不用紧张，我爸爸人很好，你只要做真实的自己，就会发现你们很聊得来。"事情果然像宋佳说的那样，李磊和自己未来的岳父有很多的相同爱好，而且他们彼此的生活习惯也有些相近，大有一种"英雄惜英雄"和"相见恨晚"的意思。宋佳的妈妈也特别喜欢李磊，觉得这个男孩子聪明、性格好、不张扬、上进，总之一句话"丈母娘看女婿，是越看越满意"。结束了与父母愉快的见面，在回去的路上，李磊就对宋佳说："你爸爸真是一个好男人！睿智、沉稳，还很顾家。"宋佳笑着说："我相信结婚后你也会成为这样的丈夫和父亲的，因为我就是按照我爸的标准找你的啊！"

方法三：帮助女孩提升品位

社会上很多父母都认为，女孩有没有高品位，关键在于妈妈。其实不然，一项科学调查研究表明，有几乎一半的女孩会从父亲那里继承艺术天赋，超过 25% 的女孩成年后认为自己衣着打扮的品位来源于父亲。

这项调查还发现，相当一部分女孩希望父亲成为她们的"服装评论员"，更有超过 50% 的女孩成年后回忆，从自己的爸爸那里获得了更丰富的知识，特别是在自然科学、历史以及国际关系等女孩大多不感兴趣的学科方面。

所以，爸爸们在看到自己对女儿气质、品位的巨大影响后，从此刻开始就要对她们的着装、学习等各方面进行积极引导，不断帮助她们完善自己，进而让她们可以享受到更美好的生活。

教育专家给女孩父母的育女方案

如何成为女儿的好父亲呢？著名教育家孙云晓给出了答案：

1. 父亲们首先要端正态度，认识到当个好父亲是一种无上的荣耀，更要有勇气突破传统的性别刻板印象，改变自己的育女态度，把教育孩子视为父亲义不容辞的使命和责任。

2. 父亲要做孩子言行举止的好榜样，用自己的气质、品行、责任感等去影响女儿。

3. "好"爸爸需要大量的时间，从孩子出生那天起，父亲就应该舍得花时间去养育她、教育她。

第16招 三个阶段的必备教育，别让女孩输在起跑线上

人的一生就如春夏秋冬四个季节一样，在不同的时段有着不同的魅力，比如少年的青春懵懂，中年的睿智成熟，老年的豁达安逸。而对人的一生起着最重要作用的无疑就是少年时期，因为这个年龄段，正是人们开始认识、拓展自我能力的关键时期。所以，我们要想自己的女儿不输在人生的起跑线上，就要在她人生的起步时期做好三个关键阶段的必备教育。

根据教育专家多年的科学研究，女孩在16岁前有三个成长阶段：

第一个阶段是0～7岁，这是塑造女孩一生的关键时期，又可以细分为：0～3岁模仿期；3～5岁想象力和记忆力初期；5～7岁思考形成期。

第二个阶段是8～12岁，这是培养女孩学习能力的关键时期。在这个阶段，女孩注意力涣散、好奇心旺盛；她们感知事物的特点比较笼统，不精确；记忆的特点是从无意识记忆向有意识记忆发展；这个阶段想象力和创造力处于一个从低到高的上升过程；同时也处于从具体形象思维向抽象逻辑思维过渡的时期；这个时段的女孩不易隐藏自己的情感和情绪，但对学习有很大的热情，而且有很强的集体荣誉感。

第三个阶段是13～16岁，是女孩最为关键的“青春期”。这个阶段她们将经历月经初潮；情绪上变化多而快；在感情上，会忽然迷恋上某个人；虽然她们的身体已经发育，但心理还未成熟，需要父母特殊的、贴心的关爱。

在了解了女孩在不同阶段所表现出来的不同特性后，父母们就必须准确定位自己在女儿以上三个重要阶段中所应起到的作用，以及怎样在这三个阶段给女儿最有效、最科学的教育。

方法一：0～7岁前，做你的小公主的“引导者”

7岁前的小女孩们特别容易被各种各样新奇的事物吸引，如商店里漂亮的裙子和洋娃娃、别致的粉色发卡、一种新口味的冰激凌……她们总是手里拿着一个，然后马上又对父母说：“那一个也好看，我也想要！”

结果，到最后女孩挑花了眼，不知道自己最想要的是哪一个。其实，过多的选择对于幼年的小女孩来说有些太过为难，因为她们还没有那么高的辨别能力和认识选择能力，于是很多时候她们的选择是不对的，她们会为此而受到大人们的训斥和惩罚，而这将会打击她们的自信心和自尊心。所以，这个阶段父母最好做孩子的“引导者”，不要让小女孩在迷惑中做一些错的决定和选择。

方法二：8～12岁，鼓励、肯定女孩的那些“平庸”想法

8～12岁是女孩的学习欲望最为强烈的阶段，所以这个时期女孩的学习效率和学习成绩都要比男孩高很多，而且这个阶段她们的思维非常活跃，总是会有各种各样的想法和声音出现在她们的脑海中，有些可能不切实际，甚至荒谬。但如果父母能够及时关注她们，并多用鼓励和肯定的声音去支持和引导女孩，那么她们可能很快就会意识到自己想法的局限性，进而找寻正确的学习之路。

一位睿智的父亲就是这样做的：

有一天，10岁的女儿突然来到我面前，说：“爸爸，我想成为一名航海员。”我听后高兴地说：“女儿，你这个想法很独特，爸爸支持你！你去网上查查，成为一名航海员都需要具备哪些能力，然后去努力就可以了！”

女儿得知，要想成为一名航海员，在体力、身高、视力等方面都要有很高的要求，而她现在已经成为“四眼妹”，而且她好像并不喜欢游泳，方向感也不是特别好。综合考虑自己各方面的能力后，她觉得自己并不适合当一名航海员，所以她很快就忘记了这个荒谬的想法。

后来，女儿又想过做柔道选手、体操运动员、理发师、警察……而不管她的想法多么平庸和荒诞，我都没有否定她，而是不断地肯定和鼓励她：“只要你朝着这个目标去努力，你的愿望就可以实现。”

虽然女儿在一天天长大，她的理想也随之不断改变，但有一点却一直都没有变，那就是她一直在努力。我想这和我的支持和鼓励是分不开的。

方法三：13～16岁，对青春期的女孩要慈严相济

青春期对于女孩来说是一个充满着热情、忧伤和迷惑的奇妙时期，她们想法多变、情绪多变、感情多变，而且很容易就被新奇的事物所“诱惑”。所以，面对青春期的少女，父母绝不能只“堵”不“疏”，或者只“疏”不“堵”，而是应该采取慈严相济的教育方法。

在这一点上，一位母亲就做得非常好：

女儿非非今年15岁，正值青春期，教育她我一直很注重慈严相济，因为我不想和最亲爱的女儿“剑拔弩张”，但同时我也希望能保留自己应有的“家长权威”。

比如，平时我非常讨厌正在上学的女孩子把自己的头发、指甲染得五颜六色，但我知道女孩天性爱美，更何况是处于青春年华的女孩们，毕竟我也是从那个时期走过来的，所以我学着让自己不去计较这些事情。但当女儿满口脏话时，我一定会立即坦率地告诉她这种行为不好；女儿穿我新买的裙子出去炫耀，以此来满足自己的虚荣心我并不在意，但如果她一不小心把衣服弄坏，那她就必须为这一行为负责……所以，尽管处于青春期的女儿偶尔会情绪不稳定或者有些叛逆，但她和我们的关系却非常好。

看，这就是父母“慈严相济”所达到的良好的教育效果！所以你也不妨对自己青春期的女儿试一试！

教育专家给女孩父母的育女方案

卡尔·威特从教育儿子小卡尔的经验中得出的结论是：教育孩子最重要的是后天教育，而后天教育中最重要的是早期教育。他认为在孩子3岁以前的记忆时期，父母大概可从以下两方面进行灌输：

1. 反复给孩子灌输语言、音乐、文字和图形等方面的知识，以提高其智力。

2. 时常给孩子讲述人生的基本准则和态度。

第17招　单亲家庭，更应重视女孩的性别教育

人们常说：“幸福的家庭都是相似的，不幸的家庭却各有各的不幸。”近年来，随着离婚率的不断上升，单亲家庭的数量也在不断增加，而单亲现象也已引起社会学家、婚姻学家以及心理学家的广泛关注。

一个家庭中，无论爸爸和妈妈是因为什么原因而分开的，最受伤害的无疑是孩子。对此，青少年心理专家分析，单亲家庭的孩子最为突出的情绪表现是：被拒绝感、愤怒、缺乏安全感或不健全的自尊、退缩、悲观、孤独、冷漠……

或许这些“特殊”的感受经过单亲妈妈和单亲爸爸们的引导能够得到改善，但单亲家庭孩子的性别教育如果得不到重视，那对孩子以后的人生造成的痛苦将是不可估量的。

小雯6岁的时候，她的妈妈因为一场大病去世了，爸爸担心她会因为“继母”的问题产生心理阴影，所以一直没有再娶，一个人照顾小雯。当过兵的爸爸认为女孩子应该具有一些男孩子的豪爽和霸气，所以，他一直以教育“儿子”的方式来教育自己的女儿，还时常鼓励女儿说：“小雯，你要像个男孩子那样……”

甚至对小雯的穿衣打扮，爸爸也都是按照男孩子的样式来要求她的，所以小雯几乎就没怎么穿过裙子。在爸爸的严格训练和教育下，小雯变得很男孩子气，男孩子喜欢的运动，像滑板、篮球、足球等她都会，而且运动起来比男孩子还“生猛”，这让小雯的爸爸觉得特别自豪，认为女儿一点儿也不输给那些男孩子。

以至于小雯长大之后，身边都是一群“好哥们”，根本没有关系比较好的“闺蜜”，这时小雯的爸爸才开始真正着急：如果一直这样下去，女儿会不会找不到男朋友呢？

或许小雯觉得一开始做个“假小子”很快乐，但是当有一天她发现周围的女性朋友一个个都“名花有主”，只有自己“待字闺中”时，她一定会疑惑：“为什么只有我这样？”进而她会发现造成这种结果的原因就是父亲从小对她进行了错误的性别教育，那难保她不会因此责怪父亲：“小时候，你为什么要把我当成男孩养！”

的确，单亲家庭很容易出现这种状况，因为这类家庭的父母在教养女孩方面很容易走两个极端：要么过度溺爱、极端保护，结果教养出太过女性化、敏感脆弱、依赖性强的小公主；要么干脆撒手不管、任其我行我素，结果教养出一个女性化不足、自主意识过强的“假小子”。

可见，单亲家庭应更重视对女孩的性别教育。那么单亲妈妈和单亲爸爸们应该采取哪些行之有效的方法来教育自己的女儿呢？

方法一：鼓励女孩发挥“性别”优势，并向异性学习

帆帆虽然是个娇滴滴的女孩子，但从小就对“木匠活”感兴趣，这可能是受她爸爸的影响。帆帆的爸爸是一名建筑工程师，平常打交道最多的除了图纸就是木头。而帆帆自从爸爸妈妈离婚后，一直跟着爸爸生活，所以她的周围最多的也是木制的玩具。不过，从帆帆离开妈妈的那一刻开始，她的爸爸就特别注意对她的“性别教育”，平时给她买的故事书、看的电视节目，也大多以女孩内容为主。所以，帆帆随着年龄的增长，不但有女性的温柔、可爱，也有从爸爸身上学到的坚强和勇敢。

众所周知，女孩在语言、书写和记忆方面的能力比男孩要强，而在逻辑推理、数理化、机械操作等方面比起男孩来说相对较弱。如果单亲家庭的父母没有注意女孩身上的这种性别优势和劣势，而只是一味按照自己的喜好让女孩学这学那，那么很可能使她在学习成绩方面大受打击，进而怀疑自己的能力。

所以，单亲家庭的父母千万不要抱着“女孩这个学不好、那个学不好”的观念和想法，而是应该鼓励女孩发挥自己的性别优势，同时向异性学习自己呈现劣势的方面，进而不断完善自己。

方法二：单亲父母切忌把“女儿”当“儿子”养

单亲家庭的父母或许是因为在感情上对女儿有所依赖，所以常常是把“女儿”当“儿子”养，有意无意之中把更多的压力放在了年幼的孩子身上。

有一位母亲就曾犯下了这样的错误：

三年前，我和丈夫因感情不和离婚了，随后他去了国外定居，只剩下我和7岁的女儿相依为命。所以，我把一切的希望都放在了女儿的身上，希望她能像个男孩子那样成为这个破碎家庭的“顶梁柱”。而婚姻的失败也让我认清男人是靠不住的。所以从那之后，我开始有意锻炼女儿，希望她坚强、勇敢，像个男孩子那样敢做敢说，并要求她什么事情都能妥善处理，就算被人欺负或者不小心摔伤了，也要忍住不准哭。

现在女儿已经10岁了，她的确如我所想，像个“顶梁柱”一样帮了我很多忙，但是我却发现她和小时候不一样了，她脸上的笑容越来越少，而且性格变得很倔强，没有相交很好的朋友，也很少和其他同学一起参加活动。难道一直以来我的想法、做法都是错的吗?

其实，女孩和男孩无论是在性格、习惯还是在心理方面都存在很大差异，如果父母强要女孩按照自己的意愿去做不适合她的事情，那么一定会抹杀她的潜能和天性。所以，单亲家庭要想培养出身心健康的女孩，就要学会尊重女孩的性别，不要把她当“男孩”养，这样才能让女孩真正发挥出自己的潜能，展现她作为女孩的出色才华。

方法三：单亲父母要承认和赞赏女儿的性别

“你是女孩！”这应该是单亲父母对女孩说的最重要的一句话，也是对其进行性别教育必须要说的一句话。因为只有你首先承认了自己女儿的性别，才能让她认识到自己是女性，那么之后的性别教育才能顺利进行。

其实，性别认同是女孩自我认知的重要部分，这会使她对同性的性别特征抱有好感，并希望拥有这些性别特征。例如，单亲妈妈可以借一起洗澡的机会，告诉女儿关于性别的知识，让女孩借此认同妈妈的性别，进而通过学习，逐步建立起自我的性别特质。

另外，单亲家庭的父母还应对女孩的性别表示赞赏，如：“你是女孩真是太好了，妈妈很喜欢！”“女孩子说话温柔、仪态大方，真讨人喜欢！”等。如果父母这样对孩子是个女孩表示高兴，那么她也会对自己的性别感到满意。

单亲家庭，更应重视女孩的性别教育

单亲家长要学会尊重女孩的性别，不要把女孩当“儿子”养。

只有让女孩认识到自己是女性，性别教育才能顺利进行。

教育专家给女孩父母的育女方案

父母离婚后，孩子很容易变得孤僻，对于如何解决这种问题，“高考战神”王金战老师给出的建议是：

1. 不要在孩子面前否定对方。

2. 帮助孩子树立信心，让他认识到离婚只是父母不在一起生活了，但对他的爱没变，让孩子也不必因此而感觉自己不够好。

3. 帮助孩子建立良好的人际关系，包括鼓励孩子交友、为孩子创造交友环境和条件、为孩子提供交友建议和指导等。

第18招 爸爸妈妈巧配合，携手打造最完美女孩

实际生活中，我们常常会听到孩子们这样评价自己的爸爸妈妈：

“我更喜欢妈妈，因为她总是那么温柔、亲切，总是那么细心地照顾我！”

“爸爸是我学习的榜样，因为他懂得好多我不知道的知识，而且他还很幽默，我觉得他是一个比超人还伟大的‘万能人’！”

“我妈妈的脾气总是很坏，爸爸脾气也不好，他们老是吵架，我很讨厌！”

“爸爸每天工作都很忙，老是很晚才回家，妈妈又整天忙家务，他们都没时间陪我玩，我觉得自己很孤独，有一种被抛弃的感觉！”

……

的确，在孩子们的心目中，爸爸妈妈有着不同的形象，例如妈妈慈爱温柔，爸爸严厉强大。事实上也的确如此，母亲的教育能够让女孩变得更加有爱心、更加细腻，而父亲的教育却能让她学会勇敢、坚强，并充满力量。在家庭教育中，母亲的教育和父亲的教育两者缺一不可，倘若两者能够完美配合，那必将带给女孩更多的益处，反之，只会给家庭和孩子带来伤害。

8岁的悦悦最近突然对奶奶养的一只小猫产生了兴趣。不知道她从哪儿学来的那些恶作剧手段，竟然把小猫当成了“杂技演员”。爸爸看见后，便把悦悦拉到一边，很生气地说：“你这孩子怎么能这样做，猫都被玩死了！”但悦悦不但不听，反而撒泼说：“我就要玩！”于是生气的爸爸，猛然给了女儿一巴掌。可想而知，这一巴掌把妈妈的心打疼了，她赶紧走过来把大哭的女儿抱在怀里，怒气冲冲地对悦悦爸爸说：“你是怎么当爸爸的？为了一只猫就打孩子！”悦悦爸爸也不甘示弱：“我怎么当爸的？你又是怎么当妈的？孩子这么小就这么狠毒，没有一点儿爱心，都是你这当妈的惯的！”就这样，两人你一言我一语地争吵了起来……

上例中悦悦爸爸的出发点虽然是好的，但是却用错了教育方式，打骂和斥责并不能有效地让女儿改正错误；但妈妈过度溺爱的教育方式也不对，这只会助长女儿的“气焰”，让她无法真正认识到自己的问题。

那么在实际家庭教育的过程中，爸爸妈妈应该怎样配合，才能教育出一个更加健康、完美的女孩呢？

方法一：爸爸妈妈切忌教育“脸谱化”

吃饭的时间到了，小洁却还是在客厅里又玩又闹，不好好吃东西。妈妈要管，爸爸却说：“你就随着她吧，小孩子，饿了自然就会回到餐桌旁的。”结果，饭后妈妈好不容易把一切收拾干净，一扭身却见女儿用一双脏手在厨房里的菜盘子里抓着菜吃。妈妈当然不能允许这种情况发生，正打算去制止女儿，但在一旁的爸爸却说：“饭还没有凉，让她去吃好了。”于是，小洁一直认为爸爸才是自己的救星，而妈妈居然不让自己吃饭，真不是一个好妈妈！所以，从那之后，每当小洁做了不应该的事情都要向爸爸求救，只要她一用乞求的眼神望着爸爸，爸爸就会为她解围，妈妈却是一点儿办法也没有。渐渐地，妈妈在家里反倒没了地位，也没有了说话的余地，女儿小洁也不再把妈妈放在眼里。

像这样一个“红脸”一个“白脸”的“脸谱化”教育现象，在中国家庭中非常普遍。这种表面上看似一严一宽、一硬一软的夫妻配合教育，其实对女孩的品德教育极为不利。

因此，父母在教育女儿的实践过程中，一定要边做边学，统一认识，通力合作，切忌在孩子的面前扮演不同的“脸谱”。

方法二：夫妻矛盾要背着女儿协调

一位父亲这样讲述自己的育女经验：

我是一名体育老师，同时也是一个女孩的父亲。我的女儿慧慧从小就表现出很强的运动天分，所以我希望能把她培养成一名运动健将，并准备利用周末的时间，好好锻炼女儿的体能。但孩子的妈妈知道我的想法后，非常反对，她语气坚决地说：“一个小女孩练得一身肌肉像话吗？她应该学学跳舞，练练钢琴。”我们彼此都不让步，于是大声争吵了起来，结果把正在睡觉的女儿吵醒了。她迷迷糊糊地走进我们的房间，问：“你们在吵什么？”

这时，我马上意识到不能在孩子面前争吵，所以率先冷静下来对孩子的妈妈说：“老婆，对不起，刚才是我太冲动了，我向你道歉。”

慧慧的妈妈一看我道歉，又看了眼站在一旁还没完全清醒的女儿，脸色也立即缓和了很多，说：“老公，我也有不对的地方。这样吧，这个问题我们先放一放！”就这样，我们在女儿面前避免了一场争吵，同时，也让彼此冷静了下来。后来，我们通过协商，决定让女儿自己选择。

父母在教育女儿的问题上总是会出现意见不统一的时候，假如这时候父母各执己见、不肯彼此让步，甚至在女孩的面前争吵、谩骂，这样不但解决不了问题，还会加深夫妻之间的矛盾，还会给孩子的身心带来不良影响。

方法三：做一对心平气和的“和谐”父母

一位母亲曾这样不解地说道：

我曾多次劝阻自己不要老是因为女儿的问题和孩子的爸爸争吵，但只要一遇到孩子的问题，我们两个就无法心平气和。一直以来，我对女儿的期望都比较高，希望她每次考试都很出色，如果她学习下降，我就会跟着着急上火。孩子的爸爸好像对此并不在意，他总说我对女儿太严了，应该让孩子自由发展。孩子这么小，怎么能给她过多的自由呢?

的确，父母一遇到孩子的问题就特别敏感，但怎样的教育方式才是对孩子最好的呢？“公说公有理，婆说婆有理”的争论并不能让女儿真正体会到父母的良苦用心，只会引起她的反感。因此，当双方因孩子的教育问题产生矛盾时，一定要冷静下来，心平气和地和对方讨论。

教育专家给女孩父母的育女方案

父母是女孩一生中最重要的两个人，而且对她的性格、习惯、品行和生活态度等各方面都有着深刻的影响。但很多时候父母们不是在“合力教育”自己的孩子，而是在相互争吵。如何减少家庭冲突让父母相处得更和谐呢？英国著名的教育专家伊丽莎白·哈特利·布鲁尔给出的教育方法是：

1. 父母应尽量减少争吵。

2. 家庭成员之间适当的讨论、争辩是有益的，但一定要保持心平气和，不要带有偏见。

3. 父母要向自己的女儿传授和示范解决冲突的方法，这会使女孩受益终生。

第19招 隔代教育并不难，教您轻松掌握“教育法门”

最近，一项调查显示，在上海0～6岁孩子中有50%～60%属于隔代教育，北京则达70%。现在，有越来越多的“80后”父母们因为工作的原因，将孩子的教育成长、生活起居问题全部交给爷爷奶奶、外公外婆等老人，“隔代教育”已经成为普遍而又无法避免的现象。

同时，这项调查也显示，至少有2/3的隔代教育家庭在孩子的问题上存在分歧，甚至产生过摩擦。教育专家也表示，由于两代人的教育理念存在很大差异，再加上隔代教育很容易走极端，所以家庭矛盾在所难免。

米米从小就和爸爸妈妈、爷爷奶奶住在一起。爸爸妈妈每天都早出晚归，所以照顾她的“重任”自然落到了爷爷奶奶的身上，可以说米米是由爷爷奶奶一手带大的。在童年的岁月里，奶奶缝制的布娃娃是她最亲密的小伙伴，爷爷半导体里传出的儿歌、优美的音乐是她的老师，而平时跟着爷爷奶奶上街则是她认识社会的基本活动。

可是爷爷奶奶毕竟年纪大了，没有更多的精力带着她出去见识更大的世界，所以米米学龄前更多的时间就是待在家里自己玩，直到上学她才真正迈出了家门。现在，米米即将大学毕业走上社会，但她身上还留着很深的隔代养育的痕迹：不善言谈、不喜欢运动、文静、缺少独生子女的天真活泼、不爱和同龄朋友一起玩……这些不良的性格与她最初的生长环境有很大关系。

的确，隔代教育已成为当今社会一种非常普遍的家庭教育方式。关于这种教育方式，各位父母又了解多少呢？

隔代教育的有利因素包括：很多祖辈家长有足够多的时间和精力来照顾孩子，而且他们更易与孙辈建立融洽、和谐的关系；他们教育孩子的实践经验比较多，更易处理孩子出现的各种状况；祖辈们丰富的人生阅历和人生感悟，是促进孩子发展和有效处理其教育问题的有利条件。

隔代教育的不利因素包括：多数祖辈家长容易溺爱孩子；祖辈的思想观念大部分都比较陈旧；容易造成孩子与其父母的感情隔阂；隔代教育对孩子的个性发展有着极大的影响。

因此，父母们在深刻了解隔代教育的利弊因素之后，接下来就要掌握一些“教育法门”，以便运用到实际的家庭教育中。

方法一：做“新型隔代教育”家长

所谓“新型隔代教育”就是需要父母和祖辈相互配合，共同为孩子的健康成长发挥积极作用。那么怎么才能成为合格的“隔代父母”呢？心理学家们已经为担当“隔代父母”的老人总结出了10条“资格标准”，大致如下：

1. 心理健康，情绪稳定，没有人格偏差或精神障碍。

2. 精力较好，身体健康，心态年轻，乐于养育孙子女。

3. 了解孩子的饮食营养和生活护理等常识。

4. 没有吸烟、酗酒等不良嗜好，有良好的家庭和个人卫生习惯。

5. 常带孩子外出，去认识周围的世界，喜欢户外活动。

6. 人际交往能力强，性格开朗，对孩子有耐心，不固执偏颇。

7. 不纵容、不溺爱孩子，但慈爱宽容，并善于引导教育。

8. 有一定的文化基础，能对孩子进行启蒙教育。

9. 愿意并善于吸收新观念、新知识，以现代化的方式抚育孩子。

10. 能细心观察孩子的身心变化，并及时与孩子的父母交流沟通。

倘若在实际家庭生活中，老人们能够按照以上给出的标准去努力做，那么相信教育孩子的矛盾就会减少很多，同时更能给孩子创造一个良好的生活学习氛围。

方法二：父母可与老人协商定“家规”，培养女孩的独立性

涟涟的爸爸妈妈因为平时工作非常忙，所以就把2岁的涟涟交给爷爷奶奶照顾。爷爷奶奶十分宠爱涟涟，总是想尽一切办法满足孩子的各种要求。最初，涟涟的父母觉

得自己的父母这样照顾孩子没有什么错，再加上老人也有带孩子的经验，所以就很放心地把涟涟放在爷爷奶奶家里，自己周末再把孩子接回家。

但是随着涟涟年龄的增长，涟涟爸爸发现女儿变得越来越骄纵任性，自理能力也非常差。幸好涟涟才 6 岁，改正她这些毛病还不太晚。于是，涟涟爸爸在和自己的父母进行了一场深入的关于孩子教育问题的谈话之后，与父母协商制订了一个培养孩子独立性的“家规”，如：爷爷奶奶平时要让孩子自己穿衣吃饭，孩子的小伤小痛不要太紧张，爸爸妈妈尽量抽出更多的时间和孩子在一起，等等。

后来，渐渐地涟涟的自理能力强了很多，等她上小学的时候，很多事情已经不需要爷爷奶奶帮忙，就可以自己独立完成了。

老人很容易过度宠爱孩子，以至于养在爷爷奶奶、外公外婆身边的孩子习惯了“衣来伸手，饭来张口”，就连那些基本的自理常识都不知道。父母如果不得不把孩子交给爷爷奶奶或外公外婆教养，那么在孩子的教育问题上，就要和老人进行协商，订立一定的“家规”来规范孩子的不良行为，并培养孩子良好的生活习惯和性格。

方法三：建议“隔代父母”学习新知识，“与时俱进”养女孩

时代变迁，老人的知识和思想观念有很多已经跟不上时代的步伐，他们必须与日俱进地增长新知识，接受新观念，以便更科学、有效地教育孩子。

有一位爷爷的教育经历是这样的：

儿子把孙女托我照看，但现在的时代与过去不同了，我怕自己无法胜任，便一边带孩子一边学习教育方法。如何学习呢？我会常常买回一些育儿书籍，参照书里的方法行事。平时不再看二人转、听京剧，而专看各电台的育儿节目。书上说，孩子在 3 岁时要进行早期教育，于是我便经常给孩子放一些轻松活泼的音乐，还会为她准备一些图画纸和水彩笔，让她尽情画画。为了扩大孩子的知识面，我还常常和孩子聊天，并尽量挑选一些积极、有趣的内容。

现在，我的小孙女已经上小学了，非常聪明、懂事，谁见了都会夸上两句。儿子逢人便说：“这都归功于孩子爷爷的教育！”每当他这么说时，我心里就乐开了花。

一般来说，报纸、书籍、电视都是老人积累教育知识的不错途径。另外，一些关于孩子教育的“补习班”也是不错的选择。总之，经常“充电”的老人教育孩子的效果

会更显著。

教育专家给女孩父母的育女方案

隔代育儿是如今中国家庭中普遍存在的一种教育现象，但孩子最需要的还是父母的关爱。英国著名的教育专家伊丽莎白·哈特利·布鲁尔认为，父母无论多忙，都应该抽出时间陪孩子。她对此提出的教育方法是：

1．父母不能只用礼物来代替陪伴孩子，更不能试图用物质补偿来“弥补”自己长时间不能和孩子在一起的“愧疚心”。

2．履行去看望儿子的每一次承诺，定期和孩子保持联系。

3．尽量在家里做你必须完成的事情，这样你就可以时常和孩子在一起。

第三章 再穷不能穷孩子，女孩一定要“富”着养

关键词：富养、物质、配比合理、学分制、功利心、人格、尊重、独立见解、眼界、思路、大自然、观察力、科技知识、国际化视野、挫折教育、创设情景、内涵、心灵美、家庭氛围、溺爱、吃苦

人们常说“穷养儿，富养女”，但你知道“富养女”也需要技巧吗？

富养女孩，不等于物质上的满足；

富养女孩，父母切忌抱有功利心；

富养女孩，父母要着重培养她的独立人格；

……

真正的富养会让女孩拥有开阔的眼界和思路，会把她打造成一个真正具有内涵的高雅淑女，但这一切都需要父母把握好富养的尺度。

第20招 富养，不等于物质上的富足

常言道：“从来富贵多淑女，自古纨绔少伟男。”这句话通俗来讲就是“富养女，穷养儿”，但是现在很多人并没有真正理解“富养”和“穷养”的真正含义，以至于很多女孩父母认为，所谓的“富养女”，就是给女儿物质和金钱上的满足，让她衣食无忧，过着“公主”般的生活。

电视剧《蜗居》中就有这样一段台词：“吃进去的奶粉，进口的100多块钱；拉出来的，要用尿不湿，名牌的又要100多块钱，进出都要钱，整个儿一双向收费！”对于这段台词所道出的养育孩子的事实，一位父亲深有感触：

我是一位80后父亲，现在在一家事业单位工作，月收入3 000多元，但自从去年幸福地当上爸爸之后，我突然感到了前所未有的经济压力。到现在为止，每个月女儿的花费就得6 000多元；请保姆，每个月2 000元；买进口奶粉，一个月2 000多元；再加上品牌衣服、玩具、尿不湿……要不是家里有些存款和老辈的支持，靠我们小两口儿每个月的工资还真养不起一个孩子！家里就这一个“宝贝疙瘩”，我们都舍不得委屈了她，吃穿用等方面都希望能给孩子最好的！

没错，天底下的父母都希望把世间最好的给自己的孩子，但很多父母的想法却不一定是正确的。难道非要给孩子喝最好的奶粉、穿昂贵的名牌衣服吗？我们没有享受这些，不也健健康康地长大了吗？所以说，富养女孩最重要的就是想着如何培养她们良好的性格、习惯和心态等。

“富养女”其实是一门很深的学问，那么父母如何掌握好其中的窍门并运用科学的方法教育好自己的女儿呢？下面这些也许正是你想要的。

方法一：在物质和精神的给予上要配比合理

教育专家们一致认为，富养还是穷养，关键是要看孩子父母如何理解这个“富”字。如果仅指物质上的富有，那高收入家庭很容易达到这一条件。但无论是高收入家庭还是低收入家庭，父母们都要明白一点：富养的关键并不在于物质，而在于精神上的富足。因此，父母在物质和精神的给予上要配比合理。

下面的这位母亲在这方面就做得非常好。

我女儿今年4岁，在穷养还是富养的观点上，我一直坚持给予她的物质和精神配比为3：7。物质的给予只要保证安全第一、舒适第二、拒绝奢侈即可。例如，女儿喝的奶粉不一定是最贵的，但要质检严格以保证孩子摄入安全；她身上穿的衣服不要求名牌，但一定要保证舒适；我绝对不会给女儿买一些额外的儿童奢侈品。但在精神的给予上，我就表现得非常大方，每逢周末我都会带着女儿去近郊玩。因为女儿还小，我认为长途跋涉的旅游还没有到时间，近郊的体验式活动，比如农家乐、采草莓或是一些家庭亲子活动，这些对孩子来说都非常合适，可以培养她的动手能力、交际能力和合作能力，同时又能让她在大自然中体会到快乐。

后来，我发现女儿在艺术方面有过人的天分，所以等她上学后，我非常愿意为她继续提供艺术学习的空间。虽然精神的富养要求我付出很多的时间、精力和金钱，但是因为很多部分是从物质给予上省下的，我觉得还未造成很大的负担。而女儿在我的熏陶下，似乎也没有出现虚荣、攀比的情况，反倒是很享受我为她创造的精神世界。

方法二：用“学分制”培养女孩合理对待金钱

马克·吐温曾说过：“如果你懂得使用，金钱是一个好奴仆；如果你不懂得使用，它就会变成你的主人。”

这里有一个利用“学分制”培养女孩合理对待金钱的事例，非常值得家有“小公主”的父母们一试。

安安今年刚刚8岁，家里经济条件非常好。她的爸爸是一家公司的总经理，妈妈是一家报社的主编，爷爷奶奶现在定居在新加坡。虽然妈妈是在30多岁生的她，而且她又是独生女，但父母非常重视她的家庭教育。最初，安安爸爸提倡女儿要“富养”，甚至已经给孩子联系好了贵族学校。对此，安安妈妈认为“富养”女儿一定要讲究方法，否则只会让金钱害了女儿，最后，她想到了用“学分制”的方法来培养女儿的金钱观。

所谓学分制，其实就是把孩子所有的日常行为，都集中到学分板上，如果今天孩子自己刷牙、洗脸、穿衣服、练琴、温习功课或帮助妈妈分担家务，那么每做完其中的一件事情，她就可以到学分板上贴一个小星星，一周总结一次。学分可以用来和父母兑换玩的时间或者兑换成金钱。安安的妈妈还特意在网上为安安申请了一个虚拟账户。她兑换钱后可以自己到电脑里结算，然后平时她的私人开支都从这里提取。

“学分制”实行一段之后，安安渐渐明白物质是要靠自己争取的，要付出努力才能得到肯定和奖励。

方法三：富养女孩贵在“用心养”

有一位母亲说：“我发现一个很奇怪的现象，周围那些越是舍得为孩子大把花钱的父母，却越舍不得花精力和时间来陪伴孩子。”前几天，一位女性朋友对我说：“养孩子有什么难的，坐完月子，把孩子送到父母那里，再花点钱请个保姆，每年去看她两次就行了！”没错，现在确实有很多这样的父母，他们只是在金钱上满足孩子，以为这样就算尽了自己的责任。其实大错特错，这样的父母根本就是不负责任，没有用心养育自己的骨肉，也完全曲解了“富养”的含义。

真正的富养，不是用金钱、物质来养育孩子，而是要让孩子在精神上富足，而且父母对自己女儿的关爱程度不是用高消费来衡量的。父母最重要的就是要成为女儿的好朋友，给予她一个幸福、快乐、温馨的童年，要让孩子真正感受到爸爸妈妈是在用“真心”爱着她，而不是用“钞票”爱着她。

所以，如果现在你还用着错误的“富养”女儿的教育方式，那么赶紧停止吧！然后运用你作为父亲或母亲的智慧，想一想如何走进孩子的内心，真正建立起和孩子间健康、亲密的亲子关系吧！

教育专家给女孩父母的育女方案

英国教育专家伊丽莎白·哈特利·布鲁尔认为，应不断强化女孩的自我价值感，以对抗那些“侵蚀”她的因素，像奢侈品等，她给予父母的方法是：

1. 尽量不要让女孩过度沉迷于收藏和流行时尚，帮助她保持自我。

2. 总是用“重要的是人的内在品质”的说法，来抵消有关于她长相或外表的评价。

3. 当她说“我要是不……（跟上流行时尚或其他），大家就不会喜欢我”时，父母应教给她一些理由，让她可以更加自信地去拒绝那些朋友。

第21招　富养，父母不要抱有功利心态

很多外国来宾在参观中国的幼儿园、小学时都会发现，一踏进鸦雀无声的教室，孩子们马上就训练有素地齐声高喊道："您好，欢迎您！"很显然这是经过很长时间训练的结果。这与西方学校在走廊里就能听见教室里热烈的讨论声的情形大不相同。

其实说到底，这些都是我们的"功利心"在作祟。而很多中国父母在富养女儿这方面，也掺杂了或多或少的功利思想。

有一名华裔女孩从免费的公立中学毕业后考上了牛津大学商学院，为此她的父母觉得很有面子，周围华人也禁不住赞叹做父母的总算没白费心血，将来女儿成为商界精英，年薪几百万，父母多享福啊！于是，他们都以此作为督促自己及子女发奋的活样板。凑巧的是，这对华裔夫妇的邻居是一对外国人，他们也有一个同龄的女儿，这个女孩自小学至高中，每年都花费数万英镑接受着昂贵的私立教育。但高中毕业后，她居然决定不去上大学，头半年先是到亚洲和喜马拉雅山旅行，像长征一样爬雪山、过草地吃了很多苦，总算捡了条性命回来。接着小姑娘又通知父母暂时不回家了，她又奔向了非洲，留在乌干达当了义务乡村教师。而她写给父母的家信常常是她如何克服种种困难与当地土著人沟通及如何与艰苦的物质条件搏斗的生存日记。少女的父母每每欣喜地举着女儿的来信向外人展示，他们认为孩子能喜欢自己所从事的事情，成为一个快乐的人，这一点是金不换的。而华裔家长私下里评论说：真搞不懂这些洋人，明摆着太亏了嘛。

一般来说，西方人期望孩子成名立业的观念比较单薄，他们更注重孩子的自由发展，而不是像中国父母那样煞费苦心地设计孩子的未来。也许很多中国父母会说："东西方教育本来就存在差异，我们的家庭环境、学校环境、社会环境等都在要求我们的孩子唯有'成龙成凤'，才能有好的未来。"

没错，现代社会竞争日益激烈，一些父母为了女孩的将来着想，就全权为孩子的学习、生活做决定，替她们安排学习内容，甚至出现盲目跟风的现象。例如有些父母根

本不管女儿的兴趣爱好或先天条件，就盲目投入大量的精力和财力让孩子参加各种各样的补习班，像舞蹈、钢琴、绘画、外语、书法等。但是相反，女孩并没有朝着父母希望的方法发展，反而出现了一大堆的问题。

因此，父母不要抱着功利心去教育自己的女儿，而是应该冷静地分析女孩的天赋，用一种平和的心态来看待孩子的学习及未来。具体教育方法包括以下几点：

方法一：从实际出发，让女孩做自己感兴趣的事情

思琪从小就非常喜欢小动物，而且非常热衷于研究小动物的生活习性。等她上学之后，这种兴趣一直没有消减，而且她还常常因为观察小动物而弄得浑身是泥。父母对此都非常生气和反对，觉得她不务正业，于是就想方设法阻止她去外面玩。父母希望她学小提琴，以便将来有一个好的发展。

最开始，思琪总是趁着父母不注意偷偷地跑到附近的公园里做自己喜欢的事。有一次，她把一个黑色的蜘蛛带回了家，惹得父母大发雷霆，训斥她不应该把这么脏的东西带回家，说她一点儿女孩的样子都没有。爸爸还一脚踩死了蜘蛛，妈妈竟然摔烂了她积累了好几年的装着各种标本的“百宝箱”。那一刻，思琪愣住了，回到自己的房间默默坐了一个下午。

从此之后，思琪的学习成绩一落千丈，变得沉默寡言，一放学就待在家里，也不说话，也不学习，就连平时最喜欢的电视节目也不爱看了。思琪的父母为此非常发愁，甚至怀疑女儿是不是智力有问题。

但思琪的生物老师说：“思琪是一个特别聪明的女孩子，如果好好培养，将来一定会是一个非常出色的生物学家。”

思琪生物老师的话应该引起父母们的深思。但事实上，很多父母都会像思琪父母这样，总是从自己的想法出发，让女儿按照自己的意愿去学习和生活，而不管孩子是不是对此感兴趣。像这样把自己的“期待”变成孩子的“期待”，让孩子放弃自己喜欢的事情，只会给她带来伤害。

所以，父母们一定要从女孩的实际情况出发，让她做自己感兴趣的事情，因为“兴趣是最好的老师”，兴趣更能使孩子的智能得到最大限度、最持久的发挥，也更易燃起女孩学习和探索的热情，取得成功。

应尊重女孩自己的选择，而不是把自己的意愿强加到女孩身上

把自己的“期待”变成女孩的“期待”，只会给她带来伤害。

父母应冷静地分析女孩的天赋，用平和的心态来看待其学习及未来。

方法二：切忌对女孩“求全优”或以“爱”为借口增加其负担

有一名高一的女孩在日记中苦闷地写道：

我现在正上高一，本来学习压力就非常大，但是最让我无法忍受的是我的父母，他们对我的严格要求让我像一根极度绷紧的琴弦，我感觉我就要断了。我的父母都是老师，很小的时候，我的脑子里就刻着父母的一句话：“你要考第一，你要上最好的学校！”所以我的生活除了学习还是学习，而且每次学习他们都要在一旁监督我，我真的一点儿自由都没有，更别说去做一些自己感兴趣的事情了。

小时候，我每次因无法忍受而反抗时，父母都告诫我说：“爸爸妈妈是因为爱你才这么严格要求你的，你不能让爸爸妈妈的心血白费，一定要好好上进啊！”除了应付学习，我还要练习讨厌的钢琴、书法、绘画……

虽然我考上了重点高中，但是爸爸妈妈又马上给我制订了新的目标——上清华。我每次告诉他们，相比较清华我更喜欢其他的学校，请他们不要再这么逼我，但他们不仅丝毫不理解我，还总是说我不懂事。还能有什么办法来解决我的痛苦呢？绝食、自杀、离家出走……

这个女孩的现状令我们担忧，而造成这一切的不就是她的父母吗？父母“望女成凤”我们能够了解，但是天底下没有完美的人，我们要允许自己的孩子有缺点、有失败。现在有太多的父母希望自己的孩子出人头地、扬名立万，而他们总认为这一切的出发点都是为了孩子的将来好，是一种“爱”，岂不知这种“负重”的爱会把女孩逼上绝路。

方法三：切忌在攀比、虚荣中迷失富养女儿的方向

有一位母亲说：“我们家的女儿不比别人家的差，所以别人有什么，她一定要有什么，而且要比别人的都要好！”父母这种攀比心理，只会带给女孩更多的痛苦和危害。著名钢琴演奏家托萨就曾这样说过：“如果有一个满怀功利心的父母站在身后，即使孩子是天赋神童，也难成大师。因为父母把音乐艺术作为追求成功的手段，功利心会污染孩子纯洁的心灵，中断孩子对艺术的攀登。”

由此可见，父母如果一味地攀比或带着虚荣心、功利心教养女儿，那到最后很可能女儿也会变得虚荣、功利起来，于是恶性循环的齿轮不断转动，直至摧毁孩子真正的

幸福。

教育专家给女孩父母的育女方案

英国教育专家伊丽莎白·哈特利·布鲁尔认为，父母在教养女孩之前，应该先检视一下自己对孩子的期望，她提出的具体建议是：

1. 列出你对女儿的各种期望。

2. 逐项考虑你女儿的音乐、运动、绘画等天赋以及你对这些的期望值。

3. 问问你的女儿是否认同你给她设定的目标以及她是否认为自己可以达到这些目标，如何达到。

第22招 富养，重在培养女儿独立的人格

俄国著名的教育家乌申斯基说过：“人的性格大都是在人一生的最初几年形成的，而且在这几年中所形成的东西是很牢固的，它将成为人的第二天性。”可见，人格这种非智力因素对孩子一生的影响也是非常深刻的。一般来说，一个孩子的人格是否健全，其主要标志就是这个孩子是否诚实、进取、公正、坚毅、宽容。因此，富养女孩，最重要的是培养女孩独立的人格，给予她一个强大的精神世界。

恩允出生在富裕之家，而且是家里的独生女。但这样的家庭条件并没有让她养成挥霍的坏习惯和刁蛮任性的大小姐作风。相反，她知书达理、性格温和、独立自主，而且学识渊博，人缘也非常好。成年后的恩允，无论是在事业上还是在家庭方面，都表现得非常出色，而恩允则把自己的成功归功于小时候父母亲的培养。

恩允还没出生的时候，恩允的爸爸妈妈就查阅了很多教子书籍，从里面得出很多育女经验，其中最重要的一条是：教育孩子最重要的不是物质而是精神。所以，在恩允2岁的时候，爸爸就引导她认字、写字了。恩允稍大一些时，每个周末爸爸都会带她去图书馆、展览馆，让女儿开阔眼界。恩允特别喜欢画画，爸爸就专门在这方面培养她，而且平时只要有画展，爸爸也都会带着女儿一起去。

正是在爸爸的支持下，恩允对新鲜事物一直保持着强烈的好奇心和探索欲。少年时代的艺术熏陶，让恩允的精神世界愈加的丰富、充实。

一个精神富足、人格独立的女孩更容易获得“幸福”的青睐，而青少年时期，是人格形成的重要时期，如果在这个阶段父母没有帮助女孩打好做人的基础，那她很容易出现任性、霸道、自私、说谎、冷漠和懒散等问题。

所以，只有真正富着养，才能培养女孩的独立性和自主性。那么父母应该怎样做，才能实现富养女孩的目的呢？

方法一：父母要尊重女孩的“独立人格”

有一位母亲这样讲述自己与女儿的故事：

我的女儿今年也已经升格做妈妈了，但她依然忘不了20多年前我“当众侮辱”她的事，每次提起来，她还是满腹怨气。其实，当年我只是随口说了几句话，没想到却深深刺伤了女儿的自尊心。

记得那件事情发生在女儿七岁的时候，有一天，她主动提出要帮我干一些家务，我就让她去拿面换馒头，然后还给了她几块钱的加工费。但因为女儿以前从来没有做过这件事，所以我就先陪她去了。但是到了换馒头的地方，我看到有很多人等在那里排队，其中还有女儿的同班同学，是一个看起来对此很老练的男生。当时，我单位有点事要赶过去，就对女儿的那名同学说：“我女儿挺笨的，这么大了还不会换馒头，待会麻烦你帮助她一下。”那名男同学看了女儿一眼，笑着答应了。我因着急走，也没顾上看女儿一眼。下午一回到家，女儿就红头涨脸地冲我喊道：“你为什么当着我同学的面侮辱我？”女儿莫名的指控让我一头雾水，我怎么会侮辱她呢？这时，女儿哭着说：“你走后，大家都用异样的眼光看着我，好像我是弱智一样，以后我还怎么出门见人！”虽然我之后一再表示自己的无心和歉意，但是这件事情对女儿的伤害好像一直存在着。

英国著名的教育家洛克说过这样一段话：“父母不宜扬子女的过错，那么子女对自己的名誉就会看重，他们觉得自己是有名誉的人，因而更会小心地维护别人对自己的好评；若是父母当众宣布子女的过失，子女就会感觉无地自容，而子女越是觉得自己的名誉已经受了打击，那种设法维持别人好评的心思也就愈加淡薄。”所以，你要想培养女孩的独立人格，就要首先学会尊重她的人格。

方法二：尊重并鼓励女孩保持自己的独立见解

19世纪的美国，有一个喜爱跳舞的小女孩，她的家庭非常贫穷，但当母亲发现她的舞蹈天赋时，毅然决定花费昂贵的学费，送女儿去正规的舞蹈学校上学。

可小女孩刚学了三次就再也不肯去上学了。母亲问她：“你不是很喜欢跳舞吗？为什么不去呢？”小女孩解释说，那种立着脚尖的舞蹈不但不美，而且有悖于自然，还说这种舞蹈根本不是她心目中想要的舞蹈。

母亲听了女儿的话，沉默良久。虽然为了女儿能上舞蹈学校，母亲花去了一笔不小的生活费，但她还是决定尊重女儿的意愿。她说：“孩子，如果你认为只有自己的舞蹈能够体现自己，那你就勇敢地做下去吧。”

于是，在母亲的支持下，小女孩开始勇敢地追求自己的艺术，而且她突破了古典舞蹈的刻板教条，用更加自由、飘逸的舞姿展现舞蹈的魅力，重新激发了观众对于舞蹈的热情。她就是创立了与古典芭蕾相对立的现代舞派的“世界现代舞之母”的伊莎多拉·邓肯。

伊莎多拉·邓肯的成功与她母亲当初对她的支持和鼓励是分不开的，如果当初母亲对她的决定表示反对或斥责，那么世界上就会失去一位优秀的舞者。所以，要想富养出女儿的独立人格，父母就要支持和鼓励女儿保持自己的独立见解，不要总是打击或批评她们。

方法三：培养女孩的独立生活能力

富养女孩，我们才能开发出她们身上更多的潜力，给予她们更丰富的内心世界以及更坚强和独立的人格。但事实上，很多父母在“富养女”这个概念上走进了一种误区，认为富养女孩，就是单纯地用更多的关爱和保护，或者更多的金钱和物质来养育女孩，这是非常错误的。

岂不知真正的富养除了精神上让女孩富足之外，更要教会女孩如何在社会上生存，只有掌握了独立生存的能力，她才可能培养更独立的人格。

因此，作为疼爱女孩的父母，应从小就培养女孩的独立生活能力，进而在这个过程中建立起女孩独立的人格。

教育专家给女孩父母的育女方案

德国著名的教子专家卡尔·威特认为教养孩子首先要把孩子放在与自己平等的地位上，在尊重和培养孩子的独立人格方面，他认为父母最好这样做：

1. 清除头脑中固有的陈旧观念，因材施教、科学地去培养自己的孩子。
2. 对孩子的期望要从实际出发，父母要有高瞻远瞩的目光和见识。
3. 父母要学会控制自己的情绪和情感，冷静、理智地去教育孩子。

第23招 富养，开阔女儿的眼界和思路

俗话说：“眼界决定境界。”我们不可能永远把自己的小公主“圈”在身边，她们也需要去见识更广阔的世界，而且深藏在孩子内心的好奇心，也会不断“鼓动”她们想要冲破父母的“保护伞”出去冒险。真正的富养，必定能够带给女孩更开阔的眼界和思路，引领她进入一个更加丰富多彩，充满机遇和挑战的世界。

她是来自得克萨斯的追梦女孩，她的父亲是一位著名的法学教授，母亲是一位出色的艺术家，她从一名普通的推销员成了全球第一女总裁，她更是解决难题的女能手，美国《商业周刊》曾这样形容她：“她有如簧之舌，亦富钢铁意志。”她就是卡莉·菲奥莉娜，一个在事业和家庭上都很成功的女性。

卡莉童年时期跟随着自己的父母游历过不少的国家，因为她的父亲时常要到各地巡回讲课或工作，所以卡莉不得不整理行囊和父母亲一起一次又一次地搬家。中学时期，卡莉就换了5所不同的学校，而且是在美国、英国和加纳这些不同的国家，这让她很早就见识了各个国家的不同。平时，卡莉就很依赖做画家的母亲，而母亲也为小卡莉打开了通往艺术世界的大门。正是这种丰富的经历和艺术的熏陶让卡莉的眼界大大高于那些普通女孩，并最终成长为一位有主见、有魄力、积极向上的成功女性。

卡莉的成功可以说很大程度上来自于父母对她的“富养教育”，这也说明唯有富养，才能更加开阔女孩的眼界，为她们日后的成功增加非比寻常的砝码。

那么父母怎样才能通过富养让自己的女儿变得眼界开阔、思路新颖呢？下面这些培养方式是不可缺少的教育手段。

方法一：培养女孩对大自然的观察力

任眉是一个非常聪明的女孩，小时候大家都叫她“小神童”，因为她7岁就会写诗，

9岁就在报刊上发表了作品，后来她不但考上重点大学，还多次获得国际文学大奖。

任眉小时候身体不太好，性格也比较内向，每次生病住院、输液，她都默默地躺在病床上不说话，这也使她形成了善于用眼睛观察、用耳朵听话的习惯。任眉的父亲是一家出版社的编辑，他通过仔细观察，发现女儿很喜欢写作，于是他开始慢慢引导女儿学会观察和思考，并让女儿开始写日记。

任眉的爸爸认为大自然是孩子最好的老师，也是增长孩子眼界，引起她学习兴趣的最佳场所，所以他总是有意识地培养女儿观察大自然，同时鼓励女儿提出问题、思考问题，最后通过正确的途径解决问题。

有一次，爸爸带任眉到公园玩，临行前就对她说："任眉，待会出去后，你要注意观察周围事物的特点，越详细越好，回家写篇日记。"就这样，任眉和爸爸一同到了公园，然后她开始遵照约定，非常注意观察花、鸟、草、虫等。再加上任眉本来的求知欲和好奇心就非常强，所以任眉爸爸很好地利用孩子这一天性，经常带女儿到大自然中去，让她在尽情的玩耍之中观察万物的悄然变化。例如，去看春天复苏的万物、夏天盛开的百花、秋天丰硕的果实、冬天飘飞的白雪，还时常鼓励女儿竖起自己的小耳朵去倾听那些大自然的蝉鸣鸟唱。所有的这一切对于小任眉来说都是异常有趣的，她在其中快乐地思考着大自然的秘密。

正是任眉的父母带女儿走进大自然认真地观察和思考，才不断地开阔着她的眼界，进而充实了孩子的知识和生活。这对女孩后来的成功有极大的作用。

方法二：引导女孩对科技知识的兴趣

很多父母认为，科学对于女孩来说是太过高端的东西，那些航空、核能、化学等领域似乎都不太适合女孩子，所以对于女孩科技知识的培养方面父母普遍看得都不太重。事实果真是这样吗？那就让我们先听听孩子们的问题吧。

"妈妈，为什么天上有太阳呢？"

"为什么雨是从乌云里落下来的呢？"

"爸爸，为什么飞机能在天上飞呢？"

……

是不是这些"十万个为什么"也时常从你女儿的口中"蹦"出来？这是因为科学

和生活紧密相连，而且它具有一种很神奇的魅力，会自然而然地吸引孩子们的注意并激发他们的探索欲望。所以，开阔女孩的眼界，就要引导她们对科技知识产生兴趣，进而在探索和解答的过程中学习到更多有益的知识。

方法三：培养女孩的“国际化视野”

有一位母亲曾这样说起自己的育女经验：

从女儿两三岁起，我就开始让她学习英语，因为作为生活在竞争激烈的现代社会，我很清楚外语对于一个人的重要性。但是我并没有一味地按照自己的喜好去教育女儿，我是慢慢引导她爱上外语的。例如，在家里贴上好看的外语标志的贴画，给她买一些外国的儿童原版影片和歌曲碟，利用电视、网络、杂志等传媒渠道让女孩了解一些国际新闻和国际形势，而且我还在客厅挂上了一张世界地图，一有时间我们就讨论地图上哪个国家面积比较大、气候如何、风土人情如何等。虽然我们家的经济状况一般，但是每年我还是会带女儿出国旅行一次，让女儿见识了很多国外的东西。现在，女儿已经高中毕业了，并成功地被国外的一所著名大学所录取。

很多教育专家都认为：“只有让下一代学会理解拥有不同的政治制度、文化背景和宗教信仰的民族，才能与他们和平共处，从而拥有更大的生存空间。”没错，国际间的交流日益频繁，作为父母我们必须高瞻远瞩，不断开阔女孩的眼界，让她们对未来的发展有更深远的认识，并积极做好适应的准备。

教育专家给女孩父母的育女方案

如何让我们的女孩拥有广阔的视野呢？英国的教育专家伊丽莎白·哈特利·布鲁尔认为，最重要就是父母要鼓励和重视女孩发展多种技能。她提供的最佳办法是：

1. 努力扩大女孩的成就基础，让她尝试参加各种活动，发展多种技能。

2. 限制女孩看电视的时间，取而代之的是让她均衡地参与各种各样的活动，体验不同的成功感受，进而获得全面发展。

3. 平时尽量多带女孩一起出游，增长她的见识。

第24招 富养，适时给女儿来点“挫折教育”

莎士比亚在其著作《哈姆雷特》中有这样一句经典之语：“脆弱啊，你的名字叫女人。”其实，无论是在文学作品里，还是在现代人的观念中，都喜欢把柔弱、软弱、怯弱等之类的词语安放在女孩身上。

的确，女孩天生就比较敏感、脆弱，如果再加上后天父母的娇惯或不恰当的教育方式，那么她们很容易就会变得更敏感、更脆弱，而一个这样的女孩怎么能成为生活的主人呢！但大多数父母并不这么认为，他们觉得女孩天生就是被人疼爱和呵护的，这种观点使他们迷失在富养女孩的误区里，以至于培养出一个依赖性强、自私、脆弱、冷漠和任性的女儿。

其实，真正的富养女儿，除了培养她独立的人格和良好的习惯、品德之外，还需要适当地给女孩来点儿“挫折教育”，让她学会在困难面前去展示自己的智慧和勇气。

下面我们先来看两个面对挫折的故事。

故事一：一家公司招聘职工，一位名牌大学毕业的女学生去面试。发榜后，见没有自己的名字，便跳河自杀，被人救起。后来，这位女学生闻知自己是第一名，只是在抄分的过程中出现了失误。于是，女学生便去报到，但该公司的老板却无论如何也不肯录取她，理由就是：“这么一点儿小挫折便要跳河，到公司遇到更大的挫折你该怎么办？”

故事二：一个女孩去一家单位应聘保洁人员，职员问她：“你会写字吗？”她说：“我只会写自己的名字。”于是她没被录取。后来，她发愤图强，成为一名出色的人物，并在自己豪华的会议室举行记者招待会。记者说：“您的经历真是太动人了，您该写一本自传。”她说：“如果我会写字，也许我现在还只是个清洁工。”

同样是面对没被录用的挫折，两个女孩的结局却截然不同。这也说明一个人具备抗挫折的能力是多么重要！那么在实际生活中，父母应该如何对女孩进行挫折教育，以便培养她应对“困难”和“挫折”的能力呢？

方法一：引导女孩正确认识挫折

牛牛是一个有些调皮的小女孩，平时父母也比较娇惯她，任由她上蹿下跳。有一次，她不小心从椅子上摔了下来，虽然没什么大碍，但是妈妈还是很紧张，急急忙忙地带着女儿去医院做了个全身检查。晚上为了给女儿压压惊，妈妈还买了一大堆好吃的东西，吃饭的时候，更是把饭送到女儿的嘴边。

后来，牛牛上了小学，然后是中学，爸爸妈妈就像她的守护神一样，恨不得一刻不离地陪着她。结果导致牛牛的自理能力很差，而且因为她任性刁蛮的脾气，同学们也都不喜欢和她交朋友。一遇到困难，她首先想到的是父母如何帮她解决，自己根本不去思考，她的“逆境商”非常低。

牛牛之所以变成这样，很大程度上和父母对她的教育分不开。女孩在最初接触外界事物、学习知识时，的确离不开大人的帮助，但如果这种帮助变成代替，时间长了，孩子自己就会缺乏克服困难的心理体验，一旦遇到挫折，就会产生畏惧、懒惰的情绪，造成继续学习的障碍。

因此，父母在富养女儿时，首先要破除女孩学习的依赖性，然后当孩子面对挫折时，让她直观地了解事物发展的过程，从反复体验中逐步认识到挫折的普遍性和客观性，接下来，父母就要引导和鼓励孩子去想办法解决问题。

方法二：故意制造一些困难，给女孩锻炼的机会

现在独生子女越来越多，父母对孩子更是“含在嘴里怕化了，捧在手心怕掉了”，而在这种家庭教育下成长出来的孩子，常常表现得胆小、不知所措、意志薄弱、依赖成性。所以，要改变这种现状，父母就要尝试利用困难和创设困难情境，给女孩一些锻炼她解决困难的机会。

例如，女孩学走路会摔跤，父母不要马上去扶她，而是鼓励她自己克服困难站起来；晚上可让女孩一个人睡觉，克服她胆小、怕黑的心理；女孩如果不爱运动，父母可与其制订规则，帮助她安排自己的日常生活，让她早起运动。

不过，在父母为女孩创设困难情境的时候，还要注意以下几个问题：首先，必须注意困难的适度和适量。其次，在女孩遇到挫折想退缩时，父母要多给予鼓励和肯定。

另外，对陷入严重挫折情景的女孩，父母要及时进行疏导，防止女孩因此产生一系列不良的情绪。

方法三：教女孩学会处理挫折

法国著名的作家巴尔扎克曾说：“苦难对于人生是一块垫脚石，对于能干的人是一笔财富，对于弱者是万丈深渊。”由此可见，父母教女孩学会处理遇到的挫折是多么重要。具体的做法：如父母要告诉女儿，自己的事情自己做；让女儿参加实践活动，吃点儿“苦”；培养孩子坚强和不怕困难的意志；教会她调节自己的不良情绪……

有一位妈妈在这方面就做得很好：

女儿自从上了高中之后，突然变得沉默寡言起来，每天晚上回到家就是写作业，脸上的笑容也少了很多。这其中的原因我是知道一些的，女儿原本在小学和初中的学习成绩都非常好，也有很多好朋友。后来，女儿考上高中之后，我们因为工作调动的原因搬了家，女儿也转学到一所新的重点高中。陌生的环境和突然加重的学习压力，让女儿适应不过来，再加上几次考试她的成绩都不理想，这让骄傲的女儿受到了巨大的打击。

我觉得女儿这种灰心丧气的状态不能再继续下去了，我必须帮助她走出这个怪圈。于是，在一次女儿放学后，我和她进行了一场深入的谈话。我告诉她，她现在遇到的状况是很正常的，她必须试着调整自己的心态，让自己的心情好起来，然后主动去结交一些志趣相同的朋友，接下来，她要慢慢总结学习中遇到的问题，找到自己成绩下降的原因，最后把它们解决掉。我还鼓励女儿将心中的苦闷和烦恼向我倾诉，告诉她我永远是她最好的朋友……

从那之后，女儿慢慢调整了过来，真的像我说的那样，她自己主动去结交朋友，并查找自己学习下降的原因，现在她在新环境里已经如鱼得水，变得更快乐了。

教育专家给女孩父母的育女方案

儿童教育专家孙云晓认为女孩的生活注定要充满挑战，但现代家庭教育女孩大多以“溺爱”和“过度保护”为主，这让孩子失去了应有的承受挫折的能力。

为此他给出的建议是：

1. 告诉女孩，挫折并不可怕，可怕的是逃避困难和挫折。

2. 给女孩磨炼的机会，鼓励并监督孩子坚持做一些她应该做却不愿意去做的事情。

3. 父母要学会狠狠心，“逼”女孩磨炼，以增强她的韧性。

第25招 富养，轻松打造有内涵的好女孩

有人说过这样一句话：“只要你具备了精神美和气质美，只要你够自信，你就会拥有有风度的自然之美。”富养教育就具有这样一种魔力，它能够帮助父母打造出一个真正具有内涵的女孩。

所谓内涵，其实就是指一个人的气质，而气质不是与生俱来的，它需要人们去追求、去修炼。那怎么样才能称之为一个有内涵的女孩呢？下面这些答案或许会对你有所启发。

有内涵的女孩，她们举止得体、谈吐优雅、自重自爱；

有内涵的女孩，她们会用诗词歌赋、琴棋书画来渲染自己的人生；

有内涵的女孩，她们做事执着、心思缜密、坚强勇敢、自信乐观；

有内涵的女孩，她们体贴入微、美丽高贵、娴雅温柔；

有内涵的女孩，她们即使穿着普通的衣衫依然能够散发出夺人的光彩；

……

父母们要想培养出这样的一个具有内涵的女孩，富养教育是最合适的。因为富养的女孩，她们对金钱有正确的认识，不媚俗、不奢侈，她们有着富足的精神世界，同时她们独立、自主、宽容、自信，对于“美”的认识更深刻。

有一位母亲曾这样对他人讲述自己的育女经验：

我的女儿今年已经上高中二年级了，从她还没出生时我就一直持女孩要富养的观念，当然在我的能力范围之内我尽了最大的能力给予她较好的物质生活，我并不认同某些父母口中的“富养女”就是不看自己的实际经济状况，超负荷地给予女儿“高贵”的生活，那样只会给家庭和孩子造成负担。

所以我在教养女儿的过程中，一直让她明白一点：无论我们家的经济状况是怎样的，你都是爸爸妈妈的“小公主”，而且更好的生活需要你自己努力去创造。与此同时，我还让女儿尽量接触音乐、舞蹈、绘画等，我觉得这对提升她的内涵非常重要。现在，她的钢琴已经过了十级，待物接人方面也非常得体，开朗的性格也让她结交了很多好朋友。

由此可见，富养打造出的内涵女孩，不一定穿金戴银，但她的精神世界一定足够丰富，而她的现实世界也一定充满更多的美好和精彩。不过，富养教育要讲究方法，富养女孩的内涵气质更要讲究技巧，一切不妨从打造女孩“美”的心灵开始。

方法一：塑造女孩的心灵美

一个有内涵的女孩，首先就要心灵美，这主要体现在女孩的品德、情操等方面，例如：善良、热情、温和、忠贞、心胸宽广……这些美好的品德和高尚的情操，就像一道道美丽的风景，丰富了女孩的内心，也丰富了她更加美好的人生。

笑笑出生在一个很平凡的家庭，她也是一个很平凡的女孩，没有出众的容貌和家世，但她走到哪里都能吸引众人的目光。这是为什么呢？因为她总是把微笑挂在脸上，对每一个人都很友好。在家里，她懂事、乖巧，帮忙照顾弟弟和料理家务；在学校，她学习努力、乐于助人，年年被评为“三好学生”，同时她还担任班里的文娱委员，经常带着同学们搞一些课外表演活动，是学校有名的“小红人”。周围邻居都说笑笑的爸爸妈妈生了一个好女儿，但笑笑很清楚地知道，自己之所以能成为这样一个善良、热情的人，是和父母的教育分不开的。

从小，爸爸妈妈就教导她要做一个善良和有爱心的人，而且在生活上也很照顾她。笑笑一直对音乐、舞蹈很感兴趣，因为经济条件的限制，她根本买不起那些昂贵的乐器，但她一点儿也不沮丧，因为爸爸亲手为她制作了一支竹笛，还教她如何弹奏出美妙的音乐。

笑笑的父母很明智，他们知道什么样的“富”才是女儿需要的，那就是一个美丽的内心，像这样一个善良、热情、有爱心的女孩子，又有谁不喜欢、不被吸引呢？

方法二：塑造女孩的自信美

著名影星索菲亚 · 罗兰在《女性与美》中这样说道：“如果你自信，你就美丽。一旦信赖自己有自信的充分理由，真正美丽的潜在力量便会属于你。”内涵，是一个女孩由内而外散发出的一种迷人气质，而这种气质不是靠华丽的衣服衬托出来的，而是一种源源不断的自信。

当然，女孩自信心的培养不是一朝一夕可以达到的，它需要时间，更要女孩经受生活的考验。只有充满自信，积极面对各种挫折的女孩才是具有健全人格的女孩。

所以，父母要在日常生活中不断培养女孩，让它们变得自信起来，教会她们如何在磨难面前依然坚定、勇敢地走下去。

方法三：塑造女孩的常识美

所谓常识，就是那些众所周知的知识，即“日常知识”。女孩获得日常知识的最佳途径是什么呢？毋庸置疑，就是多读书。“国父”孙中山就曾说：“余平生嗜好，除革命外，唯有念书而已，余一日不念书，即一日不能活。”

下面这位父亲就做得非常好：

我的女儿妮妮今年10岁，别看她年纪不大，知道的东西可多了，大家平时都叫她“小百科”。妮妮之所以有这个称号，和她爱看书的好习惯分不开，当然这其中也有我这个做爸爸的功劳。当女儿还在妈妈肚子里的时候，我就整天拿着一本《三国演义》对着爱人的“大肚子”开讲，妮妮的妈妈还取笑我说：“孩子还没出生呢，你整天给她读书，她能听懂吗？”我笑着说：“别小看这小家伙，说不定一出来就能给我讲赤壁之战。”自然，这是玩笑之语。但我认为越早让孩子读书、学知识对她就越好。

后来，随着女儿年龄的增长，我开始有意锻炼她自己去发现生活中的一些问题，然后在书中找寻答案。为此，我还专门在家里开辟出一个房间用作女儿的书房，里面有各种各样的书籍，其中有适合孩子看的漫画、故事书，也有深奥一些的世界名著。如果女儿在阅读过程中，遇到什么疑问，我都会和她一起商量着解决问题……

除了读书能帮助女孩增长知识之外，父母也可以带女儿去参加一些社会活动，或者结交一些更有学识和见地的朋友。

教育专家给女孩父母的育女方案

著名的儿童文学家冰心先生认为，打造一个具有内涵的孩子，父母应从各方面努力。她的观点具体可归纳为以下几点：

1. 读书，但要读那些具有文化内涵的书。

2. 帮助孩子树立正确的价值观和人生观。

3. 一个有内涵的孩子一定要懂得自尊、自信、自立。

第26招　富养，为女儿营造良好的家庭氛围

据相关教育专家的研究，孩子有1/3的时间是在家庭中度过的，所以家庭对于孩子的影响是非常大的。美国一位心理学家曾经精辟生动地阐述了家庭教育环境和孩子成长之间的关系：

在批评中长大的孩子，将来会责难他人；在敌意中长大的孩子，将来喜欢吵架；

在嘲笑中长大的孩子，将来会个性羞怯；在猜忌中长大的孩子，将来容易心生忌妒；

在羞耻中长大的孩子，将来会自觉有罪；在恐惧中长大的孩子，将来常常心生忧虑；

在鼓励中长大的孩子，将来会深具自信；在称赞中长大的孩子，将来会懂得感恩；

在宽容中长大的孩子，将来会懂得忍耐；在分享中长大的孩子，将来会慷慨大方；

在信赖中长大的孩子，将来会信任他人；在公正中长大的孩子，将来会极富正义。

对于更依赖家庭、依赖父母的女孩来说，家庭氛围对她们的影响是巨大的。如果父母不能为自己的女孩营造一种快乐和睦、温馨甜蜜的家庭氛围，就常常会让自己的宝贝女孩受到伤害。

场景一：范笑是一个非常可爱的小姑娘，学习成绩一直很好。可是近些天来，她常常上课走神，从她那忧郁的眼神中可以看出，她心里非常难过。有一天放学，她突然怯生生地跑到老师面前：“老师，我不想回家，这些天，我爸爸妈妈总是吵架……”

场景二：雪丽的爸爸妈妈都是高级知识分子。按理说，出生在这样的家庭应该让同学羡慕才对，但雪丽却常常羡慕其他的同学。每天晚上，她只能一个人看电视、听歌，因为爸爸妈妈都在看书。渐渐地，她已经形成了自闭、羞怯的性格，她心里常常想：什么时候爸爸妈妈才有时间陪我啊？

从上面两个事例我们可以看出，家庭环境与女孩的性格、情绪、学习成绩、幸福感等方面都有很大的关系。为了女孩的健康成长，父母一定要努力为女儿营造一个理想

富养，为女儿营造良好的家庭氛围

那些夫妻不和、缺少关爱的家庭，常常会产生“问题孩子”。

而在夫妻恩爱、温馨和睦的家庭里，女孩才会过得幸福快乐。

的家庭氛围。那么，一个良好的家庭环境包括哪些内容呢？

方法一：为女儿营造一个“健康型”的家庭氛围

甜甜的妈妈十分喜欢美容，不仅每天都跑美容院，在家的时间也总是补妆、照镜子。结果甜甜深受妈妈的影响，小小年纪就描眉、搽粉、抹口红，把自己打扮得像小怪物一样。

从上面的事例可以看出，小敏的妈妈由于过度专注于美容，对女儿产生了不好的影响。此外，还有一些父母存在着一些不良的行为和嗜好，如赌博、酗酒、参与封建迷信等。这些不良行为会严重污染孩子的心灵，对容易早熟的女孩来讲，消极影响更大。

作为父母，我们一定要引以为戒，并努力提高自己的道德修养，把尊敬长辈、懂礼貌等这些中华民族的传统美德发扬光大。这样，我们才能为女儿营造一个健康的家庭氛围，为女儿的健康成长打下良好的基础。

方法二：为女儿营造一个“学习型”的家庭氛围

明明今年14岁，爸爸妈妈都在大学任教。等明明上小学后，爸爸妈妈专门给她开辟了一间书房，以让她安心学习，不受其他人打扰。每到周末，爸爸妈妈都会带她去图书城买书，有时候还会参加画展和音乐会。在父母的影响和带动下，明明不仅多才多艺，还在她12岁那年出版了自己的诗集。

为女儿创造“学习型”家庭氛围主要包括“硬件”和“软件”两个方面。“硬件”是指对女儿学习上的经济投入，如购买图书、学习资料等（有条件的家庭还可以为女儿开辟一个书房）；“软件”是指营造浓厚的学习氛围。学习不仅是孩子的事，父母的榜样作用对孩子的影响也非常大。所以，我们父母应该为女儿起到一个良好的带头作用，平时也要多看看书、充充电。

方法三：为女儿营造一个“和谐型”的家庭氛围

对于放学，溪溪和丽丽的感觉是完全不一样的。溪溪心中是欢喜的，因为回到家可以和爸爸妈妈一起聊天、一起游戏，还可以手牵着手到小区的公园里玩耍。丽丽却有一种恐惧感，因为她的爸爸妈妈总是吵架。放学后，她会在街头漫无目的地走，希望太阳永远不要沉下去。

尹建莉老师在《好妈妈胜过好老师》中有这样一句话："幸福的家就是五星级宾馆。"确实是这样，在夫妻恩爱、温馨和睦的家庭里，女孩才会过得幸福快乐，而且能够得到全方位的教育。而那些夫妻不和、缺少关爱的家庭，常常会产生"问题孩子"。尤其对渴望父母关心、爱护的女孩来说，如果她们无法感受到亲情的温暖，她们会用早恋、离家出走等消极的方式进行对抗。所以，我们一定要为女孩营造一个和谐的家庭氛围，让女孩快乐健康地成长。

教育专家给女孩父母的育女方案

"知心姐姐"卢勤曾说："家庭，不仅是成年人歇息的港湾，可以放松地表现出真实的自我，而且也是孩子的港湾。"因此，她认为父母给孩子提供一个温馨的港湾，应该做到以下这些：

1. 爸爸妈妈永远不能对孩子说："你给我滚出去！"

2. 一定要教给孩子自我保护的能力。

3. 父母要时刻关心孩子在看什么，在做什么，以防微杜渐。

第27招 富养，与溺爱和娇惯不是一码事儿

我们讲过，和男孩相比，女孩更娇弱，也更需要父母的关心和照顾。所以，很多父母把自己的宝贝女儿视为掌上明珠，不仅舍不得让女儿干任何家务，女儿有什么要求也是尽力去满足。他们认为这样做是在“爱”女儿，殊不知是在“惯”女儿，最终并不利于女儿的成长和发展。

场景一：7岁的可馨是家里的独生女，平时妈妈把她视为掌上明珠，什么事都由着她。结果可馨越来越任性、越来越难管了。饭菜不可口了，她会责怪妈妈的厨艺不行；有什么事不顺心，她会和爸爸妈妈大吵大闹；和小朋友在一起玩，她也总是以自己为中心，结果谁也不和她一起玩了。有一次，爸爸妈妈带她去超市买东西，她看上了一个价值200元的毛毛熊，由于妈妈不给她买，她竟然在超市打起滚来，惹得大家都过来看热闹。爸爸非常生气，抱怨妈妈说：“都是你惯的。”

场景二：梦洁已经12岁了，但爸爸妈妈仍然认为她是小孩子，什么事也不让她做，甚至连她的屋子、书包都由妈妈来收拾。她上初中后成为一名住校生，由于没有生活能力，她常常给妈妈打电话，让妈妈来替她洗衣服、铺床、打扫宿舍卫生，有时候她还会哭着向妈妈提出休学的要求，这让她的父母十分苦恼。

从上面两个事例我们可以看出，对女儿太娇惯很可能把她们培养成骄纵任性或没有生活能力的“小公主”，这对她们以后的成长和发展都是十分不利的。其实，爱护和娇惯完全不是一个概念，爱护是关心、疼爱女儿的意思，但并不是说什么事情都由着女儿。所以，我们父母千万不要把两者混为一谈，否则真可能害了女儿的一生。 虽然女孩身体相对弱一些，但是父母也要舍得让女孩动手干活，这样，才能让她们学会吃苦耐劳，成为一个优秀的女孩。父母首先要做的，就是在思想上转变自己，要明白让女孩多劳动、多动手对她们的发展是有好处的，如果对她们过于娇惯，反而是在害她们。

方法一：“舍得”让女儿帮自己干活

倩倩的爸爸妈妈是做餐馆生意的，每到暑假或者寒假，他们都会要求上中学的女儿来帮忙，切菜、洗碗、给客人端饭上菜等，就像个小大人一样。有些朋友认为倩倩的爸爸妈妈太“残忍”了：“你家女儿好不容易放个假，你不让她歇一歇，怎么能老让她干活呢？再说你家又不缺钱，找个小工不就行了吗？”倩倩的爸爸笑着解释说：“我让女儿帮忙不是为了省钱，而是为了培养她的独立性和生活能力。你们想想，假如我现在娇惯她，等她长大了步入社会，别人还会娇惯她吗？当然不会了，所以，还不如从小就不娇惯她。”

很多父母宁愿自己受苦受累，也舍不得让女儿帮自己干家务。其实，这是一种错误的想法，让女儿多动手，可以培养她们的独立性和生活能力，这是有益于她们今后的发展的。

方法二：让女儿学会吃苦

洋洋今年14岁，是一个吃苦耐劳的小姑娘。每到周末，她都会帮妈妈擦地、收拾房间，什么家务都干。和父母外出旅游的时候，她独自背着自己鼓鼓的旅行包，决不让爸爸妈妈帮忙。洋洋能做到这些，和爸爸妈妈的培养是分不开的。她的父母从小就让她分担一些家务，并且鼓励她自己的事情自己做。

现在很多女孩变得娇气，就是因为她们的父母舍不得让女儿吃苦、把她们的事情都包办了。他们竭尽全力为女儿提供一个优越的学习生活环境，希望将来女儿能够有出息，一辈子都不用受苦受累。父母的愿望是好的，但却是违背生长规律的，因为孩子不吃苦，就剥夺了孩子锻炼的机会，也无法培养孩子面对逆境、面对挫折的意志和毅力。俄国著名作家屠格涅夫曾经说过：“要想成为幸福的人，首先就要学会吃苦。”我们现在让女儿学会吃苦，其实是为她以后的幸福着想。

方法三：不要对女儿百依百顺

妈妈带青青去超市买菜，青青被那些漂亮的糖果所吸引，让妈妈买给自己。妈妈摇了摇头说：“这些糖果对牙齿不好，不能给你买。”由于被妈妈拒绝，青青非常不高兴，一路上又吵又闹，妈妈装作听不见，青青吵了一会儿见没有效果，也就不再吵闹了。

有些父母非常宠爱女儿，常常对女儿的要求全盘答应。还有些父母拗不过女儿的吵闹，最终也只得接受女儿的要求。其实这样做是错误的。美国心理学家研究认为，对于孩子提出的物质要求，只要满足其中的四分之一就可以了，如果过多地满足孩子的要求，则是在溺爱孩子，最终会让孩子变成骄纵的“小霸王”或者“小公主”。

也许有父母会问：“不答应女儿的要求，女儿又吵又闹怎么办？”其实，并不是每个女孩都是刁蛮、任性的，你要给她好好解释一番，她还是会听取父母的建议的。如果实在不行，还可以采用下面的方法。

9岁的女儿在超市里看中了一款鞋子，让妈妈买给自己。妈妈没有答应女儿的要求，女儿便又哭又闹地撒起娇来。妈妈拍了拍女儿的肩膀说：“你先别哭，妈妈可以答应你的要求，不过你要通过自己的劳动来换取这双鞋子。”女儿马上不哭了，问妈妈：“我怎样通过自己的劳动来换取这双鞋子呢？”妈妈说：“你每天晚上帮我刷碗，我每次给你3块钱，20天后你就可以买这双鞋子了，而且这双鞋子是你用劳动换来的，不是花的爸爸妈妈的钱。”女儿想了一下，非常欣喜地答应了妈妈的建议。

上面这种方法既可以让女儿在要求没有得到满足时停止哭闹，还可以培养女儿爱劳动的好习惯，值得尝试。但是这种方法只能偶尔为之，如果用得太多，会让女儿变得非常功利。

教育专家给女孩父母的育女方案

著名心理专家李子勋先生认为，父母无条件的爱很容易让孩子变得没主见，那如何帮助父母们从“溺爱孩子”的旋涡中走出来呢？李先生的意见大致可归纳为以下几点：

1.父母需要换一种思维，给孩子更多的自由，因为孩子并没有我们想象中的那么脆弱，要让他们试着去触摸这个世界。

2.父母教育孩子的过程中，面对生活中的一些挫折和困难，不要对孩子进行过多不好的暗示，以便导致孩子对凡事都产生畏惧的心态。

3.培养孩子的自主性，允许她在相当长的一段时间里可能会有的矛盾行为，甚至可以在孩子面前适当“示弱”，让孩子自己探索做事的正确方法。

第四章

情商成就女孩的幸福，塑造高情商的女孩

关键词：情商、勇敢、恐惧感、安全感、可预见性、自信、专长、乐观教育、消极情绪、坚强、暗示、意志力、主见、进取心、竞赛、积极评价

哪些方法可以巧妙地帮你塑造出一个高情商的女孩呢？

如何帮助女孩管理好她们的不良情绪呢？

开发女孩情商的关键又是什么呢？

……

或许有些女孩的情商天生就比其他人高些，但父母后天的教育更为重要。

第28招 做事要勇敢
——开启女孩的勇气之门

一堂口语训练课上，老师给出了这样一个训练话题："说说谁是最勇敢的孩子。"

孩子们争先恐后地举起手，很明显大家的积极性都非常高，但似乎男孩子的声音和踊跃性更高一些。李强说："我上学路上遇到大狼狗，根本不用木棍和石块就能把它吓跑。"他的发言博得一片掌声，能够独自一人面对凶恶吼叫的狗，这的确需要勇气。

接下来另一个男孩子张磊说："晚上我敢一个人下楼买东西。"漆黑的夜里，寂静的楼道，一个人敢走下去，的确需要一些胆量。因此，张磊也获得了大家的认可。接下来又有一个男生说起了自己的勇敢事迹……

最后，老师终于忍不住问："为什么没有女孩子举手发言呢？"这时，一个小女孩怯生生地说："老师，我不勇敢。"

老师走到小女孩的面前，坚定地告诉她："你能说出这样的话，就表明你非常勇敢啊。"

小女孩眼睛里突然注入了神采，她兴奋地问道："老师，真的吗？我也可以很勇敢吗？"

"当然，女孩子也有女孩子的勇敢。"

众所周知，女孩子天生就有些胆小、敏感，她们不可能像男孩子那样，上树掏鸟、下河摸鱼，但这并不代表她们没有勇气，就像上例中老师说的那样——女孩也有女孩的勇敢，只不过她们表现的方式不同罢了。

德国著名的诗人歌德说过："你若失去了财产——你只失去了一点儿。你若失去了荣誉——你就丢掉了许多。你若失去了勇敢——你就把一切都失掉了！"可见，勇气对于一个人来说是多么重要，它是女孩子能否真正取得成功的关键。要知道，一个没有勇气的女孩子，就失去了探索的魄力，甚至会变得畏畏缩缩、犹犹豫豫，生活也便失去了更多的精彩和活力。

那么父母们应该在实际生活中如何做，才能让女孩们变得勇敢起来呢？

方法一：从处理女孩的恐惧感开始

女孩子似乎天生对周围的一切就充满恐惧感，例如，她们不敢触摸小动物的皮毛、害怕一个人待在家里、惧生人、晚上不敢独立出门下楼买东西、课堂上不敢举手回答老师提出的问题、被男生欺负的时候只知道哭……

很多时候父母们并不清楚那些看似很平常的小事，为什么会让女孩感到害怕、恐惧。通常来说，人害怕是因为“未知”或者曾经受到过伤害，比如，一个小女孩很害怕小狗，每次一见到有狗靠近，甚至听到狗叫，都会吓得大哭起来，而她之所以会如此惧怕狗，最重要的原因就是她曾被一只小狗咬过一次，虽然那次并没有对她的身体造成大的伤害，但是却在她的心里留下了难以磨灭的阴影，至今没有勇气坦然面对这种看似温顺的动物。

那么父母应该怎样帮助女孩清除掉她们心中的恐惧感呢？首先，你要清楚，女孩害怕的最根本原因是什么，然后根据原因去找寻答案。例如，女孩如果是因为不知道某件事情而对其产生恐惧，这时，父母就可以通过一定的途径，让女孩全面了解自己所害怕的事物并没有她想象中的那么可怕，鼓励她勇敢面对。

方法二：带着女孩参加一些训练勇气的项目

或许是因为女孩天生柔弱、胆怯，很多父母为了保护女孩，使她们不受到任何伤害，就很少去培育她们的勇敢精神，因为勇敢就意味着冒险，而父母们大多很难接受一个喜欢冒险的女孩子。但很多时候冒险教育对于女孩来说是必需的，如果你很担心女孩会因此而受到伤害，那么不妨和她一起去参加一些训练勇气的项目。

下面这位母亲就做得非常好：

女儿小时候经常生病，胆子也特别小，但为了使女儿变得更加勇敢，我就经常带着她去参加体育锻炼，而且有意加入一些训练勇气的项目，例如：练习碰撞、玩勇敢者游戏等。而她也渐渐地喜欢在游戏中进行自我较量，并在这个过程中增长了勇气，学会了如何保护自己。

有一次，女儿在过桥游戏中，不小心从半空中摔了下来，虽然有很多的保护措施，但她还是不小心划伤了手臂、手掌。当时，她的小嘴一噘，眼泪就想落下来。我没有露出心疼的神色，而是一边帮她处理伤口，一边平静地对她说：“你已经是个大孩子了，这点小伤没事的。上次和妈妈玩勇敢者游戏时，摔得那么疼，你都没有哭，所以妈妈一直认为你是一个勇敢的女孩子，待会妈妈会教你怎么处理伤口，好不好？”女儿点点头说：“妈妈，我不怕，我也不哭，我可是勇敢的孩子。如果有其他小朋友受伤了，我也可以帮他们包扎。”

方法三：给女孩安全感和可预见性

娜娜今年上小学二年级，是一个极度缺乏安全感的女孩子，她在家的时候，什么事情都喜欢依赖自己的妈妈，而且就像妈妈的“跟屁虫”，一刻不离地跟着妈妈。娜娜的妈妈让女儿和邻居的孩子们一起玩，但是娜娜只是拽着她的衣角，死活都不撒手。有时候让她单独去公园玩滑梯，她都要紧紧握着妈妈的手，怎么也不松开。晚上睡觉的时候一定要妈妈陪着她，奶奶陪不行，爸爸陪也不行。假如妈妈没有及时抓着她的手或者有些事情不在她的身边，她就会哭鼻子、发脾气。每天早上送她去学校，是娜娜妈妈最头疼的一件事情，因为要花很长时间哄她才行，而娜娜总是又哭又闹地非要妈妈陪着她上课，娜娜妈妈只能每次狠心把她推进教室里，转身快速离开。

生活中，总是有很多女孩子像娜娜这样缺乏安全感，而且随着年龄的增长，如果父母不加以正确引导，她们会愈加地害怕挫折、害怕批评、害怕失败，甚至害怕与人交往，这种个性对女孩未来的发展是极为不利的。

因此，父母给予女孩一定的安全感和可预见性就显得尤为重要。因为安全感会让女孩有一种“被保护”的感觉，这样做起事情来，她会更有自信和勇气；而可预见性，会让女孩消除因害怕失败而产生的恐惧感，在这个过程中还会增强她做事的勇气。

教育专家给女孩父母的育女方案

德国著名的教子专家卡尔·威特在训练孩子的勇气时，采用的教育方法可归纳为以下几点：

1. 父母不要出于担心孩子安危的考虑，而忽略对他们勇敢精神的培养。

2. 从小就应该想办法让孩子明白勇气的价值。

3. 父母不要过度保护孩子，而去阻止孩子做事，这会让孩子失去自信心和勇气。

第29招

帮助女孩建立自信
——开发情商的关键

自信是一种修为，也是女孩获得成功的要素。很多人都有这样的共识：自信的女孩才是最美丽的！

为什么这样说呢？道理其实很简单，自信的女孩有主见，不会人云亦云；自信的女孩对自己充满了信心，敢于在众人面前展示自己的魅力；自信的女孩不怕艰难困苦，敢于冲破一切阻挠成功的障碍，并且最终获得众人羡慕的目光。

《一个都不能少》是张艺谋导演的代表作，也是一部广为人知的电影。片中女主角的扮演者魏敏芝是一个普通的农村女孩，然而她正是用自己的自信获得了张艺谋导演的青睐，并且从此改变了自己的人生。

张艺谋导演到河北某偏僻农村拍摄影片，当地人没见过拍电影，都跑出来看热闹。张艺谋对着围过来看热闹的村民说："你们想不想拍电影，要想就站出来。"他一连问了几句，村民们没有一个人吱声，甚至还后退了几步。

这时候，一个女孩站了出来，大声说："我想去。"这个女孩长相并不漂亮，红红的脸蛋上透着一种山区孩子特有的淳朴。

张艺谋盯着她，问道："你会唱歌吗？"

女孩非常大方地说："会。"

"那就唱一首。""行！"女孩开口就唱："我们的祖国是花园，花园的花朵真鲜艳……"

由于唱歌跑调，并且在最后还忘了词，村民们哄堂大笑起来。但出乎村民们的意料，张艺谋指着女孩说："就你了。"

这个女孩就是《一个都不能少》中女主角的扮演者魏敏芝。后来这部影片大获成功，魏敏芝成了媒体关注的人物，一夜间成了名人。7年后，她考入西安某电影学院学习编导，现在已经拍摄了自己的电影和电视剧。

但是在现实生活中，很多女孩往往信心不足。美国作家艾里姆夫妇在《养育女儿》中解释了其中的原因：女孩非常注重人与人之间的关系，她们在做一件事之前，常常会考虑周边的关系，从而变得左顾右盼、犹豫不决。正因为如此，她们无法建立起足够的自信心，并且容易迷失自己。

一位母亲曾经这样谈论自己的女儿，并且表示了自己的担忧：

我女儿是一个聪慧漂亮的女孩，但是非常缺乏自信心。她常常无缘无故对自己产生怀疑，认为自己不如别人。前些天，学校要组织一场歌唱比赛，这是我女儿的强项，她当时也跃跃欲试，我们也鼓励她参加。但是过了两天，她竟然退出了，因为她怕自己没有别人唱得好。听了女儿的话，我非常担心，现在的社会是一个充满竞争的社会，谁有信心谁才会有更多的机会，如果女儿长期这样发展下去，将来怎么能够在社会上立足呢？

这位母亲的担心并不是多余的。在这个充满竞争的社会中，谁有自信心谁才会有更大的发展，因为自信是获得成功的第一步。如果一个人连自己都不相信，又怎么能获得成功呢？所以，我们要让女孩信心满满地去面对人生的竞争和机遇。

一个人的自信心，不是天生的，而是后天养成的。当一个人（尤其在小的时候）总是获得表扬、获得成功，她的自信心就建立起来了。反之，她的自信心就消失了。在孩子小的时候，她们没有分辨能力，非常相信父母对自己的评价。所以，我们对女儿要多鼓励、少批评，逐渐建立起女儿的自信心。

方法一：不要否定自己的女儿

我们每个人都有被肯定的心理需要，孩子当然也不会例外。心理学家研究发现，孩子对自己的评价大多源于周围人对自己的评价。如果周围的人给他的评价是肯定的、积极的，他就觉得自己能行，并且会在生活中逐渐树立起自信心来；如果周围的人给他的评价是否定的、消极的，他就会觉得自己一无是处，从而在心理上产生自卑感，甚至会有自暴自弃的想法。对于生性敏感、注重人际关系的女孩来说，情况更是如此。所以，我们父母不要用“你真笨”“你不行”这样的话来否定自己的女儿，而是要多给她们鼓励和支持。

方法二：鼓励孩子做一些力所能及的事情

妈妈正在择菜，5岁的女儿凑过来对妈妈说：“妈妈，让我来帮你择菜吧。”妈妈怕女儿择不干净，对女儿说：“宝贝，你还小，择不干净，还是去玩吧。”

吃过午饭，女儿看到妈妈正在洗衣服，对妈妈说：“妈妈，让我来帮你洗衣服吧。”女儿刚想凑过来，妈妈一把抓住她说：“你别过来，要不然会把衣服弄湿的。宝贝听话，还是去一旁玩吧。”

看着妈妈一副“不可以”的样子，女儿只得委屈地走到一边。

上面这位妈妈的做法是不对的。这种做法会让女儿产生一种消极的想法：妈妈认为我什么都做不好，我是不是很笨啊？慢慢地，女儿会越来越怀疑自己，从而对自己丧失信心。

遇到上面这种情况，妈妈应该真诚地鼓励孩子：“宝贝，你这么小就知道帮妈妈做家务，你真棒。”然后再教女儿怎么做。此外，我们还可以主动让女儿做一些力所能及的事情，等她们做好的时候再给她们一定的鼓励。由于常常得到父母的鼓励并能够圆满地完成任务，女儿不仅会养成爱劳动的好习惯，还会逐渐培养起自己的自信心。

方法三：发现并培养女儿的专长

姗姗是一个没有自信的女孩，因为她相貌平平，学习成绩也一般，更没有什么特别的才艺。妈妈发现这一点后，给姗姗报了一个舞蹈班，让女儿学习舞蹈。

后来，每当大家聚会的时候，妈妈都会让姗姗给大家跳支舞。由于有了自己的特长，并且常常得到大家的夸奖，姗姗逐渐建立起了自信心。

孩子的兴趣爱好是各不相同的，在天赋和能力方面也各有千秋。但是进入小学后，父母衡量孩子的标准往往聚焦在学习成绩上，那些学习成绩优异的孩子常常受到表扬，而学习成绩差的孩子常常受到批评。由于常常受到批评，那些学习成绩差的孩子就会产生自卑心理，从而丧失自信心。

要避免这种情况，我们父母就不能“以分数论英雄”，而是要发掘孩子的闪光点，多给孩子积极的评价。比如，我们可以培养孩子的特长（如唱歌、跳舞、绘画、运动等），孩子在某方面有了竞争优势，他就会逐渐变得自信起来。女孩更是如此！

教育专家给女孩父母的育女方案

李中莹先生在其《亲子关系全面技巧》一书中写道：“是否有足够的自信、自爱与自尊，决定他人生有多少的成功和快乐、满足和幸福”，因此他给父母提供了一些帮助孩子建立自信、自爱和自尊的简单易行的技巧。

1. 父母可帮助孩子根据其兴趣、能力和价值观，制订一些让孩子做事的、符合实际的目标，并且给予鼓励和支持，但不代替其做事。

2. 平时在家庭生活中多听取孩子的意见，允许孩子参与到家庭计划及决定中，并且尊重对孩子的承诺。

3. 做错时不加以姑息，但不要以奖励或惩罚操纵孩子，也不要在自己情绪不稳定时斥责孩子。

第30招 重视“乐观教育”，帮女孩营造良好的心境

乐观开朗不仅是一种优秀的性格特征，也是一种积极的生活态度。心理学家研究证明，乐观开朗的人不仅身体更健康、事业更成功，也会获得更多的幸福感。对于女孩来说，乐观开朗更是一种不可或缺的性格，它甚至比聪明漂亮更重要。看看下面这位母亲是怎样看待自己的女儿的：

也许是从她爸爸那里继承来的乐观基因，我女儿是个天生的乐天派，遇到什么事情都往好的方面想。

有一次，我和女儿去秦皇岛旅游，半路上手机、钱包都丢了。当时我就慌了：肯定是遇上小偷了，这可怎么办才好啊，连家都回不了了，这还不得沿街讨饭啊！女儿当时只有12岁，不仅没有慌张，还安慰我说：“妈妈你别着急，捡到钱包的好心人一定会把钱包还给咱们的。” 我和女儿在丢钱包的地方等了1个多小时，还真是遇到了好心人，把丢失的钱物还给了我们。

因为女儿的乐观开朗，她的同学们都愿意和她做朋友。开始，我还觉得奇怪：女儿学习成绩一般，长相也不是非常出众，为什么这么多孩子都喜欢和她一起玩呢？有一次，我私下里问女儿的朋友：“你们为什么喜欢和雨婷在一起呢？”她们给出了各种各样的答案：“婷婷特别阳光”“和婷婷在一起感觉特别快乐”“婷婷爱笑，我也被她感染了”“婷婷在遇到困难的时候不慌张，会安慰我们”……

在以前，我常常嘲笑老公：“就知道天天笑，也不知道哪有这么多让你开心的事。”现在，我明白了，乐观的人不仅能够自己经常保持愉快的心情，还会把快乐传递给别人，让他们也感觉到快乐和光明。现在，我常常为自己有一个乐观的老公、一个乐观的女儿而感到自豪。

我们要对女孩进行正确引导，她才能成为一个乐观开朗的孩子。

重视“乐观教育”，帮女孩营造良好的心境

重视“乐观教育”，帮女孩营造良好的心境。

在单纯的女孩面前，父母应该收起自己的烦恼、忧愁和抱怨。

乐观使你倾向于幸福、健康、事业顺利；悲观使你倾向于绝望、患病、失败、忧郁、孤独和怯懦。确实是这样，乐观的人总能够保持心情的愉悦，在遇到苦难的时候看到的也是光明和希望，所以他们常常能够获得事业上的成功和人生中的幸福。悲观的人恰恰相反，他们认为好事总是暂时的，坏事才是必然的，所以常常感到悲观、失望、挫败，进而在事业上也无法取得成功，更不能得到人生中的幸福和快乐。

所以，为了我们的小公主能够一生幸福、一生快乐，我们必须对她们进行正确的引导，让她们做一个乐观开朗的孩子。

一个人是乐观还是悲观，和生活环境有着很大的关系。作为女孩的父母，一定要给她们一个快乐、温馨的成长氛围，这样更有利于她们的身心健康成长。

方法一：不要让自己的消极情绪影响女儿

依娜的爸爸是一家大公司的文秘，每天都有忙不完的事情，有时候还会受到老板的批评。每天回家，他都会向妻子抱怨："工作太忙了，我都快累死了。""每天都要看老板的脸色行事，做这份工作真不容易！""今天又让老板批评了，真不想干这份工作了！"

由于受到爸爸的影响，依娜小小年纪就学会了唉声叹气。例如，每次写作业，她都要抱怨说："天天都有这么多的作业，我都快累死了，人活着真累啊。"

随着生活压力的增大，父母也会有苦恼、抱怨的时候，但是发泄这些情绪的时候应该尽量避开女儿。前面我们讲过，小女孩非常敏感，而且善于模仿父母，如果我们过多地让女儿幼小的心灵体验到挫败、失望、忧伤和愁苦等负面情绪，她们就很容易形成悲观的性格，并且会以消极的态度来面对生活。所以，我们父母要学着给女儿做一个良好的榜样，积极乐观地来面对生活。

方法二：及时排除不良情绪对女儿的干扰

女儿放学回来，情绪一直不对劲儿，把自己关在房间里不肯出来。爸爸敲开了女儿的房门，关切地对女儿说："宝贝女儿，爸爸看你今天心情很不好，能和爸爸说说是怎么回事吗？"

“没什么事。”女儿显然不想和爸爸说。

“爸爸看到宝贝女儿不高兴，心里也非常难受，如果宝贝女儿有什么事需要爸爸帮助，尽管和爸爸说好了。”爸爸装作要退出房门，其实是在等女儿开口说话。

“爸爸，”女儿有些委屈地说，“今天班里竞选班长，我没有连任成功。”

“其实，这两年来，我女儿的班长还是做得相当出色的，以前你们班的学习、卫生成绩都排在学校后几名，现在已经排到学校的第二名了。”

“是啊，要不我怎么会失望呢！”

“其实你也不要伤心失望，在这两年里，你不是也学到了不少管理经验吗？另外还交了不少朋友。只要你在以后的日子里好好表现自己，在下次竞选的时候，一定能够把班长的宝座夺回来的，爸爸相信你有这个实力。”

“嗯。”女儿点了点头，心情好了很多。

和男孩相比，女孩非常敏感，也更容易受到不良情绪的影响。如果她们长期处于这种消极的情绪之中，很容易形成悲观的性格，甚至会造成心理障碍。所以我们父母要多留心她们的情绪变化，当她们烦恼、忧愁、闷闷不乐的时候，要和她们聊聊天、谈谈心，让她们把心中的烦恼说出来。这样，烦恼很快就会消失，女儿也会重新快乐起来的。

方法三：对待女儿要宽严相济

这里所说的“宽”，指的是对女儿的管理方面。如果父母对女儿控制过严，这个不允许那个也不同意，女儿就如锁在笼中的小鸟一般，很难高兴起来，更别提以乐观的心态面对生活了。所以，我们要给予女儿一定的选择权，例如，在穿衣、吃饭、看电视等方面，我们可以让女儿自己选择。女儿从小就享受到了“民主”，自然会快乐而且自立。

这里所说的“严”，指的是对女儿的物质生活方面。一个普通的女孩，父母只要给她买一个玩具、一件衣服甚至一本书，她们都会觉得高兴。而那些物质生活过于优越的女孩，这些东西已经很难让她们满足了。所以，在物质生活方面，我们不要过分娇惯女儿，这样，她们才会感受到更多的快乐。

教育专家给女孩父母的育女方案

美国著名的儿童教育专家塔尼可博士对于“父母如何培养乐观开朗的孩子”这一话题，给父母们的教育经验是：

1. 不要对孩子限制过严。

2. 鼓励孩子多结交朋友。

3. 教孩子与人融洽相处。

4. 避免在物质上太放宽。

5. 培养孩子各方面的兴趣。

6. 教孩子学会摆脱困境。

7. 让孩子拥有适度的自信。

8. 创建快乐的家庭气氛。

第31招　坚强可以战胜困难，教女儿遇事不灰心、不放弃

梦璐是一个爱哭的小女孩。偶尔一次考试没考好，她会哭上老半天；爸爸妈妈批评她一句，她会哭得更厉害；甚至连学校打预防针，她也会哭哭啼啼的。

前些天，学校举行辩论比赛，大家推举梦璐作为班里的代表，但她在首轮就输掉了比赛。因为这件事，梦璐哭了整整一个晚上，爸爸妈妈怎么劝也不起作用。梦璐的爸爸无可奈何地说："梦璐这孩子怎么这么爱哭鼻子呢，她要是能坚强点儿就好了。"

和男孩相比，女孩由于受女性荷尔蒙的影响，往往表现出软弱、爱哭鼻子、抗挫折能力差等特征。这些特征不仅成了父母担忧的"心病"，也成了女孩成功道路上的"拦路虎"。

场景一：昕玉升入中学参加军训，站了两个小时的军姿就感觉坚持不住了，向教官提出了休息的申请。由于没有得到教官的允许，昕玉回家后向妈妈哭哭啼啼地抱怨了老半天，并让妈妈帮她撒谎，就说自己病了，以此来逃避军训。

场景二：林琳是一个成绩优秀的女孩，但因为在中考时发挥失常，只能考取一所普通的高中。林琳觉得没脸见父母了，竟然在公布成绩的那一天离家出走了。

场景三：一个8岁的女孩，她最大的梦想就是成为舞蹈家。因为在一次排练中严重扭伤了脚踝，她从此远离了舞蹈，那个成为舞蹈家的梦想便完全破碎了。

从上面这三个事例可以看出，女孩娇气、软弱的个性非常不利于她们的发展。现在的社会是一个竞争激烈、强者胜出的社会，谁也不会因为我们的孩子是女孩而怜爱她、照顾她。如果她们自己不能变得坚强起来，不能自己直面人生的困境和挫折，她们的人生道路就不会走得顺畅，获得成功的概率也不会很大。

读到这里，也许有些父母会担心：脆弱、娇气是女孩的天性，我们根本无法改变女儿的天性啊。这样想是不对的。女孩不够坚强和性别因素有着一定的关系，但是和父

母的后天培养、后天教育有着更重要的关系。我们在商界、政坛看到许多优秀的女性，她们的坚强、抗压程度并不逊于任何男性。

因此，在对女儿的教育方面，很多父母都需要反思。我们常常觉得女孩娇嫩、弱小，便对她们过度保护。例如，有些父母送女儿上学，常常对老师说："我女儿爱哭，请老师不要严厉批评她，有什么事找我就好了。"还有些父母在女儿遇到困难时对她们说："乖女儿别怕，让爸爸妈妈来帮你。"正是由于父母的过分保护，剥夺了女儿克服困难、战胜挫折的机会，让她们根本不懂得何谓坚强。另外，这样做也会给女儿一个消极的暗示，让她们感觉女孩就是弱小的、需要保护的，从而无法坚强起来。所以，我们要想让女儿变得坚强起来，首先要做的事就是要把我们放在女儿头上的"保护伞"拿开。

女孩其实可以和男孩一样，变得坚强自信，只要我们在后天培养上下功夫就可以了。但是大多数父母认为女孩柔弱，便过度娇惯她们，让她们变得越来越娇气，越来越软弱。一位教育家曾经说过，长在温室中的树木茁壮不了，因为没有经历过风雨。同样的道理，我们让女儿吃些苦、受些挫折，她们才会慢慢变得坚强起来。

方法一：多给女儿积极的暗示

两个小女孩在公园玩耍，看到翩翩起舞的蝴蝶，都追了过去，结果不小心撞在了一起，摔倒了。

一位妈妈赶紧跑到女儿身边，把女儿扶了起来、抱在怀里，心疼地揉揉这儿揉揉那儿，不安地问："摔疼了吧？"孩子"哇哇"大哭起来："疼！"另一个孩子看到这个孩子哭，眼睛一红，也想哭。但她妈妈蹲下来对她说："草地很软，摔一下不会疼。我女儿是一个坚强的小姑娘，自己站起来，让妈妈带你去玩！"奇怪的是，这个孩子真的从地上爬起来了，若无其事地继续玩去了。

儿童心理学家研究发现，暗示可以使孩子在心境、情绪、兴趣和意志等方面发生变化。如果父母传达给孩子的是积极的暗示，孩子将会变得更乐观、自信、坚强和积极向上；如果父母传达给孩子的是消极的暗示，孩子将会变得更脆弱、消极、害怕困难和挫折。所以，我们在平时不要把女儿当作弱者，这样会给她们传递一种消极的暗示，不利于她们性格的发展。在女儿遇到困难和挫折的时候，我们要多给她们肯定和鼓励，让她们勇敢地面对人生的挑战。

方法二：让女儿在受挫中体验成功

学校举行歌唱比赛，紫珊报了名，并且下了很大的功夫，但是却没有取得理想的成绩。紫珊有些沮丧地对妈妈说："这些时间都白费了，以后再也不学唱歌了。"妈妈说："虽然你没有得奖，但是你这些功夫并没有白费啊。现在你学会了不少新歌，而且唱得越来越好了，隔壁的王奶奶还非常喜欢听你唱歌呢。"听妈妈这么一说，紫珊心中释然了，并且更加喜欢唱歌了。

孩子的年纪还小，不懂得"失败是成功之母"，所以常常在挫折面前低头。作为父母，应该让女儿明白，偶尔的失败并不代表永远不会成功，如果坚持下去，离成功就不会很远了。女儿明白了这些，就不会再惧怕挫折，反而会变得愈加坚强。

方法三：培养女儿的意志力

我们大家都明白，艰苦的环境最能锻炼人的意志力，让人迅速地坚强起来。但是让父母为难的是，现在已经没有合适的环境让孩子去"艰苦"了。其实，艰苦的环境不一定非要是衣不保暖、三餐难继，我们可以创造一些合适的环境去锻炼我们的女孩。例如，让孩子在乡下农村住几天，让她们帮自己做些家务，出行的时候让她们自己拎包，让她们坚持晨练……只要我们舍得让孩子吃苦，这样的机会还是很多的。

教育专家给女孩父母的育女方案

教育专家王金战老师认为当孩子灰心、丧气时，父母应帮助孩子调整心态、激励孩子，他的具体意见是：

1. 父母不要苛求孩子完美无缺、屡战不败，要允许孩子失败。

2. 引导孩子向那些比他们出色的人学习，把那些人身上值得学习的地方当作自己的目标，进而增强自己学习的动力。

3. 帮助孩子制订解决问题的办法，逐步建立起他们对抗困境的自信心。

第32招 让女儿拥有自己的主见，不做人云亦云的“复读机”

晴晴今年上六年级，是个学习出众的小女孩。但是她非常缺乏主见，做什么事都喜欢问一下爸爸妈妈或者老师同学。到商场买衣服，她会问妈妈：“这件衣服适合我吗？我穿上会不会很难看？”到理发厅理发，她会问同学：“你说我留什么样的发型才好看呢？”甚至早上穿什么样的衣服去上学，她也要问一下妈妈：“妈妈，我今天上学穿什么？是穿裤子还是穿裙子？”

和晴晴一样，很多女孩都缺乏主见，她们做什么事情之前总喜欢询问一下别人，而不是自己去判断和思考。由于缺乏主见，她们在面临选择的时候，常常会彷徨和迷茫，并且容易被别人的意见所左右，因此错过了很多展现自己的大好机会。

佳雪是一个能歌善舞的小姑娘，她不仅歌唱得好，还会编排动作、设计舞蹈。有一次，省电视台举行歌舞比赛，佳雪非常想参加，但又怕水平太低被人笑话。她问朋友说：“我参加省电视台的歌舞比赛会不会被人笑话啊？”她的朋友说：“省电视台的比赛肯定高手如云，我看还是不要参加的好。”朋友的一席话打消了佳雪参加比赛的念头，她甚至还有些庆幸，因为自己不会当众出丑了。

但是等比赛开始后，她非常后悔，因为那些参赛选手的水平和她旗鼓相当。每周看比赛，她都要后悔一次，但是再伤心、再后悔，她也没有办法弥补了。

从晴晴和佳雪的经历可以看出，一个女孩如果缺乏主见，不仅会丧失很多发展机会，甚至连自己的生活和学习都不能安排好。尤其在长大之后，她们面临的选择将会更多：选择什么样的大学、学习什么样的专业、做什么样的工作、结交什么样的男朋友……可以想象，一个女孩如果长大了仍不能自己拿主意，仍要被动地等别人帮她做决定，那么她进入社会后，就算不被人欺负，也无法在这个充满竞争和变数的社会中立足。

我们父母不可能每件事都为女儿拿主意，也不可能照顾她们一辈子，所以我们要逐渐培养女儿的自主意识，让她们成为一个有主见的优秀女孩。那么对于缺乏主见的女孩来说，父母应该如何做呢？

方法一：改变教育女儿的观念

受传统观念的影响，父母最大的愿望就是自己的女儿“乖”“听话”。在教育女儿的时候，他们常常会说：“乖女儿，听爸爸妈妈的话。”甚至送女儿去幼儿园，也会叮嘱女儿：“要乖，听老师的话。”女孩非常在意父母的评价，父母经常用“乖”“听话”这样的词语来对女儿进行评价，会给她们传递一种错误的暗示：只要服从父母的意愿就是对的，只有听话的孩子才会得到表扬。这样，女儿独立思考的能力就一点点地消失了。

所以，我们在教育女儿的时候，尽量不要用“乖”“听话”来要求和表扬女儿，最好用具体的评价语言来评价和表扬她们。例如，女儿不再用妈妈喂饭，不要夸她乖，而可以这样表扬她：“女儿这么小就不用妈妈喂饭，你真棒。”用这样的语言表扬女儿，既可以使她们知道哪里做得好，还不会给她们传递错误的暗示。

方法二：给女儿自主选择的机会

一位父亲曾经这样谈到自己的育女经验：

出于对女儿的娇惯，女儿的所有事情都由我和妻子包办，我们从来不用她费心费力。渐渐地，我们发现了这种做法的弊端，因为女儿像一只人云亦云的“小鹦鹉”一样，完全没有自己的思考力和判断力，你说什么她就做什么，你讲什么她就信什么。尤其让我们忧心的是，女儿一会儿也离不开我和妻子，因为离开了我们，就没人帮她拿主意、为她做选择了。

为了改变这种局面，我给女儿提供了很多自主选择的机会，以此来培养她的思考力和判断力。例如，在买衣服的时候，我让她自己选择款式、颜色；在吃饭的时候，我让她选择吃什么。其他的事情也是如此。

刚开始时，女儿明显不适应，动不动就问我：“爸爸，你说我该怎么选择呢？”我对她说：“你自己的事情还是由你来决定，你觉得哪一种更好，你就选择哪一种。”渐渐地，女儿有了自己的主意，再也不像以前那样人云亦云了。现在我们一起去买东西，

让女儿拥有自己的主见，不做人云亦云的“复读机”

我们习惯为女儿做出选择，这样很不好，会剥夺她思考的权利。

我们应该多给女儿提供自主选择的机会，从而培养她的思考力和判断力。

她不仅能够选择自己喜欢的商品，还会说出这种商品的好处呢！

很多时候，我们习惯为女儿做出选择，从而剥夺了她们思考的权利。这样做是不对的。孩子在小时候是以自我为中心的，如果父母不注意她们的自主要求，而是代她们做出决定，很容易让她们形成依赖性。所以，我们要多给女儿提供自主选择的机会，从而培养她们的思考力和判断力。

教育专家给女孩父母的育女方案

女孩没主见，凡事都让父母拿主意，如何改变她呢？教育专家王金战给出的建议是：

1. 多给孩子锻炼的机会，并对其做出的决定表明自己的态度。

2. 孩子决定的正确与否其实没有固定标准，父母不要以自己的意见为准绳。

培养女孩的进取心
——积极的心态让女孩获益更多

由于性别的差异，男孩和女孩在集体中的关注点是不同的。当进入一个新集体，男孩想到的第一件事就是谁当“头”。如果没能当上“龙头”，他们会暗暗努力，并暗自和“龙头”较量，想着超过并取代他。而女孩对当“头”欲望不是那么强烈，即使有些女孩希望自己能够当上班长、学习委员，也是为了获得父母和老师的青睐，而不是对权力本身的追求。

诗琪是一个聪明伶俐的小女孩，像其他的女孩一样，她也不太喜欢竞争。前些天，妈妈到邻居家做客，才知道诗琪的班里正在选班长。诗琪邻居家的小孩宇宇和诗琪在一个班，他对诗琪的妈妈说：“阿姨，我们班正在选班长，诗琪报名参选了吗？我是班里第一个报名的，我一定要把班长的宝座抢到手。”

看着宇宇自信满满的样子，诗琪妈妈非常羡慕，再想想自己的女儿，根本没和自己说过有这么一回事。回到家，诗琪妈妈问：“听宇宇说，你们班正在选班长，你报名参加了吗？”

当时诗琪正在看动画片，连头也没回，说：“我才不报名呢，当班长有什么好的。”

妈妈说：“当班长怎么不好，不仅会得到老师的器重，同学们也会非常羡慕你的。”诗琪依旧看自己的动画片，一边看一边不以为然地说：“我才不羡慕呢，谁喜欢当谁就当去吧。”

和男孩相比，女孩不太喜欢竞争和挑战。我们大家都知道，现在的社会是一个竞争激烈、优胜劣汰的社会，谁进取心强、谁对成功充满渴望、谁不害怕竞争，谁才有可能在社会上脱颖而出，成为社会中的人才和精英。所以，为了我们的女儿能够获得成功，我们应该培养她们积极进取的个性，让她们成为一个进取心强、喜欢竞争和挑战的人。

方法一：鼓励女儿参加各种竞赛

让女儿多参加竞赛活动，既可以让她们适应激烈的竞争，还可以培养她们的自信心。有些女孩不愿意参加竞赛类的活动是因为缺乏自信，害怕在大庭广众之下丢面子。这时候，父母需要多给她们鼓励，并告诉她们，比赛的成绩并不重要，重要的是比赛的过程以及在比赛过程中得到的锻炼和提高。当女儿参加完比赛，无论比赛成绩怎么样，我们都要提出适度的表扬，这样可以提高她们参加比赛的积极性。我们应该相信，当女儿勇敢地迈出展现自我的第一步，她们会慢慢变成一个自信、积极进取的人。另外，如果女儿非常缺乏自信，可以让她们参加一些她们比较有优势的比赛。这样，孩子的自信心才会慢慢培养起来，从而有勇气和信心去和他人竞争。

方法二：为女儿树立理想和目标

乐萱是一个聪慧的小女孩，但是由于不用功，学习成绩只能在班里排到中下等。

有一天，妈妈趁着女儿高兴，对她说："新学期到了，妈妈给乐萱制订一个学习目标，好不好？" 乐萱非常爽快地答应了。妈妈说："上次期末考试萱萱的成绩在40个人里面排名第23位，这次期中考试能不能排到20位呢？" 乐萱想了想说："一共才前进3个名次，没问题。"妈妈说："既然乐萱同意妈妈制订的学习目标，那我们就用笔写出来，贴在乐萱的书房里。"妈妈找来纸和笔，把制订的学习目标写出来，贴在了女儿的书房里。以前，乐萱十分贪玩，但是每当看到这张贴在墙上的学习目标时，她马上就不玩了。乐萱本来就非常聪明，再加上学习比以前用功，她的考试成绩一下子前进了14名。

乐萱的妈妈是一位非常优秀的母亲，她懂得为女儿制订学习目标的重要性。一句名言曾经说过："理想是前进的动力，是照亮道路的火炬。"一个人树立了理想和目标，在前进的道路上会充满动力，并且不会迷失方向。所以，我们要引导女儿树立远大的理想，并且鼓励她们为自己的理想去拼搏、去奋斗。

如果女儿年纪还小或者暂时没有自己的理想，我们可以帮她们制订一个学习目标或者学习计划，让她们明确前进的方向。当女儿有了自己的理想和目标，她们不仅会变得积极进取，并且也不会再怕那些前进道路上的艰难险阻了。

另外，在给女儿制定目标方面，我们应该遵循下面两点原则：第一，不要把自己的意愿强加给女儿。如果这项目标是父母单方面制订的，孩子不仅没有执行的兴趣，甚至还会产生厌烦的感觉，这项目标自然也不会得到很好的执行。第二，制定的目标大小要适中，最好是女儿“跳一跳”就能够到的那种。如果我们把目标制订得太高，不仅女儿不能完成，还可能会挫败她的积极性和进取心。

方法三：多给女儿积极的评价

妙佳是一个学习非常努力的孩子，但是数学成绩一直不好。有一次，她的数学只考了62分。当她把成绩单给父亲看时，心里非常忐忑不安。但令她吃惊的是，爸爸看了看成绩单，不仅没有批评她，反而拍着她的肩膀说：“虽然你的数学不太好，但是你的语文非常棒。而且你是一个学习努力的孩子，只要你再接再厉，你的数学一定会学好的。”听了爸爸的话，妙佳悬着的心终于放下了，并且没有对数学失去信心。

常常有父母抱怨：“我家女儿就知道玩，学习成绩也不好，连一点儿进取心都没有。”不知大家想过没有，很多时候女儿没有进取心是我们一手造成的。例如，当女儿做某件事没有达到我们的要求时，我们没有鼓励她们，而是给了她们太多的责备。由于不断受到父母的否定，女儿早已失去了做下去的兴趣，甚至还会产生一种想法：我怎么也达不到爸爸妈妈的要求，还不如不努力的好。由于女儿产生了这样的想法，进取心自然没有了。所以，我们要多给女儿积极的评价，让她们从我们这里获得前进的动力。当她们逐渐建立起自己的自信心时，就自然会变得积极向上了。

教育专家给女孩父母的育女方案

苏联著名的教育专家苏霍姆林斯基曾说：“育人的唯一诀窍就在于激发学生的上进心。”家庭教育更是如此，关于这方面，苏霍姆林斯基给出了以下几点教育经验：

1. 为孩子创造一个丰富、轻松的家庭环境，鼓励孩子多参加集体活动。

2. 父母要用自己对事业的进取精神去感染孩子，对孩子产生积极的、潜移默化的影响。

3. 培养孩子自信、乐观的心态，并对其提出合理的要求。

第五章

气质决定女孩的未来，让女儿变身为优雅小淑女

关键词：气质、仪表美、标准、脱俗气质、标新立异、个性、洒脱、知性、书籍、阅读环境、大方气质、高贵气质、谈吐、淑女、亲切气质、穿衣打扮、电视媒体、文明礼让、艺术气质、音乐、绘画、艺术感受力

气质给人的美感有很多：

敢于标新立异会让女孩有一种脱俗的美；

温文尔雅的谈吐会让女孩有一种高贵的美；

穿衣打扮得体会让女孩有一种亲切的美；

……

无论是哪一种气质美，都需要后天的引导和培养。但作为女孩父母的你知道怎样才能让女孩做到气质美吗？那就走进本章去寻找答案吧！

第34招 美丽气质——让女孩拥有仪表美

一个女孩的仪表美，包括她的仪态、风度、容貌、衣饰、举止、态度和风韵等方面的美，而不同的女孩所展现的不同的仪表美，会给人以不同的审美感受。不过，现实生活中，很多女孩误解了“仪表美”的真实含义，以为穿上潮流的服饰，带上亮眼的耳环或者把自己的头发染成五颜六色，这样的装扮才是“美”。

有一位妈妈曾经这样谈起自己的女儿：

一天，女儿兴冲冲地跑到我面前说：“妈妈，我要染头发！”我惊讶极了，女儿刚刚上小学一年级，怎么就想着染头发呢？于是，我就问她：“你的黑头发不是很好看吗？为什么要染头发？”女儿说：“我们班的甜甜染了黄色的头发，好漂亮！大家都说她像芭比娃娃，很可爱！”我知道女儿一向很爱美，但她有一个不好的习惯，就是平时不太注意自己的个人卫生，比如，有一次，我给她买了一件可爱的卡通上衣，女儿非常喜欢，连续穿了好几天也不肯脱下来。平时，她也不爱主动刷牙、洗脸，我说了她很多次，她都不听。

不过，自从她上学后，我发现她对自己的个人卫生有点在意了，但依然是“语言的巨人，行动的矮子”。所以，我瞅准这次机会，对女儿说：“芭比娃娃的可爱、不仅是她的头发，还有她整洁的衣服、干净的牙齿和脸庞。甜甜这么受大家的赞扬，最重要的是她平时是一个很爱干净的小女孩，如果她脸上脏脏的，衣服上都是泥巴，就算有好看的头发，是不是大家也不喜欢她了？”女儿认真想了想，然后点了点头。接下来，我又告诉她只有干净整洁的小女孩才能长久地得到大家的喜欢，并鼓励女儿养成良好的生活习惯。

很多父母都会有这样的感受，不管女孩的相貌如何、衣着如何，如果她干净整洁地出现在众人面前，很快就会博得他人的喜爱，父母也会因此感到骄傲；但假如女孩衣着邋遢、不洗脸、不刷牙地出现在大家面前，即使他人不便说什么，父母也肯定会觉得脸上无光。当然，我们不是为了自己的面子才让女孩讲求仪表美的，而是为了培养她的气质、良好习惯等。因此，父母不妨参照以下这些方法去做。

方法一：在日常生活中培养女儿的“仪表美”

一位母亲的教育经验是这样的：

我的女儿冬冬非常乖巧懂事，待人彬彬有礼。每次家里有客人来，她都会事先把屋子收拾整齐，把茶具摆好。

客人到来时，她会主动迎接客人进屋，并帮助客人放好衣物，请客人在合适的位置落座。之后，她还会面带微笑地询问客人要喝什么饮料，并主动送上。客人离开时，她还会送到门口，并和客人说：“再见，欢迎您再来我们家。”

有一次，我一位几年不见的老同学李梅来我家做客，女儿不但为她沏好茶，还用双手奉上，显得非常有礼仪。李梅很震惊地对我说：“你女儿真是太懂事了，非常有礼貌，还会主动和我交谈，待客的礼仪样样精通。我女儿在这方面就特别差劲，你快说说，你是怎么训练她的？”

我笑着说：“我根本没有特意训练她，只是在她很小的时候我就让她跟在我身边，看我怎样招待客人的。久而久之，她就学会了。当然，有时，我们也会从旁指导她一些。”

我们都知道，在人际交往过程中，一个有着高雅气质和良好风度的女孩，往往能成为社交场合的“亮点”，也更易获得大家的喜爱。父母在生活中培养女孩的待客之道就是培养女孩“仪表美”最好的方法之一，所以在女孩的幼年时期，父母不妨多带女孩出门拜访朋友、参加聚会等，从而教会女儿各种礼仪。

方法二：让女孩知道“仪表美”的标准

一个女孩的仪容、仪表对于她来说非常重要，父母必须把“仪表整洁”的标准告诉自己的女儿，让她知道在日常生活中应该怎么规范自己。一般来说，父母可对女孩做出如下几点要求：勤剪指甲勤洗头；早晚刷牙；饭后漱口；常洗澡常换衣；手脸干净衣整洁。

父母还应对女孩的站、走、坐以及行为、语言、神态等方面提出一些明确要求。比如身体直立、挺胸收腹；坐下时两腿并拢微侧，双手交叉放在膝盖上方；当着他人的面，要面带微笑，不能毫无顾忌地在众人面前剔牙、挖鼻；等等。

另外，日常生活中父母还应让女孩学会物品归位和叠衣服，这些对培养女孩爱整洁、做事情井井有条都很有帮助。

方法三：引导而不是强迫女孩

很多时候，父母强迫女孩注意自己的仪容仪表很可能会起到反作用。例如，妈妈让女儿梳好头发再出去玩，但女儿觉得没什么，如果妈妈一再坚持，女孩就会哭闹或者对妈妈产生敌对情绪。其实，教育女儿注意自己的仪表美，引导比强迫更重要、更有效。下面这位妈妈就做得非常好：

7岁的姚佳马上就要成为一名小学生了，为此她很兴奋，整天盼望着开学。但是她的妈妈却有些担忧，因为女儿个性比较顽皮，平时脸上就像一个大花猫似的，刚给她洗完脸没一会儿就又脏了。现在，她就要上学了，不能整天再像一个“邋遢女孩”似的出现在大家的面前，于是，这位妈妈就决定用引导的方法教育女儿注意自己的仪表仪容。

例如，姚佳的妈妈在女儿开学前夕就带她去少年宫玩，那里的小孩子都把自己打扮得干干净净的，小姚佳看到之后，觉得很不好意思。第二次去的时候，妈妈再让她洗完脸出门，她也没有说“不”。晚上回家之后，妈妈还给她讲一些小女孩爱干净的小故事，希望女儿能从中感受到干净整洁带给人的益处，像更受大家欢迎之类的。就这样，在妈妈一步步的引导下，小姚佳变得爱干净了。

教育专家给女孩父母的育女方案

仪表美是一个孩子精神面貌、内在气质的外在表现。对此，我国著名的教育家陶行知先生认为，培养孩子的仪表美可从下面这些方面去做：

1. 要追求秀外慧中，达到外在美和内在美的和谐统一。
2. 要强调孩子的整体形象效果，不要只追求局部的美。
3. 要让孩子讲究个人卫生，注意仪表的端庄与整洁。

第35招　脱俗气质
——鼓励女孩敢于标新立异

有这样一个真实的故事：

有一个中国女孩大学毕业后到美国的一所著名学府攻读环境工程硕士学位，课余时间，她在一所跨国贸易公司做兼职中文翻译，并因此结识了一位帅气、热情的洋小伙。这名洋小伙为了追求中国姑娘想尽了很多办法，而且当他得知自己喜爱的中国女孩非常喜欢动物时，马上就邀请她到自己家的私人动物园参观。

但这家动物园因为附近新建的一个大型游乐场的冲击，经营状况并不好，甚至每况愈下，动物园的负责人——洋小伙的母亲想了很多办法，仍然回天无力。不过，这位中国女孩仍建议她开辟一些新的项目，吸引游客。等女孩离开后，那位母亲就对儿子抱怨说："新项目？新项目在哪里呢，她说得多么轻巧！"并且不同意儿子和女孩交往。

不过，很快这位外国母亲就改变了自己狭隘的看法，因为那位中国女孩的主意，真是太"与众不同"了。为了改善动物园的状况，她想到了一个迎合美国人独特想法的绝妙办法，那就是给动物办婚礼，以此招揽游客。

最后，这所动物园受到了前所未有的欢迎，很快就扭转了亏本的局面，而且这位中国女孩也在异国收获了一份完美的爱情。

由此可见，女孩"标新立异"的气质，不但能提升她的魅力值，还能帮助她创造出一个别人想不到的神奇世界。但生活中可能有些父母会说："我家女儿还小，没有什么知识，怎么能够标新立异呢？"

其实，父母们没必要把女孩的标新立异看得太"严重"，很多时候，一些简单的教育方法就可以帮助父母培养女孩"与众不同"的气质。

方法一：鼓励女孩的“标新立异”

一位母亲的育女经验是这样的：

我的女儿今年10岁，读小学五年级，平时她总爱异想天开，常常对我们提出一些奇奇怪怪的问题，做出一些怪异的事。例如，月光的光为何是白色的呀？天上为什么会有星星啊？汽车为什么不飞着走呀？有一次她把鸡蛋放在温暖的被窝里孵小鸡……我对女儿的这些“非凡”问题和“怪异”的行为，要么给予她肯定和赞美，要么引导她去思考。我希望女儿的这种“智慧”能发展下去。因为只有鼓励孩子的“标新立异”，她们的创新精神、脱俗气质、个性魅力才会“茁壮成长”。

其实，只要父母注意“倾听”，就能从女孩每天向父母提出的许多问题中发现她们标新立异的思考。也许小女孩们的某些问题异常古怪，甚至令父母嗤之以鼻，但就是这些古怪的问题包含着女孩创造性的心理品质。所以，要想培养女孩的脱俗气质，父母就应该鼓励和支持女孩“标新立异”。

方法二：保护女孩的个性

父母们都希望打造出一个具有完美气质的女孩，以至于常常按照大众化的标准去规范和教养女孩，却忽略了对女孩“个性化”的培养。

一个有个性的女孩在生活中往往显得比较自信，敢于表现她与众不同的一面。但父母在培养女孩的独特个性时，一定要及时纠正女孩对“个性”的误解以及她们个性中不好的一面，以免使她们变得桀骜不驯，影响其健康发展。

例如，很多女孩子以为个性就是衣着打扮上的不同，于是，为了彰显自己的个性，她们打唇环、文身……这些行为都不是正确的“个性”体现，而且会让女孩显得“俗气”，失去了本来的美感。

方法三：培养女孩洒脱的性格

女孩子如果过于斤斤计较和拘泥于细节，那么她很难成为一个洒脱的人，自然也不会有什么大成就。因此，父母应有意识地培养女孩的洒脱性格，让她学会放弃，学会“做事分轻重”等朴素的道理。当然，我们在教女孩学会放弃时，一定要掌握好这其中的“度”，以免对女孩造成消极后果。

一位父亲的育女经验是这样的：

从小我对女儿的教育就是不拘一格的，我希望她能成长为一位有独立意识、自我见解的“与众不同”的女孩，而不是一个“鹦鹉学舌”、随大流没有自己独特魅力的人，其中我教给她重要的一句话就是：你不是超人，必须要学会舍弃，然后去做你内心真正想做的事。

所以，当高考结束之后，有两份录取通知书摆在她面前的时候，我们让她自己选择去哪所学校：是那所专业不太对口的重点院校，还是专业师资力量很强的次重点院校。最后女儿洒脱地选择了后者。

虽然这件事情令周围的人很不解，甚至说我们这一家人是不是被“烧坏了脑袋”，但女儿不后悔自己的选择，而且她看起来更快乐、更轻松，她说相信自己在专业实力这么强的学校里，一定会学到更多的东西。现在，女儿已经大学毕业了，并且获得了留校任教的机会，原先不理解她的那些同学们如今都非常羡慕和钦佩她。

教育专家给女孩父母的育女方案

关于如何培养女孩的脱俗气质，英国教育专家伊丽莎白·哈特利·布鲁尔给出的教育方法是：

1. 强化女孩的诚实和正直感，让她诚实地对待自己和他人，并且拥有理想，学会按照自己的想法生活。

2. 强化女孩的个性，而不是“随大流”的倾向。

3. 鼓励女孩关爱他人，但不要因此否定自己的需求，也不要将自己界定为一个单纯的“给予者”。

知性气质——让女孩散发出迷人的书香气

古语曰：“腹有诗书气自华。”英国著名的戏剧大师莎士比亚也曾说过：“人的美丑是先天带来的命运，有没有素养则是书籍造就的命运。”可见，一个女孩有没有知性气质是和她读不读书有很大关系的。

一位父亲的育女经验是这样的：

我有两个女儿正在读小学，无论和谁聊天，这两个小丫头的话题都丰富得惊人。

“易中天对历史的见解很幽默！”

“杨澜阿姨是我的偶像，她不但口才好，做事也很有魄力。”

“乔丹打球就像跳芭蕾那么优美。”

“最近通货膨胀严重，国家应该采取调控措施。”

……

当别人问我是“如何让女儿如此博学”时，我总会笑着说：“你去我们家看一看就知道了。”我之所以这样说，是因为在我们家里，到处都可以看到杂志和各种各样的书籍，两个女儿还有专门属于她们的书房。在她们还偷偷躲在妈妈肚子里的时候，我就开始给她们读莎士比亚文集，讲述三国历史。现在女儿们热爱读书，并且从书中汲取到很多的知识，在外人看来，她们身上比同龄的小女孩多了一些东西，我想那就是女孩的知性气质，女孩的魅力。

事例中的父亲是非常睿智的，他不仅为女儿们营造了一个良好的读书环境，还把家里布置成到处散发着书香的迷人空间，让女儿们随手可以拿到书。我们相信在这样一个书香家庭环境中成长起来的女孩，是会成长为一位知识丰富、内涵丰富的知性女子的。

那么如何让女孩们爱上阅读呢？父母们不妨从以下方面进行努力。

方法一：父母要成为女孩的榜样

美雪遇到困难不知怎么解决时，妈妈都会这样告诉她：“来，让我们一起到书里找找答案！”就这样，美雪便有了很强烈的读书欲望。

在平时，美雪的妈妈还经常与美雪共读一本书，并经常用交流的方式引导女儿积极地去思考。例如，在每次的阅读中，妈妈都会问女儿：“美雪，现在到底发生了什么？你觉得后边会怎样发展呢？”阅读完之后，妈妈也会问她：“女儿，你喜欢这本书吗？喜欢哪些地方？你能不能说说这本书的内容？有没有想起同类型的书？”

如果家里来了小客人，美雪的妈妈就会常常鼓励美雪：“女儿，你刚从书上看到的那个故事不是特别有意思吗？讲给小朋友听吧。”每次美雪绘声绘色地给别的小朋友讲完故事后，她都会特别有成就感，自然也越发喜欢读书了。

父母一直都是女孩模仿的对象，如果爸爸妈妈喜欢与书为伴，那么耳濡目染之下，小女孩也会渐渐地爱上读书，并把读书当成人生中一件快乐的事情。因此，父母要想培养出一个具有知性气质的女儿，就要成为女儿热爱读书的好榜样。

方法二：创造良好的家庭阅读环境

一个轻松、自在、有趣的阅读环境对于塑造女孩的知性气质非产重要，所以父母要尽量为女儿营造出这样的读书环境，最好把图书放在孩子伸手可及、取放自如的地方，同时，也要注意提醒女孩阅读时要保持正确的姿势。

当然，除此之外，我们还可以利用节假日带女儿去图书馆、书店，相信丰富多样的图书会让女孩们兴奋不已。但是父母们要注意一点，你不能为了让女儿读书，就盲目地去买很多书回家，或者这本书还没看几页，那本书就已经买回家了。

世界上图书种类很多，不可能每一本书女孩都愿意心甘情愿地去读，所以，父母在为女儿选书时，一定要先选那些女孩心仪的图书，而且每次只能买一本，然后引导女孩去阅读更多种类的书籍。

方法三：让爱读书的伙伴来引导不爱读书的女孩

一位智慧的妈妈的育女经验是这样的：

前一段时间，我给刚上小学三年级的女儿品品买了很多课外读物，但是女儿却不喜欢读。周末的一天，跟女儿上同一年级的侄女杨阳来家里做客，杨阳很爱看书，就给品品讲了很多书中的故事。看着小姐姐讲得眉飞色舞，笑翻了天，女儿读书的胃口一下就被吊起来了。此后，每个周末我都会请杨阳到家里做客，渐渐地女儿开始翻阅我给她买的课外读物了。

虽然我们常说小孩子易受父母的影响，但有时候孩子们相互影响比父母对他们的影响更直接、更大。因此，作为父母，应该时常鼓励自己的女儿和那些爱读书的同学交朋友，相信在那些爱读书的小朋友的熏陶之下，原本不爱读书的小女孩也会对读书感兴趣的。

教育专家给女孩父母的育女方案

培养女孩的知性气质，就要让她多读书。对此，英国教育专家伊丽莎白·哈特利·布鲁尔给出的教育方法是：

1. 让女孩多阅读非小说类作品，以增加她的常识，强化她对细节的关注。

2. 让睡前阅读成为女孩的乐趣。

3. 为女儿创造读书的家庭环境，尽量让她多和你在一起读书，而不要因为和朋友玩耍而减少读书的时间。

第37招　大方气质
——让女孩不再腼腆、扭捏

思思是一个容易害羞的小姑娘。前段时间，她的姥姥要过生日，妈妈问思思：“姥姥要过生日了，你是不是要给姥姥唱一首祝寿歌呢？”当时思思非常爽快地答应了，并且每天晚上都勤快地练习。但是等姥姥过生日那天，思思一看人那么多，妈妈怎么劝也不肯唱，最后被妈妈逼急了还哭了起来。妈妈有些无可奈何地说：“这孩子脸皮太薄了，怎么一见人就害羞呢？”

和男孩相比，女孩更容易腼腆、羞怯，这一点很多父母都深有体会。在生活中，我们常常听到父母抱怨自己的女儿：

“我这女儿在家里挺能说的，但是出了家门，连问个路都不敢。”

“我女儿最害怕生人，家里一来了客人，她就赶紧躲到自己的书房去。”

“我女儿在学校是个‘落后分子’，她上课从来不举手回答问题。我问她为什么，她说当着这么多同学回答问题怪不好意思的。这有什么不好意思的，我真想不明白。”

心理学家研究发现，在孩子1～2岁时出现害羞现象是正常的，但是超过这个年纪仍然常常感到害羞，父母就需要多加关注、多加引导了。

女孩容易出现害羞现象，和她们的性别有一定的关系，因为女孩不像男孩那样自信满满的。但是最为主要的，还是和家庭教育有关。一些女孩常常害羞、不敢见生人，都是由于家庭教育不当引起的。

场景一：丹丹是个害羞的孩子，每次到别人家做客，丹丹都非常紧张。有时候妈妈的朋友逗她玩，她不是支支吾吾说不出话来，就是放声大哭，让妈妈感觉非常尴尬。后来，妈妈再也不愿意带丹丹外出了。

场景二：昕昕今年6岁，在一家幼儿园上学。每天早上去上学的时候，妈妈都要嘱咐她：“在路上不要搭理任何人，现在拐卖小孩的坏人可多了。”昕昕对这一点“执行”得非常好，从来不和陌生人说话，即使家里来了陌生人，她也赶快躲到自己的房间里。

现在仍有很多错误的观念左右着父母。例如，如果家里养的是男孩，父母十分愿意带他们去参加各种宴会，让他们“见见世面”。但是女孩却得不到这样的“礼遇”，父母一般没有主动带她们去“见世面”的意识。此外，为了防止女儿受到伤害，很多父母常常用危言耸听的话“吓唬”她们。当然，加强女儿自我保护的意识是对的，但是常常用危言耸听的话吓唬她们，会让她们对陌生人产生一种恐惧感，从而变得扭捏害羞、看见生人就害怕。值得强调的是，很多父母认为“含蓄”是女性的优点，并且用这两个字去要求女儿。但是含蓄并不是拘谨，更不是腼腆扭捏，父母一定要将它们做一个清晰的区分。现在是一个开放的社会，那些落落大方的女性不仅更容易得到广泛的认可，而且更容易交到朋友。尤为重要的是，落落大方的女性更能适应这个充满竞争、充满变数的社会。而那些腼腆、扭捏的女孩，会给人们一种小家子气的感觉，在这个社会中也将会处于竞争的劣势。所以，我们要有意识地把女儿培养成一个落落大方的女孩。对于女孩来说，她是腼腆、羞怯还是落落大方，与后天教育有很大的关系。

方法一：多带女儿走亲访友

梦柏是一个羞涩的小女孩，一遇到陌生人就感到拘谨、不自然。有时候家里来了客人，她就赶快躲到自己的屋子里。妈妈发现这一点后，就“故意”带她去走亲访友。并且在走访亲友前，妈妈会这样对她说：“张阿姨特别喜欢你，她们家还有很多好玩的玩具，咱们到张阿姨家去做客，好不好？”“李阿姨说想你呢，我们去看看她吧！”有时候梦柏见到亲友仍然会不自然，妈妈会对她说：“阿姨早就想见你了，快和阿姨打个招呼，她喜欢懂礼貌的小孩。”在走访亲友的过程中，妈妈还会鼓励梦柏和亲友交谈或者表演节目。无论女儿表现怎样，回到家妈妈都会对她提出表扬：“你今天舞跳得真好，王叔叔止不住地夸你呢。”慢慢地，梦柏再也不腼腆、羞涩了，而且还学会了很多社交礼仪。

很多父母嫌小孩“累赘”，走亲访友的时候不愿意带他们。其实走访亲友时带上孩子非常有利于培养他们的交往能力，容易让他们摆脱腼腆、羞怯的性格。对于本来就腼腆、羞怯的孩子，父母更应该多带他们到亲朋好友家走一走、转一转。另外，值得强调的是，如果孩子不愿意和亲友打招呼，父母不要批评他们，也不要给他们贴上“这孩子害羞”的标签，更不要显示出无所谓的态度。父母可以鼓励、引导他们，就如上文中梦柏的妈妈一样。

女孩是腼腆、羞怯还是落落大方，与后天教育有很大的关系。

对待害羞的女孩，我们应该多多引导，这样才能让她慢慢树立起自信心。

方法二：多带女儿去“见见世面”

思涵今年7岁，是一个懂礼仪、落落大方的女孩。思涵能做到这一点，和她爸爸的教育方式是分不开的。每到周末，爸爸都会带她去参加一些音乐会、画展。到了寒暑假，爸爸还会带她去参观一些名胜古迹。在她3岁的时候，爸爸还带她参加了河北电视台的品牌节目《超级宝宝秀》。

一些盛大、隆重的场合，最能培养女孩的社交能力。当她们“见多识广”了，自然会变得落落大方，见到陌生人也不会感到拘谨、不自然了。所以，当参加一些大型聚会的时候，我们应该尽量带上自己的女儿。

方法三：树立女儿的自信心

一些女孩之所以形成腼腆、害羞的性格，主要的原因是她们缺乏自信心。细心的父母可能会发现，那些腼腆、羞怯的女孩不愿意接触陌生人，但是非常愿意帮助那些比自己年纪小、也更柔弱的小孩。为什么会出现这种情况？这是因为和这些更柔弱的孩子相处，她们能够找到一种优越感和自豪感，让自己的内心得到满足。所以，当女儿出现腼腆、不愿意和人交往的情况时，父母先要树立她们的自信心，当她们摆脱了那种自卑心态时，她们才能够真正做到落落大方。

教育专家给女孩父母的育女方案

腼腆、扭捏的孩子很容易在人际交往中“吃亏”，因此，英国著名的教育专家伊丽莎白·哈特利·布鲁尔给女孩父母们的建议是：

1. 首先要给女孩更多的关心和体贴，多鼓励女孩。

2. 多给女孩创造表现的机会。

3. 掌握一定的知识，让女孩有可能成功地表现自己，增强自信心。

第38招　高贵气质——培养女儿温文尔雅的谈吐

作为父母，很多父母都希望自己的女儿能够成为一个谈吐优雅、举止得当的小淑女。谈吐优雅、举止得当带给女孩的好处实在太多了，它不仅增加了女孩自身的美丽，还赋予了女孩高贵的气质，让她们获得更多的赞赏和尊敬。

曾经一部韩国电影《我的野蛮女友》热播，在全国女孩中掀起一股“野蛮风”。在我们的身边，经常会看到一些女孩有失文雅的现象。例如，有些女孩大大咧咧、谈吐粗俗、脾气暴躁，更有甚者还会像男孩子一样打架斗殴。这的确是很让人头疼的事情，相信很多父母正为此而烦恼呢！

有一位妈妈就这样抱怨说：

我女儿今年7岁，是一个大大咧咧的女孩。别人家的小姑娘说话都是细声细气的，但是我女儿却是个“皮猴子”，不仅大声大气地说话、唱歌，有时候还和小男孩去摔跤、爬树，没有一点儿女孩的样子。现在我非常着急，女儿要是一直这样发展下去，将来怎么办才好呢？

其实，尽管时代在变，但是人们对女孩的审美准则并没完全改变，那些谈吐优雅、举止得当的女孩仍会受到大家的青睐。所以，为了让我们的女儿拥有更好的气质，我们一定要在言谈举止方面引导她们，让她们成为新时代的小淑女。

要让女儿做到举止优雅，成为新时代的小淑女，就要告诉她们淑女的标准，并且引导女儿去执行。在举止方面，妈妈对女儿的影响非常大，所以妈妈应该为女儿树立一个良好的榜样。

方法一：妈妈要为女孩树立一个良好的榜样

可馨的妈妈是一家建筑公司的项目经理。由于工作的关系，她非常豪爽，说话粗声粗气，有时候还大声地批评下属。在妈妈的影响下，可馨也变得“不拘小节”，大喊大叫地唱歌，把玩具弄得缺胳膊短腿，有时候还带着小伙伴去和其他的小孩打架，俨然成了“孩子头”。

在气质塑造上，妈妈对女儿的影响是十分大的。女儿常常把妈妈当作自己的模仿对象，如果妈妈不注意自己的言谈举止，那么女儿也会变得“不拘小节”，并最终演变成一种常态。所以，要想把女儿培养成谈吐优雅、举止有仪的小淑女，妈妈首先要做一个优雅的女人。

方法二：告诉女孩成为淑女的标准

很多父母都希望自己的女儿能够成为一个人见人爱的小淑女。在生活中，当女儿一些言谈举止不符合淑女的标准时，父母常常提示甚至批评她们：

“不要这样大声说话！”

“不要挖鼻孔，文明一点儿！”

“淑女一点儿好不好！”

……

上面的做法并不好，一方面，我们用批评、说教的方式去引导女儿，会引起她们的反感；另一方面，我们没有告诉她们怎样的言谈举止才符合淑女的标准，女儿没有规则可依。所以，我们应该给出她们一个做淑女的标准。

第一，行为举止方面。站立的时候要身体直立、挺胸收腹，不要耸肩、塌腰，更不要表现得无精打采、萎靡不振；行走的时候要不急不缓，不要表现出慌乱、着急的样子；坐着的时候要挺直上身，不要半坐半躺，更不要抖腿、晃脚。另外，在待人接物的时候要从容大方，不要慌慌张张，给人没见过世面的感觉。

第二，神情方面。在和人交往时，要常常面带微笑，表现出对他人的尊重和理解。另外，在公共场合不要做出剔牙、挖鼻孔、掏耳朵等不雅动作。

第三，谈吐方面。和人说话时不要粗声粗气，说话语气要温柔和缓，给人一种如沐春风的感觉。另外，在和人交往时要多用“请”“谢谢”“早上好”等文明用语。

总而言之，在培养女儿的言谈举止方面，我们不要用教训、批评的方式，而要把淑女的标准告诉她们，并在生活中反复练习。例如，在吃饭前，妈妈可以对女儿说：“小淑女在吃饭的时候总是不急不忙，我看一下我宝贝女儿是不是一个小淑女呢？”有了妈妈的提醒，女儿一定会认真去做。通过父母的引导和反复练习，女儿肯定会把优雅的举止和谈吐养成一种习惯，成为一个人见人爱的小淑女。

方法三：为女儿寻找一个“偶像”

一位优秀的妈妈曾经这样谈到自己的育女经验：

我和11岁的女儿都非常喜欢看中央电视台的《开心辞典》这个节目。不过不同的是，女儿喜欢它是因为它能够给她带来快乐，而我喜欢它是因为我非常欣赏这个节目的主持人。我感觉王小丫无论是在言谈上还是在行为举止上，都是一个非常优雅的女人。同时我希望女儿也能够成为一个谈吐优雅、举止得当的女孩。

后来每次看节目的时候，我都会故意对女儿说：“王小丫真是太出色了，要是我女儿也有这样的言谈举止就好了。”由于我不断地在她耳边“唠叨”，女儿也喜欢上了王小丫，并且把她当成了模仿对象。

现在的孩子们都热衷于“追星”，这在小女孩身上尤为严重。如果让女儿盲目地去崇拜那些明星大腕，会对她们的学业、价值观、审美观造成一定的消极影响。在这种情况下，父母不妨顺应女儿追星的心理，找一个言谈举止优雅、事业成功的女性让女儿去喜欢、去模仿。这样，女儿不仅找到了自己“崇拜”的人，还会学习她身上的气质和优点，最后自己也会成为一个优雅的小淑女。

教育专家给女孩父母的育女方案

小女孩说话粗鲁怎么办呢？教育专家王金战老师给父母提供的教育经验是：

1. 找到影响孩子粗鲁行为的原因，然后“对症下药”帮助孩子解决问题。

2. 当发现孩子行为、语言粗鲁时，不要否定孩子，而是要选择合适的方式批评孩子粗鲁的行为和语言本身。

3. 做个拒绝粗鲁的父母，为孩子做个好榜样。

第39招 亲切气质——女孩的穿衣打扮要得体

在穿衣打扮上，很多父母（尤其是妈妈）都会和女儿发生矛盾。前面我们讲过，爱美是女孩的天性，无论她是两三岁还是十几岁、二十几岁。正是因为爱美，女孩才会十分注重自己的穿衣打扮，并且千方百计地去模仿大人。

妈妈带13岁的佳琦去买衣服。佳琦在童装里左挑右选，一件也看不上。最后，她看中了一件成年女性的上衣，背部和胸部都十分裸露。妈妈说：“不能买这样的衣服，这种衣服不适合小孩子穿。”妈妈又让佳琦重新挑选，但是佳琦每次选中的衣服都是十分裸露的。妈妈生气地说：“你这孩子这么小，怎么老是挑选这样的衣服呢！”

心理学家研究表明，女孩在两三岁时就会产生审美需求，并且迎来自己的审美敏感期。例如，在三四岁的时候，她们会穿妈妈的鞋子、用妈妈的口红。等到年纪再大一点儿，她们爱美的心更强烈了，有的小女孩宁可挨冻，也要在冬天穿裙子。另外，由于年纪小，女孩还容易受电视媒体的影响，在穿衣打扮上尽量把自己打扮得妖艳、性感。以上这些都是爸爸妈妈不愿意见到的，当女儿出现这些情况时，他们会严厉斥责女儿，但是这样真的能够起到很好的教育作用吗？

煜璇今年14岁，正是爱美的年纪，但是她从来不穿裙子，即使妈妈给她买来她也拒绝穿。出现这样的情况，和爸爸的责骂有关系。在煜璇6岁的时候，她非常喜欢穿裙子，即使到了冬天，也不肯脱下来。开始时，爸爸妈妈给女儿讲道理，但是煜璇死活不听，后来爸爸发了火：“你这丫头这么小就这样臭美，长大了一定会长成狐狸精，只有狐狸精才喜欢穿裙子。”爸爸说这句话本来想吓吓她，但是却给煜璇留下这样一个印象：喜欢穿裙子会成为坏女人。

从那以后，煜璇每次穿裙子的时候都有一种罪恶感，到后来干脆再也不穿了。

爱美是女孩的天性，如果父母在她们刚刚产生审美需求时就粗暴地干涉、阻止、限制她们，会让她们的审美观停滞不前，很难成为一个审美能力高的女孩。但是女孩又极容易受电视媒体、同学朋友的影响，如果父母不闻不问，她们的审美观也很可能会被扭曲，形成一种错误的审美观念以及生活方式。所以，穿衣打扮这件事看似不大，却会直接影响到女儿的审美观念，父母一定要认真对待。

对于女孩来说，得体的打扮可以让她们显得更有涵养、更有气质。所以，父母应该鼓励女儿穿衣打扮。当然，凡事都要讲一个“度”，如果女儿把所有心思都放在这上面也不好。

方法一：避免电视媒体对女儿产生不良影响

据新闻报道，在银川街头一些类似男孩打扮、年纪在十几岁的女中学生越来越多。这些女孩崇尚中性装扮，并且把这当作一种时尚。出现这种情况，和电视媒体有很大关系。电视中一些女明星打扮成这样，很多女孩便纷纷效仿，也把自己打扮得很中性。除此之外，很多女孩喜欢穿性感、暴露的衣服，喜欢化很浓的妆，这也和电视媒体的影响有直接的关系。

孩子的年纪小，没有形成成熟的审美观，自然容易受电视媒体的影响。这时，父母应该积极引导她们，让她们免受电视媒体的影响。

一位母亲曾经这样谈到自己的育女经验：

我5岁的女儿非常喜欢看电视。有一天，她对我说：“妈妈，你能不能给我买一支口红？我想抹口红。”我问女儿：“你为什么想抹口红啊？”女儿说：“电视中的姐姐都抹口红，非常漂亮。”我说：“适合姐姐的未必适合你，你想一想，电视中的姐姐都20多岁，而你才5岁，你们能一样吗？”女儿看上去半信半疑。我说：“你如果不信，可以去问问爸爸，看看爸爸怎么说。”女儿真的跑去问爸爸了。爸爸说：“我女儿的嘴唇红红的非常好看，如果再抹上口红，红色就太重了，反而显得不自然了。我认为还是不抹口红的女儿好看。”从那以后，女儿再也没有和我提买口红的事。

一位教育家曾经说过：“媒体猛于虎。”确实是这样，媒体常常在潜移默化中影响孩子，让父母防不胜防。作为父母，我们要和女儿多沟通（如聊一聊电视节目等），及时纠正女儿不正确的审美观，让她健康地成长。

方法二：让女儿在穿衣打扮上充满自信

雅芯的家庭条件不是很好，妈妈很少给她买新衣服，更没有给她买过化妆品。但是妈妈看得出来，女儿非常希望能够穿上新衣服，她甚至因为自己总是穿旧衣服而感到自卑。这让妈妈十分内疚。后来妈妈鼓励女儿说："我家雅芯是一个有气质的女孩，穿上什么衣服都漂亮可人。有些女孩尽管衣服光鲜，但是人却没有气质，一样得不到大家的认可。"妈妈常常和雅芯这样说。雅芯也相信了妈妈的话，更加注重自己的气质培养，再也不为穿旧衣服而感到自卑了。雅芯这种衣着朴素的作风也得到了老师的认可，老师经常拿雅芯做例子，来给那些只重打扮而学习成绩不好的女生上"思想课"。

作为父母，我们应该告诉女儿，气质才是女孩最鲜亮的衣裳。这样，女儿会注重自己的气质培养，而不再只是关心穿什么样的衣服、戴什么样的首饰、用什么样的化妆品。当她认为自己拥有了不俗的气质时，在穿衣打扮上也会有自己的想法，会形成健康的审美观。

方法三：教育女儿要衣着端庄、打扮得体

佩蓉老师是著名的儿童礼仪专家，也是麻省理工学院在中国的面试官。她在自己的著作《佩蓉姐教儿童礼仪》中曾经谈到过女孩着装的问题。佩蓉老师认为，每个女孩都希望被人珍爱，她们用衣着方式表示自身保有尊严和尊重，然后再从周围的人那里获得这种尊重。如果一个女孩衣着过于暴露，这就大大地贬低了自身的价值。佩蓉老师同时指出，穿着端庄不是要显得寒酸或者昂贵，一个衣着简单但是举止优雅的女人，远比那些珠光宝气的人更美丽动人。

现在很多女孩追求性感、妖艳的装扮，还有些女孩追求名牌服饰，恨不得把自己打扮得"熠熠生辉"，这其实是与美丽背道而驰的。我们应该把佩蓉老师的着装理念告诉我们的女儿，教育她们要衣着端庄、打扮得体。

教育专家给女孩父母的育女方案

美化女孩的外表是美化生活的一部分，著名的教育家陶行知先生也认为应该注意孩子的穿着打扮。他对这方面的建议可总结为以下几点：

1. 孩子的穿着打扮应符合其年龄特点。

2. 孩子的穿着打扮应有利于其生长发育。

3. 孩子的穿着打扮应适度。

第40招 淑女气质——好女孩要懂得文明礼让

讲文明、懂礼貌是为人处世的起点。中国大教育家孔子曾经说过：“不学礼，无以立。”英国著名教育家斯宾塞也曾经说过：“礼仪修养是一个人全部品德的基础。”由此可见，无论是在东方还是在西方，都把文明礼貌看得非常重要。

一个人是否懂礼貌，不仅代表着他本人的素质，也体现着他从小受到的家庭教育。在生活中，那些讲文明、懂礼貌的人往往容易受到大家的欢迎和尊敬，也容易建立较好的人际关系；而那些不讲文明、不懂礼貌的人，则不会有较好的人缘，有时甚至会被大家嫌弃和讨厌。

我们来看看下面这位母亲写的日记：

上周末，我7岁的女儿邀请几个小朋友到家里一起写作业。我为她们准备了一些水果，当我把果盘摆上来时，很多孩子抓起来就吃。只有一个叫欣妍的小女孩非常礼貌地对我说：“谢谢阿姨。”写完作业后，大家忙着整理课本、收拾书包。只有欣妍留到了最后，把自己坐的桌椅摆整齐，并且把弄乱的东西放还到原处。这一瞬间的细小行为深深打动了我。我想她的父母一定是懂礼仪的人，要不然教不出这样优秀的孩子，这个孩子将来一定会有出息！

从这个事例可以看出，讲文明、懂礼貌的孩子更容易受到认可和欢迎。但是现在很多孩子由于从小受到父母的娇惯，做任何事都以自我为中心，常常做出一些“失礼”的行为，这其中不乏一些女孩。

场景一：过完新年，9岁的思琪和8岁的表妹秀秀去给姥姥拜年。姥姥早给两个外孙女准备好了礼物：一个毛毛熊玩具和一个电子手表。谁知两个女孩不仅没有向姥姥道谢，还因为争抢礼物打闹了起来。她们两个人都想要电子手表，谁也不肯让谁，最后还打在了一起。姥姥无可奈何地说：“孔融7岁就知道让梨了，你们这么大了，怎么不知道谦让啊！”

场景二：公交车到站，一位老爷爷和6岁的孙女上了车。这位老爷爷年纪已经很大，还为孙女背着沉重的书包。一个小伙子见了，赶紧站起来让座。谁知小伙子刚站起来，那个小孙女就坐到座位上。小伙子不满地说："我是把座位让给你爷爷的。"那个女孩说："你把座位让给爷爷，爷爷一定会把座位让给我的。"小女孩的爷爷也附和着说："让她坐吧，我不坐了。"小伙子非常不满意，小声说："这小女孩真不懂礼貌。"

对于女孩来说，讲文明、懂礼貌显得更为重要。人们评价男性，着眼点往往是他的领导能力、事业是否成功；而人们评价女性，着眼点往往放在她的风度和气质上。试想一下，如果一个女孩不懂礼貌，甚至开口就说脏话，这样的女孩大家避之唯恐不及，又怎么会受到欢迎和喜爱呢？所以，我们要培养女儿从小养成讲文明、懂礼貌的好习惯，让她成为一个真正有礼貌、受欢迎的人。

方法一：父母自身要懂礼仪

父母是孩子的第一任老师，也是孩子学习的榜样。在前面我们讲过，身教大于言教，榜样的力量是无穷的。如果父母平时不注重自己的礼仪修养，在公共场合大吵大闹，在街上随地吐痰，抑或张口就吐脏字，这些都会"传染"给自己的孩子。所以，我们父母在平时一定要注意自己的礼仪修养，给孩子树立一个好的榜样。此外，值得一提的是，父母应该摆正礼仪教育观念。现在大多数的家庭都是独生子女，父母对孩子比较娇惯。有的父母怕孩子吃亏，事事都纵容孩子，这就很容易让孩子形成以自我为中心的倾向，从而常常做出"失礼"的行为。我们应该明确这样一个教育观：我们要培养的是讲文明、懂礼貌的女孩，而不是骄纵、任性的"小公主"。

方法二：教会女儿使用文明用语

一位优秀的妈妈曾经这样谈到自己的育女经验：

在女儿两岁的时候，我就开始教育她使用"请""谢谢"等文明用语。我教育她的方法非常简单，就是把这些文明用语用到女儿身上。例如，我让女儿帮我递一件东西，我会对她说："嘉嘉，请把衣服递给妈妈。"等女儿把衣服递给我后，我会说："谢谢嘉嘉。"慢慢地，女儿也学会使用这些词语了。在以前，女儿总是用命令的语气和我说话：“妈妈，把苹果递给我，快一点儿。”后来，她会这样和我说：“妈妈，请把苹果递给我。”当我把苹果递给她后，她还会说一声“谢谢妈妈”。

儿童心理学家研究表明，在孩子一两岁的时候，就可以有意识地教他们使用“再见”“对不起”“谢谢”“早上好”等文明用语。通过反复的强化练习，孩子会慢慢形成习惯，从而成为一个讲文明、懂礼貌的人。另外，在教育孩子使用文明用语的时候，我们不应该使用说教、批评的方式，这样的效果并不好，甚至可能会引起孩子的反感。

小姨给薇薇买了一个毛绒玩具，薇薇非常高兴，伸手就要去拿。妈妈拨开她的手，生气地说：“我怎么教你的？接受别人的礼物应该怎么说？”薇薇非常不情愿地说：“谢谢小姨。”

用这样的方式让女儿说出“谢谢”，女儿肯定不是发自内心的，下次一定还会忘记。在这种情况下，妈妈可以对小姨说：“谢谢你送给梦洁这么可爱的玩具。”女孩是非常敏感的，当她听到妈妈说出“谢谢”两个字时，马上会意识到自己没有感谢小姨。此外，妈妈还可以在事后引导女儿：“小姨送给你这样可爱的玩具，你是不是应该给小姨打个电话谢谢她呢？小姨接到你的电话后一定会非常高兴的。”通过妈妈的引导，女儿会发自内心地感谢小姨，并且养成使用文明用语的好习惯。

方法三：理解并纠正女儿偶尔失礼的行为

场景一：3 岁的茹茹坐在床上，让妈妈把牛奶递给她。妈妈正在收拾餐具，没有时间，茹茹用小手指着妈妈说：“大坏蛋！”

场景二：3 岁的张新让妈妈给自己买一个玩具。妈妈没有答应她。张新就用小手打了妈妈几下说：“妈妈不给我买玩具，妈妈坏。”

在孩子的两个逆反期（第一个逆反期在 3 ~ 4 岁，第二个逆反期在青春期），他们会对“大笨蛋”“大坏蛋”这类词感兴趣。此外，孩子有时因为一时疏忽或者为了发泄情绪，也可能会做出一些失礼的行为。这时，父母不要马上就指责、批评孩子，这样做不仅不能从根本上解决问题，还容易激发孩子的逆反心理。出现这种情况的时候，父母应该平静但坚决地对孩子说：“咱们家不应该有不讲礼貌的孩子。”然后再表达自己的要求：“你如果想要妈妈帮助，应该用礼貌的方式和妈妈说话。”这样，孩子会逐渐改掉失礼的行为。

淑女气质——好女孩要懂得文明礼让

父母平时不注意自己的礼仪修养，那么孩子在日后可能会出现一些“失礼”行为。

父母从小就应该教她们使用文明用语，并且给她们树立良好的榜样。

教育专家给女孩父母的育女方案

我国著名的儿童文学家冰心一直崇尚“爱的哲学”，而对于怎么培养女孩的淑女气质，冰心给出了自己的建议。具体总结如下：

1. 让女孩从小注意个人礼仪，包括仪容仪表、仪态举止、谈吐、着装等几个方面。

2. 要帮助女孩掌握必要的文明礼貌常识。

3. 帮助女孩建立自尊和尊重他人的意识。

第41招　艺术气质
——让音乐和绘画走入女孩的生活

9岁的欢欢非常喜欢唱歌、跳舞，在她的一再要求下，妈妈给她报了一个舞蹈班，每个周末都去学习。渐渐地，妈妈发现欢欢的身材更加苗条、匀称了，而且身上多了一股活泼、灵动的气质。这让妈妈感到非常喜悦，再也不用以耽误学习的理由反对女儿唱歌、跳舞了。

时尚的衣着、美丽的容颜、精心的装扮，都能让女孩显现出美感。但是这种外表的美总是肤浅而短暂的，就像天空上的流云，转瞬即逝。只有气质才是女孩最鲜亮的衣装。如果一个女孩缺少灵动的气质，即使长得再漂亮，穿戴得再华丽，也会给人呆板、肤浅、不耐看的感觉。而一个有气质的女孩，即使穿着简单，也会很快地吸引大家的眼球。

气质是一种内在的东西，它是从心灵最深处散发出来的，很快就能感染周围的人。和容貌相比，气质显得更加重要。首先，无论哪个女孩都无法决定自己的容貌和长相，那是由父母的DNA决定的，而父母也无法控制和掌握自己的DNA。其次，谁也不能让自己驻颜不老，无论哪个女孩，即使她年轻时具有姣好的面容，也会有老去的一天。但是气质则不同，只要通过努力，每个女孩都可以让自己拥有高贵、优雅的气质，并且让这种气质伴随自己一生。所以，我们一定要注重女儿气质的培养，让她们拥有优雅、迷人的气质。

如何才能让女儿具有优雅、迷人的气质呢？我国清代著名思想家曾国藩就认为读书可以改变气质，他曾经说过："人之气质，由于天生，本难改变，唯读书则可变化气质。"曾国藩说得确实非常有道理，多读书可以让女孩拥有书香之气，多一些古典、知性的美。当然，培养女孩气质的方式还有很多种。除了读书外，唱歌、跳舞、绘画等艺术方式也能培养女孩优雅、迷人的气质。音乐、舞蹈可以赋予女孩活泼、灵动的气质，而绘画可以赋予女孩感悟美的能力。

所以，当我们的女儿喜欢读课外书，喜欢唱歌、跳舞的时候，我们不要阻止或者干涉她们，这些文艺活动不仅能够培养她们广泛的兴趣和爱好，也能够赋予她们优雅、迷人的气质。

艺术修养对女孩气质的影响是非常大的。那么，我们怎样才能让女孩具有良好的气质和修养呢？

方法一：培养女儿对艺术的兴趣和爱好

一位妈妈曾经这样谈到自己的育女经验：

在女儿 2 岁的时候，她突然对画画产生了兴趣。她常常拿着一支笔，在纸上、书上甚至墙上画出一些谁也看不懂的图画，并且乐此不疲。对于女儿的胡乱涂鸦，我和老公没有批评她，也没有告诉她应该怎么画，而是给了她很多的鼓励。我常常对女儿说："丫丫画得真好，再给妈妈画一个。"有时候，我们还把女儿画的画贴到墙上。因为得到了我们的鼓励，女儿对画画的兴趣更浓厚了。

等女儿长大一些，我开始对女儿进行引导。例如，女儿刚看完《米老鼠和唐老鸭》，我会对女儿说："丫丫，你不是很喜欢米老鼠吗？那就用笔把它画出来吧。"在开始的时候，女儿感觉有些难度，我会给她一些指导，告诉她先画哪一部分，后画哪一部分。等女儿画完的时候，无论她画得怎么样，我都会表扬她。再后来，我对女儿提出了更高的要求。例如，我家养了一只小猫（我们叫它"喵喵"），我对女儿说："给喵喵画一张像怎么样？画一下喵喵是怎么捉老鼠的。"女儿便按照我说的去画，画得还挺好。

在女儿 6 岁的时候，她已经能够画出所有常见的动物，并且可以加进自己的创意。

由于经常画画，女儿的审美能力要比同龄的孩子高出很多。她自己很会搭配服饰，有时候还会在着装问题上给我提意见："妈妈，你不要老是穿牛仔裤，牛仔裤不适合你，你穿裙子才好看。" 现在，女儿已经 10 岁了，对画画的兴趣依然很浓厚。前些天，我和女儿商量了一下，给她找了一个美术老师。至于女儿以后是否能在绘画方面有所突破、有所发展，这要看她自己的意愿。我们将来也不会给她施加任何压力。但是无论何时，我和老公都会是她最好的观众和知音。

这位妈妈是一位聪明的母亲，在女儿对绘画表现出兴趣的时候，她没有去干涉她，也没有给女儿施加任何压力，而是给了女儿很多的鼓励和引导。其实，让小女孩爱上唱歌、跳舞并不难，但是父母错误的做法会让孩子对这些艺术活动失去兴趣。所以，我们应该向这位母亲学习，鼓励和引导女儿，而不是胡乱指挥她们。

方法二：培养女儿的艺术感受力

法国著名雕塑家罗丹曾经说过："世界上并不缺少美，只是缺少发现美的眼睛。"罗丹在这里所说的"发现美的眼睛"，就是指艺术感受力。我们应该有这样一种感觉：那些搞艺术的人，如音乐家、作家、画家等，一般都有着很好的气质。为什么会出现这样的情况？这是因为他们的艺术感受力比一般人更敏感、更强烈，所以他们更能捕捉生活中的美，并且把它们融入自己的气质中。所以，我们仅仅培养女儿对艺术的兴趣和爱好是不够的，还要培养她们的艺术感受力。

在培养女儿的艺术感受力方面，我们可以采取以下几种方法：

第一，让女儿多读文学名著。每位文学大师都有一双敏锐的眼睛，善于捕捉生活中的美感，然后再把它们记录到自己的著作中。让女孩多读文学名著，不仅可以增强女孩的文学知识，同时也可以增强女孩的艺术感受力。

第二，带女儿寻找生活中的美。艺术虽然高于生活，但也源于生活。可以说，一切的美都存在于生活之中。我们应该教育女儿热爱生活，关注周围的事物，并且善于发现生活中的美。等女儿具有了发现美的眼睛，艺术感受力也会变得非常敏锐。

第三，让女儿多接触大自然。雄伟的山峦，淙淙的流水、青翠的树木、霏霏的细雨——大自然的美丽是无法用语言描述的。让女儿多接触大自然，可以让她们感受到大自然无穷无尽的美丽，从而提升自己的审美能力。当女儿的审美能力得到提升后，她们的艺术感受力也会变得更加敏锐，更加强烈。

教育专家给女孩父母的育女方案

英国教育家伊丽莎白·哈特利·布鲁尔对于父母怎样培养女孩的艺术气质给出了自己的意见，具体归纳为以下几点：

1. 让女孩多接触美好的事物，培养其自身的开放意识。

2. 让女孩体验多元生活，塑造她的艺术气质。

3. 经常组织女孩参加野外写生、音乐竞赛之类的活动，挖掘女孩的创造潜能。

第六章

10种能力教育，把女孩培养成出类拔萃的英才

关键词：创新能力、决断能力、动手能力、时间管理能力、自律能力、表达能力、社交能力、合作能力、理财能力、理性思考能力

思考能力将帮助你的小公主发散思维；

表达能力会让你的小公主“能说会道”；

创造能力会极大扩展女孩的好奇心；

……

你想培养出一个全能的女孩吗？如果你还不知道怎样做，那就请走进这一章！

让女孩受用一生的财富
——创新能力

俄罗斯著名的作家巴乌斯托夫斯基曾说：“异想天开给生活增加一分不平凡的色彩，这是每一个青年和善感的人所必需的。”这里所说的“异想天开”其实就是一种创新能力的体现，那些在人类历史上留下伟大足迹的人物，最初都是一个异想天开的孩子。所以，我们要想女孩能够取得成功，拥有令人称羡的非凡成就，首先就要着力培养她的创新能力。

李黎是一个很爱弹吉他的女孩子，父母为此还特意给她买了一把吉他。有时候家中来了客人，李黎会主动给大家弹奏一首。有一次，李黎的爸爸带朋友来家里做客，大家要求李黎弹一首曲子给他们听。不凑巧的是，李黎吉他的琴弦折了一根，还没有来得及去换。李黎只好拒绝了大家的请求。这时，她的妈妈说：“李黎，妈妈一直认为你是个小天才，那你能用少了一根琴弦的吉他为大家弹奏出完整的曲子吗？”李黎平时就是一个创新能力比较强的女孩子，于是在妈妈的鼓励下，她开始弹奏起来，竟然真的用断了一根琴弦的吉他弹奏出了一曲优美的歌曲。此后，李黎开始想出各种奇怪的指法和方式练琴，不但其乐无穷，而且琴技也突飞猛进。

创造性不是天赋造就的，实际上每个人都具有创造性，而之所以大家表现出的创造力不同，是与他们后天接受的培养不同造成的。假如你想让自己的女儿成为一个创造力很强的女孩子，那么从小就要开始培养她的创新能力。

方法一：珍视并且善于保护孩子的好奇心

好奇心是激发女孩创新能力的动力，它可以唤起女孩的内在潜能，使女孩完全投入创造性的活动中去。富有创新精神的孩子，一般都有较强的好奇心，许多发明和创作并不是事先预料到的，往往是在好奇心的推动下，经过创新性的思考得出来的。

林林的爸爸很喜欢养花，家里的花很多。一天，林林突发奇想地剪下了几枝迎春花，悄悄地埋到了泥土中，还悉心地为它们浇水。过了两天，她看到花都蔫了，林林很纳闷，她带着自己的疑问去找爸爸。爸爸看见自己的花被孩子剪坏了，心里很生气，但他转念一想，这正是孩子好奇心的体现啊。

于是，爸爸控制住自己的情绪，给女儿讲了为什么会出现那样的情况。他相信，鼓励女儿的每一点创新想法，及时解答女儿的疑问，是对女儿莫大的帮助。

孩子只有对客观世界的事物怀有强烈的好奇心，才有可能发现改进和改变的方面，而这正是创新思维的基础。好奇心越强，掌握的现实材料就越多，就越有利于创造出新的成绩。

父母要珍视并且善于保护孩子的好奇心，正确激发和引导孩子的好奇心，为孩子提供安全的创造环境，点燃孩子学习新鲜事物的欲望。父母可以耐心地回答孩子的提问，经常陪孩子出去走走，使孩子的好奇心向正面发展；而如果一味地斥责、制止孩子的探索行为，则会阻碍孩子的好奇心发展或者会把孩子引向错误的方向。

方法二：给女孩与外面世界接触的机会

观察力是创新能力的基础，对于孩子创新能力的培养至关重要。孩子只有学会观察，才会记忆和思考，创新能力的发展离不开观察力，孩子只有在生活中多听、多看，才会掌握更多的知识，积累更多的经验，并顺利发挥自己的创新思维去解决问题。

小玉和小菲都是5岁的女孩。小玉的父母工作忙，没时间接送孩子上幼儿园，于是经常把小玉一个人锁在家里，认为这样很安全。可是小玉被关在屋里，生活单调，观察外界的机会少，智力也受到限制，出去不敢和别人说话，不会参与到小朋友们的游戏中。

相反，小菲的父母经常利用周六日，带女儿去公园、动物园，女儿生活在丰富多彩和充满新鲜事物的环境中，大脑可以接收到很多新鲜事物的刺激，经常处于兴奋状态，所以小菲爱说爱笑，非常爱提问题，创新能力也得到了相应的发展。

由此可见，要想让孩子具备良好的创新能力，父母就要从孩子小的时候开始，为孩子创造良好的环境，帮助孩子拓宽视野，有意识地带孩子多出去走走，培养孩子的观察力，从而培养孩子的创新能力。

方法三：鼓励孩子的尝试和探索行为

作家冰心曾说过：“淘气的男孩是好的，淘气的女孩是巧的。”孩子爱玩，喜欢探索未知的事物，并不意味着孩子是坏孩子，相反，这正是孩子创新能力的开始和萌芽。父母不仅不应该制止，还应该有意识地保护和珍惜，给孩子充足的时间和空间，让她有机会去发现和研究自己感兴趣的事物。只要孩子是安全的，父母就应积极鼓励她的各种探索。

一位妈妈在自己的育女博客中写道：

要学会欣赏孩子的探索欲望，允许孩子的探索行为。我的女儿4岁了，却像个男孩一样生性好动，她喜欢把玩具“大卸八块”，开始我很烦她这种做法，她拆完就扔到一边，又去破坏下一个，我每次都得跟在她后边“擦屁股”。后来，我改变了想法和做法，我每次会提前告诉女儿，在拆卸的时候记住拆卸的顺序，并鼓励女儿在拆卸完之后试着把玩具重新组装好。

如果我们做父母的都能这样做，就既满足了女儿的探索欲望，又锻炼了她的动手能力。即使女儿不小心把东西弄坏了，也不要轻易责怪她，否则会扼杀孩子的创造性。

教育专家给女孩父母的育女方案

教育专家蒙台梭利认为，想象力是活跃孩子思维、诱发其创造情绪的最重要因素，但创造性想象必须建立在对现实的观察或实践之上。如何培养孩子的想象力呢？父母们可以这样做：

1. 先从培养孩子的观察能力开始。

2. 对于孩子某些自发的富有创造性的想象行为，父母一定要小心呵护，绝不要阻止他们自发的创造活动。

3. 父母要把孩子的想象力转移到对艺术作品的阅读和创造上。

让女孩学会当机立断
——决断能力

我们在日常生活中，会发现这样一个规律：凡是从小就有较强的决断能力的人，长大后往往也都有果断的决策能力。例如，在上学期间就担任班干部的女孩，长大后基本上可以成为一个企业或者一个单位的女强人或领导者。所以，父母应当注重培养女孩的决断能力，让女孩学会在关键时刻当机立断，为她日后形成坚决果断、不拖泥带水的性格，打下坚实的基础。

什么是决断能力呢？就是指在面对任何事情的时候要当机立断，不瞻前顾后，不前怕狼后怕虎，缩手缩脚。我们都知道，现代社会是一个高速发展的社会，要想在这个社会上取得成功，必须具备遇事果断处理的能力。一个人的决断能力的大小，不是哪一天突然降临的，而是靠日积月累的培养和锻炼形成的，而这种培养和锻炼是从小就开始的。

因为心理不成熟以及缺乏生活经验，女孩不能迅速地明辨是非，及时地做出决定，所以往往在面对一件事情时显得犹豫不决。父母绝对不能放松对自己女儿决断能力的培养，一定要适时引导和加强她面对新生事物的认识、辨别能力，然后教导她认准的事情就要快决定，快行动。

那么，怎么培养女孩的决断能力呢？

方法一：为女孩创造自己拿主意做决定的机会

我们有的家长经常说：女孩太有主意不好，应该听大人的。实际上女孩有主意是件好事，她会有自己的看法、自己的认识。应该给女孩创造机会，让她学会自己拿主意。

一位母亲在育女日记中写道：

我的女儿剑桥 6 岁了，我对女儿的态度是：一方面，女儿的事就由女儿自己决定。

例如，问她有什么样的兴趣爱好，我就尊重孩子的这一爱好，而不强迫女儿去适应我们的安排。女儿喜欢绘画，我就不逼女儿去学钢琴，而是给她提供绘画需要的水彩、颜料和画笔等用品。因为兴趣是最好的老师。另一方面，我不包揽、不干预那些本属于女儿自己的事情。例如，让剑桥做力所能及的家务事，至于文化学习方面的事，从来都由女儿自己完成和安排，这样，我们既省心，也锻炼了女儿的决断能力。

方法二：鼓励女孩当机立断，不要优柔寡断

心怡原来做事经常没有主见，犹豫不决。有一次，妈妈带她去超市买一件夏天穿的T恤，她先挑一件白的，在身上比一比，觉得不满意，放下，又拿起一件红的，还是不满意。半小时过去了，心怡也没有选好一件，只好让妈妈替她做了决定，妈妈发愁得直摇头。

后来，妈妈明确地告诉心怡："许多事情是你自己必须解决的，不能依靠别人的帮助。要知道，你今天不想面对，明天还是一样需要你去直接面对。"从此，妈妈故意为女儿制造一些选择的机会，并鼓励她当机立断。比如，一起买东西时，妈妈不再为女儿出任何主意，只是在一旁告诉女儿要相信自己的直觉，喜欢哪个就买哪个。做事不要力求完美，不要考虑太多。渐渐地，心怡做事越来越果断了。

当女孩遇事犹豫不决，向父母征求意见时，父母不要马上给出答案，而是要引导她拿出自己的意见。哪怕她说出的意见没有多少价值，也要先予以鼓励，然后再帮其完善。这样一来，女孩决断的性格就会逐渐形成。

方法三：家庭的事要让女孩也参与进来

家庭的事也是女孩的事，这一点在很多父母看来是不可以理解的。父母往往会说："孩子这么小，他们懂什么？"其实，这种观点是不对的。因为女孩也是家庭成员之一，她们也有权参与家庭事务的决策。

一位母亲在她的博客中写道：

我平时很注意锻炼女儿小焰儿的决策能力。比如：我们一家人准备晚上到饭店吃晚饭，那么去哪一家饭店呢？我们在决定之前常征求女儿小焰儿的意见，她说喜欢润泽

居，我们就采纳了；到了饭店点菜时，我也让孩子点一个自己喜欢的菜；家里要添置什么日用品（比如烤箱），买什么品牌、买什么型号，我们也会征求孩子的意见。尽管小焰儿可能还不一定能说出所以然，但我知道：当我们征求女儿的意见时，她就会对我们所提的问题进行思考、分析、比较，然后做出自己的决断。这正是我们对女儿决断能力的一种锻炼。

通过让女孩参与家庭事务的决策，不仅可以让孩子感受到作为一个家庭成员参与决策的“主人翁”的责任感和幸福感，而且也能让女孩的决断能力得到锻炼和提高。

教育专家给女孩父母的育女方案

女孩的一生中，总会遇到各种各样的事情需要自己做出选择。“知心姐姐”卢勤认为孩子最应该做好三方面的选择：

1. 朋友的选择。应选择一些跟自己互补或不同的人做朋友。

2. 对象的选择。应以尊重和奉献精神为原则选择未来伴侣。

3. 工作的选择。父母应该把选择的权利还给孩子，让她们自由选择，自由发展。

第44招

巧手让女孩更有魅力——动手能力

一位教育学硕士在他的博客中写了这样一段话：

“教育的本质是什么？教育的规律是什么？刻薄点说，恐怕是连许多动物都懂得的道理。大鸟领着小鸟一圈圈地飞行，大鸡领着小鸡一次次地捉虫。这不就是教育吗？但是，后来，大鸟大鸡进化了，变成高等动物了。它们决定学习高等动物的榜样——人类。它们建起了小学、中学和大学，把小鸟小鸡关在学校里，让它们坐在那儿听飞行课和捉虫课，从基础课到专业课……讲得天花乱坠，小鸟小鸡听得昏昏欲睡。后来终于有了个有文采有口才的老师，小鸟小鸡们听得脸上有了笑容，但飞行呢？捉虫呢？依然不会。终于毕业了，小鸟小鸡离开学校后，还要重新在生活和工作中学习飞行和捉虫的本领。”

没有执行，一切都是空谈。要想让女孩学会骑自行车，就要给她一辆车子让她骑；想让女孩成为游泳健将，就要带她下水游泳，否则，只给她灌输一大套理论，而不放手让孩子去做，什么都等于零……这些便是培养女孩动手能力的重要意义。

谁都知道心灵手巧的重要性，女孩子多动手是促进智力发展的重要途径。通过手的活动，可以获取更多的外部信息，这些信息能促使大脑积极活动，从而使女孩变得聪明灵巧。然而，对于现代的中国家庭，真正让孩子动手的机会并不太多。尤其是女孩，一般都是独生女，是爸爸妈妈的掌上明珠，有的女孩从早到晚，衣食住行各方面都被父母大包大揽，养成了饭来张口衣来伸手的习惯，致使孩子四体不勤，五谷不分，动手能力越来越差。

教育专家指出：孩子动手能力差，主要原因有三种：

第一，成人担心孩子小不会做事，怕她出事或怕孩子损坏东西，许多事不让孩子自己动手去做，而由成人包办，孩子失去了一次次动手的机会。

第二，家庭装饰摆设成人化，没有孩子动手的小天地。孩子进了家门，这不许动，那不许碰，玩具不能自由拿放，孩子可活动的空间太小。

第三，孩子动手的材料少。爸爸妈妈花钱买的玩具，外表虽美观，但大多数是机械或电动的，不能拆拼，孩子缺乏动手材料。

那么，如何能更好地提高女孩儿的动手能力呢？这里，我们给父母提几条建议。

方法一：让孩子学会自理，自己的事情尽量自己完成

璐璐的妈妈对璐璐照顾得无微不至，璐璐从未做过家务，甚至连自己的袜子都没洗过，每天妈妈要把水果切成适合的小块，插上牙签，女儿才肯吃；刷牙时，要事先给女儿准备好漱口水，把牙膏挤好……妈妈希望璐璐能把全部精力都集中在学习上，不被别的事情分心，没想到，正是自己的这种无微不至，剥夺了女儿成长的机会，使璐璐在生活中经常马马虎虎。

父母不应该娇惯女孩，平时应为她分一些家务活动。要知道家务活动是锻炼女孩子动手能力的最佳途径，像打扫房间、洗袜子、擦窗台、择菜、洗菜等，这些虽然都是一些小事，但是却能很好地锻炼孩子的动手能力，慢慢养成她爱劳动的好习惯。

方法二：教女孩使用工具

女孩在小的时候其实是非常愿意做些事情的。但是她们手、脚的协调能力还不完善，做起事来常常“笨手笨脚”，家长千万别因嫌孩子麻烦或碍手碍脚而剥夺孩子学习劳动的机会，家长可以耐心反复地给孩子做示范，让孩子学会使用工具，慢慢地就会从不熟练到熟练，最后运用自如了。

教女孩使用工具并不是件简单的事，需要思维、手眼协调能力都达到了一定水平才做得到。这段时期，女孩可能会把一张纸剪成碎纸片、把胶水涂得到处都是，把自己的“作品”到处乱贴、在任何可能的地方乱涂乱画，但是这时女孩儿正在体会自己操作和使用工具的乐趣呢！请忍耐一下暂时的不整洁，为女孩能真正有能力使用工具而高兴吧！多给女孩提供剪、贴、涂的机会，不要评价她的“作品”优劣，不必急于让孩子剪出、画出规则的形状，让她们随心所欲，顺其天性，这才是最重要的。

方法三：及时称赞和鼓励女孩，以调动其积极性

一位幼儿园老师说：

一次，我看到一个小女孩怎么也不愿意动手剪东西，我就问她为什么，他说：“奶奶说，剪刀会咬人的手指头，不能随便乱动剪刀。”针对这个女孩，我首先消除她对剪刀的恐惧心理，告诉她，我们只要掌握剪刀的正确使用方法，剪刀就不会伤着人了。其次，教她剪刀的正确使用方法并示范给她看。很快，她自己拿起了剪刀，当她剪出一幅作品时，就兴奋地拿给我看。虽然，她的作品比其他小朋友的作品要差很多，但我也及时地给予她表扬和鼓励。

父母们若发现自己的孩子动手能力差，也不妨向这位幼儿园教师学习一下，用称赞和鼓励调动女孩动手的积极性。顺便提醒家长一句，这种称赞和鼓励尽量不要采用实物的形式，比如你要完成一幅作品，我给你买玩具，买好吃的东西等，因为这样容易刺激孩子的虚荣心，时间久了，反而会阻碍孩子的健康成长。

教育专家给女孩父母的育女方案

“世界上许多奇思妙想都是通过手变成现实的。”——这是教育专家卢勤著作中的一句话，她认为“手”是我们最为宝贵的财富：

1. 手，要从小锻炼它，它才会劳动。
2. 手，要经常使用它，它才能变得灵巧。
3. 手，要珍惜它，它才能创造奇迹。

第45招

教女孩珍惜每分每秒
——时间管理能力

古今中外，关于珍惜时间的名言有很多，比如：一寸光阴一寸金，寸金难买寸光阴；少壮不努力，老大徒伤悲；我生待明日，万事成蹉跎……由此可见，时间就是生命。谁能够管理好自己的时间，谁就可以轻松掌握自己的生命。因此，培养女孩的时间管理能力，是十分重要的一件事，需要我们常抓不懈。

小曼是一个很乖的女孩，但也许是妈妈把名字给她起坏了，真是名如其人，说话做事总是慢慢腾腾、磨磨蹭蹭的。比如，正在吃饭，桌下有只小猫走来，小曼就会放下饭碗朝下看个究竟；每次要出家门前，小曼也总是拖拖拉拉的，明明别的女孩10分钟就能解决的事，到了小曼这里，就变成了20分钟、30分钟……小曼的妈妈非常担心，这样下去，会给孩子自己的生活带来不便，最重要的是，还会耽误孩子的学习及生活。

教育女孩珍惜时间不是一件容易的事。因为年幼的女孩还不能理解时间是怎么回事，更不懂得生命对于自己只有一次。一般要到少年期，其抽象思维比较发达，自我意识逐渐成熟时，女孩才能逐渐明白时间的无限性和人生命的有限性。但是我们不能消极地等到女孩到了少年期再培养其时间观念，必须从小对孩子进行珍惜时间的教育。那么，父母究竟应该怎样教育女孩珍惜时间呢？这里，我们提几条建议，父母们不妨试试。

方法一：排除外界干扰，培养让女孩专心做事的习惯

有些孩子做事总是拖拉，原因是他们做事精力不集中，容易被无关的事物所吸引。所以，这些孩子做事往往“战线”拉得很长，效果还不一定好。针对他们这种坏习惯，家长就要注意，在孩子做事时，尽量要给孩子创设安静的环境，排除与当时事件无关的因素，使孩子能专心做自己的事情，加快速度也保证质量，慢慢就会养成珍惜时间的好习惯。

方法二： 加强女孩的时间观念，培养遵守时间的习惯

孩子爱磨蹭，与他们没有时间观念有关。家长可以用别人珍惜时间的事例来教育女孩，从而使女孩认识时间的价值。比如爱迪生，他为人类做出了10 000多项发明，他为了做实验，甚至在新婚之夜忘记了新娘和前来祝贺的客人；居里夫人为了节约时间，每天只在实验室里啃几片面包；鲁迅先生更是惜时如命，他把随意占用、浪费他人时间的行为视为“谋财害命”。

对此，一位妈妈分享了她的教育经验：

我的女儿小阳是个典型的没有时间观念的孩子。由于磨蹭，她上学经常迟到，老师批评也是无济于事。对此，我非常苦恼，并下决心帮她改正。

于是，我与小阳一起制订了一个互相监督的计划，让她监督我有没有做事情拖拉的现象，让爸爸做裁判，每天记录结果并及时报告。我们一起制订生活日程表，记录每天早晨穿衣、刷牙、洗脸、吃饭等所用的时间，一段时间后再看彼此有没有进步。

通过一段时间的培养，小阳开始为自己的进步而感到高兴，主动加快了自己的做事速度，时间观念也慢慢变强了。久而久之，她学会了根据时间来调节做事速度，有了初步合理把握时间的能力，迟到的现象也就杜绝了。

方法三：培养女孩的竞争心理

冬冬的爸爸从女儿上小班时起，就有意识地引导她的竞争意识，让她经常和幼儿园的小伙伴展开竞赛：比背古诗的速度，比谁更勇敢，比谁的观察更仔细，比谁跑步的速度更快……让女儿在竞争中逐步认识到自己的能力，培养了自信心，同时培养了她敏锐的观察力、捕捉信息并做出反应的思考力和行动力。在家，冬冬的爸爸妈妈也常和女儿开展有益的亲子竞赛，通过与父母的比赛、游戏，让冬冬在胜负交替中，锻炼自己的心智，提高自己的灵敏度。

随着女孩一天天长大，当初那个做事拖拉的女孩是无法在竞争激烈的社会中立足的。对此，从小培养女孩具有竞争意识是必要的。为此，应适当增加生活的紧张气息，引导女孩子的竞争心理，提高她的灵敏度，这样才能让女孩珍惜时间，改掉磨蹭的坏习惯。

教女孩珍惜每分每秒——时间管理能力

对待磨蹭的小女孩，仅仅责备或命令是行不通的。

应适当增加生活的紧张气息，提高女孩的灵敏度，她才会理解时间的重要性。

教育专家给女孩父母的育女方案

“知心姐姐”卢勤说：“每一个爱孩子的父母，都会爱惜孩子的时间；每一个有责任感的父母，都会从小对孩子进行严守时间的训练。”而且她认为假期是给孩子上“时间利用课”的最好机会：

1. 把假期时间全部交给孩子，教他们自由支配，并告诉她时间很珍贵。

2. 父母协助孩子制订假期计划，如每天的生活如何安排，必做的事情有哪些，等等。

3. 父母要告诉孩子，一旦制订了计划，就要严格执行。

第46招

教女孩战胜自己——自律能力

也许我们常常羡慕一些这样的父母：也没有见他们怎么管教孩子，他们的孩子却非常懂事，每天早上自己按时起床，放学后不用父母催促就能把作业工工整整地做完，至于他们的房间以及各种物品，更是收拾得干干净净、整整齐齐，根本不用父母费心。为什么我们费尽全力也没有做到的事，这些父母不费吹灰之力就做得非常好呢？是我们的孩子不如人家，还是我们的教育方法存在问题呢？

下面是一位妈妈的“育女感言”，我们读完后说不定会有所启示：

我女儿的自制力非常差，每天放学第一件事就是看动画片，要是没有我和老公的催促，她连作业都写不完。每天晚上，我和老公都会催促女儿四五次，这让我们不胜其烦。

有一天晚上，我对正在看动画片的女儿说：“妈妈以后不再提醒你写作业了，妈妈相信你自己就能把作业写好。”没想到我的话起到了“神奇”的作用，1天、5天、10天、1个月……女儿不用我们提醒就能把作业写好了。

有了以上的经验，我和老公再也不做女儿的“拐杖”了，而是把“自由走路”的权利还给了女儿。自从我们开始培养女儿的自我管理能力后，女儿不仅把自己管理得井井有条，而且取得了不小的进步。

看过上面的事例后，很多父母也许突然间会醒悟：不是我们孩子的能力差，而是我们的教育方法出了问题——我们总是害怕孩子做不好、出错，所以总是提醒、帮助他们，慢慢让孩子养成了不能自我管理、处处依赖父母的个性；而那些聪明的父母会着重培养孩子的自我管理能力，让孩子自己管理自己，不仅自己省去了很多力气，孩子也容易取得更大的进步。那么，我们应该做哪一种父母呢？这个答案不言自明。

心理学家研究发现，在取得成功的过程中，情商比智商的贡献更大。而情商中最核心的部分，就是我们常常提起的“自我管理能力”。自我管理能力是一种非常优秀的能力，它能够让孩子自己管理好自己、自己照顾好自己，让父母不再担心他们的学习和生活。尤其在孩子走入社会后，如果她们仍不具备自我管理的能力，处处都依靠别人的提醒、帮助，最后只能被社会所淘汰，不能成为真正的人才。所以，我们应该从小就着重培养女儿的自我管理能力，为她们以后的成功打下坚实的基础。

方法一：父母适当地放手

现在的孩子自我管理能力差，最大的原因就是父母“不放手”。父母总是担心孩子不会管理自己、不会照顾自己，所以总是提醒、帮助他们，甚至本该由孩子做的事情父母也一手操办。不知道大家想过没有，不管我们多么关爱自己的孩子，总有一天他们要走出我们的怀抱，我们是不能照顾他们一辈子的。所以我们应该适当地放手，从小就培养他们的自我管理能力，如果他们能够管理、照顾好自己了，我们还有什么好担心的呢？

方法二：在生活中培养女儿自我管理的能力

孩子的自我管理能力是在生活中慢慢形成的。我们在培养孩子自我管理能力的时候，可以从生活中的一些小事着手：小一点儿的孩子让她们学着穿衣、吃饭、洗手、洗脸；大一点儿的孩子让她们学着打扫自己的房间、整理自己的玩具、独立完成作业、按时起床、上学等。当孩子取得一定进步的时候，我们要对她们提出表扬，这样可以激发她们自我管理的兴趣，慢慢地由“要我做”变成“我要做”。当孩子能够独立地解决生活中的小事时，她们的自我管理能力也会得到很大的提高。

方法三：培养女儿的判断力以及取舍能力

蕊蕊是一个喜欢看漫画的小姑娘，她让妈妈给自己买了很多漫画书，一回到家就手不释卷地看起来，最后连作业都忘了写。有一天妈妈对她说：“妈妈知道你非常喜欢看漫画，但如果你光顾看课外书而忘了写作业，你的学习成绩就会受到影响。你看这样好不好，你回家后先看 20 分钟的漫画，然后认认真真地写作业，等把作业写完后，你就可以安心地看漫画了。” 蕊蕊接受了妈妈的建议，看漫画和学习都没有耽误。

很多孩子管不住自己，是因为他们要做的选择让他们犯难。例如，有些孩子既想写作业又想看动画片，最后动画片没有看舒服，作业也没有写好。在这种情况下，父母要培养孩子的判断力以及取舍能力，让他们能够抵制住诱惑，做出正确的选择。另外，父母还要教育孩子做事要有计划，这样，他们在遇到选择的困惑时，才能更好地解决矛盾、管理自己。

教育专家给女孩父母的育女方案

德国著名的教子专家卡尔·威特在培养孩子自觉性方面的教育经验是：

1. 从孩子一岁时起，父母就要严格要求他，让孩子知道什么应该做、什么不应该做。

2. 父母要做孩子自律方面的好榜样。

第47招 口才也是一种竞争力——表达能力

一位作家曾经说过：“口才是一种最犀利的武器，能够征服世界上最复杂的地方——人的心灵。”这位作家对口才所下的定义是非常精准的，口才确实可以算得上一种最犀利的“武器”：当年烛之武凭借三寸不烂之舌让数十万秦国军队一夜之间撤离，保住了自己的国家；而诸葛亮也是凭借自己出色的口才说服了孙权，让孙权和刘备结成联盟，共同抵抗曹操，最终形成三分天下的局面。

到了现代，口才的重要作用更加凸显。我们现在所处的社会是一个交往频繁的社会，也是一个充满竞争的社会，那些拥有好口才的人不仅更容易把自己推销出去，也更容易说服别人，让他们接受并听从自己的意见。可以说，好口才已经成为当下一种不可多得的竞争力。

但是很多父母都没有注意到这一点，他们认为口才无非就是说话，这还用重点培养吗？其实这样想是不对的，这两者并不是一个等同的概念。简单地说，口才包含说话，但其中还有很多方法和技巧，所以需要重点培养。

一位母亲曾经带着悔恨的心情说出了下面的话：

我女儿在去年6月份大学毕业，到现在一直没有找到合适的工作。其实就学识而言，我女儿是重点大学的毕业生，很多学生都比不过她。但是我女儿的口才非常差，每次面试的时候都结结巴巴地说不出话来，结果很多不如她的学生都找到了工作，她却迟迟找不到。现在我真后悔，早知道这样，我在女儿小时候就该好好培养一下她的口才。

在口才方面，女孩既有着较大的优势，也有一定的劣势。女孩具有语言天赋，这是要强于男孩的。不过，女孩有时不具备当众说话的胆量。所以，父母应该取长补短，让女儿的表达能力得到发展。

方法一：培养女儿的语言表达能力

和男孩相比，女孩更具有语言天赋，当同龄的小男孩只会含含糊糊地说出几句话时，她们甚至已经能够和爸爸妈妈聊天了。有些父母甚至会觉得女儿非常烦，因为她们一说起来就没完没了，一会儿也不肯停下来。但是细心的父母也许会发现，尽管女孩的说话能力很强，但是表达能力却相对弱些，我们经常听到一些父母抱怨说：

“我女儿总是没完没了地说一大堆话，但是没有一点儿条理，说了半天我也没听明白。”

“昨天女儿给我打了一个电话，费了好大劲儿才把事情说明白。”

……

我们要想培养女儿的好口才，首先就要培养她们的语言表达能力，因为语言表达能力是口才中相当重要的一部分。在培养女儿的语言表达能力方面，父母可以让她们朗诵诗歌、背诵绕口令，更可以教她们复述故事或者电影、电视剧。通过这些练习，她们会变得吐字清晰、语言流畅，说话再也不会没头没尾了。

方法二：锻炼女儿当众说话的胆量

有些小女孩尽管吐字清晰，语言表达能力也很强，但是一到公共场合就说不出话来。所以，我们要想让女儿拥有出色的口才，锻炼她们当众说话的胆量也是一个方面。

一位妈妈曾经这样谈起自己的育女经验：

我女儿是一个口才很好的女孩，上个月还在学校的演讲大赛上获得了一等奖。很多女孩在人多的场合下羞怯、怕生，我女儿却不一样，在什么样的场合下她都不慌不忙，照样能够把话说得圆圆满满。女儿能做到这一点，和我们对她的培养是分不开的。

在女儿五六岁的时候，每到周末，我们一家人都要开展一次“小小演说家”的活动，家里每个人都要演讲发言，并且相互打分。女儿非常喜欢这个活动，到后来简直有了表演欲望。当客人来家里做客时，我会对女儿说：“宝贝女儿，昨天你不是学会了一首唐诗吗，王叔叔非常想听，你给王叔叔背诵一下好不好？”女儿正发愁找不到“听众”，一听王叔叔想听，赶紧给王叔叔背诵起来。

等女儿长大一些，我还带女儿参加过一些电视节目，女儿见识了这些“大场合”，再遇到其他场合自然就不羞怯、怕生了。

方法三：鼓励女儿多读书、多和人交流

要培养女儿的好口才，我们还应该鼓励她们多和人交流，特别是和那些有智慧、有思想、语言表达熟练的人交流。经常和他们在一起聊天，时间长了会受到他们的感染，自己的口才也会得到提升。另外，父母还要鼓励女儿多读书，因为良好的口才和渊博的知识是紧密相连的，一个知识丰富的人，说出来的话自然有文采，也更加具有感染力。

教育专家给女孩父母的育女方案

想让孩子成为会说话的现代人，要注意些什么呢？卢勤老师是这样总结的：

1. 敢说话才能会说话，让孩子克服心理恐惧。
2. 练说话就能说好话，说话也要勤学苦练。
3. 准备好才能讲得好，让孩子做好准备再“开口”。

第48招 让女儿掌握待人接物的技能——社交能力

据成功学专家陈安之先生介绍，成功＝30%的知识＋70%的人脉。那些社交能力强的人很容易交到朋友，也有着广泛的人脉，因此，更容易取得成功和进步。心理学家研究发现，那些社交能力强的人因为朋友多，自身的才华也得到了广泛的肯定和认可，更容易获得人生的幸福。而那些社交能力差的人不愿意与人接触，过着孤独甚至离群索居的生活，苦闷、寂寞的情绪常常包围着他们。所以，一个人社交能力的强弱直接关系到他过得是否幸福。

社交能力是一个人立足社会必须具备的一种基本能力，需要从小就着重培养。但是很多父母没有意识到这一点，致使孩子非常欠缺社交能力，甚至出现了一些心理问题。

场景一：6岁的晶晶已经入园两年了，但她在幼儿园里没有交到一个朋友。每次老师让大家自由活动的时候，她既不和同学一起玩，也不和同学说话，只是一个人坐在座位上摆弄自己的文具盒。

场景二：15岁的嘉怡是一个学习成绩非常优秀的小女孩，但是却非常内向。老师看她学习好，就让她来当班长。但是她根本管不了大家，而她自身也不愿意和大家接触。老师没有办法，只好换了另一个同学来当班长。

和男孩相比，女孩的社交能力相对较弱，也更容易出现内向、拘谨、胆小、羞怯等问题。也许有些父母想不明白：为什么非常注重人际关系的女孩社交能力反而不强呢？这是因为女孩缺乏冒险意识，她们不喜欢和陌生人打交道，而是更喜欢过那种安全、一成不变的生活。

在社交方面，虽然女孩的先天优势不如男孩，但是社交能力完全是可以通过后天培养的。现在无论是在商界还是在政界，都有一大批非常活跃的女性，她们的社交能力并不比任何男性差。

心理学家研究发现，儿童在6岁前的社交活动将会奠定他们以后社交习惯的基础。所以，我们一定要抓住培养孩子社交能力的敏感期，把我们的女儿培养成为一个社交高手。

女孩社交能力相对较弱，这是因为女孩通常胆小、内向，尤其不爱和陌生人或者不太熟悉的人交往。所以，父母要想培养女儿的社交能力，既要培养她们社交的礼节，也要培养她们和陌生人或者不太熟悉的人交往的胆量。等女孩接触的人多了，她们就会掌握各种待人接物的技能，成为一个懂社交的女孩。

方法一：鼓励女儿多交朋友

一位优秀的母亲曾经这样谈到自己的育女经验：

我女儿今年9岁，是一个孤僻的小女孩。她在班里没有一个朋友，也不愿意和同学在一起玩。我在大学时读过心理学，对这种情况非常担心。当一个人习惯孤独、寂寞后，尽管他仍会感到痛苦、烦闷，但是很难再向其他人敞开心扉了。所以，我一定要改变这种情况，要不然女儿一辈子都可能生活在孤单、寂寞中。

一个周末，我对女儿说："宝贝女儿，今天妈妈想热闹一下，你能找几个同学过来吗？咱们开一个Party。"女儿听说要开聚会，便同意了，给班里几个女生打了电话。那一天，大家玩得都很高兴，女儿也感到了和朋友相处的快乐。等女儿的同学走后，我对女儿说："妈妈感觉欢欢这个女孩不错，你平时可以邀请她来咱家一起写作业。"我的暗示让女儿对欢欢产生了好感，女儿开始接触她，并和她成了朋友。在以后的日子里，我经常鼓励女儿带同学来家里做客、写作业。慢慢地，女儿交到了很多朋友，也愿意和同学交往了。

现在，很多父母都在孩子的交友方面进行干涉和管制，还有些父母不愿意孩子把朋友带到家中，因为那样过于吵闹了。这些做法都是不对的。多支持、鼓励孩子交朋友，不仅能够培养他们的社交能力以及合作能力，还会让他们体验到和朋友在一起的快乐。至于担心孩子交上坏朋友，父母可以给他们提醒和建议，但不能剥夺他们交朋友的权利。

方法二：多带女儿参加各种社交活动

多带女儿参加各种社交活动，既可以让她们学到一些基本的社交礼仪，还会让她们获得良好的社交经验。当女儿接触过了各种场合和人群，她们就不会再害怕和他人打交道，社交能力也自然会得到很大的提升。

一位妈妈曾经这样谈到自己的育女经验：

嘉漫今年14岁，是一个社交能力非常强的女孩。从小学到初中二年级，她一直担任班长的职务，并且把班里管得井井有条。她现在所在的班级是一个有名的"刺头班"，有几个调皮的男生连老师都管不了，但他们却听从嘉漫的安排。嘉漫能够体现出这样高的社交能力，和母亲的教育是分不开的。

从嘉漫四五岁开始，妈妈就经常带她参加音乐会、画展以及朋友间的聚会，让她熟悉各种场合的社交礼仪以及交往方式。在闲暇的时候，妈妈还会带她到超市、邮局、商场走一走、转一转，让她接触一下不同的人群。每到嘉漫生日的时候，妈妈还会帮助女儿策划一个生日会，让女儿当生日会的主人，以谦让有礼的态度去接待客人。因为妈妈有意识的培养，嘉漫的社交能力比同龄的孩子要强很多，就是一些男生也比不上她。

方法三：让女儿多和陌生人交往

和男孩相比，女孩一般比较怕生，甚至连向陌生人问一下路都不敢。因此，我们要重点培养一下女儿和陌生人交往的能力。

一位母亲曾经这样谈到自己的育女经验：

我4岁的女儿非常怕生，有时候家门口走过一个陌生人，她就赶紧跑到屋里去。为了锻炼女儿的社交能力，在同女儿一起外出时，我经常鼓励女儿和陌生人交往，并且给她提供了很多机会。例如，带女儿出去玩时，若是遇到其他的小朋友，我会对女儿说："你看那边有一个小哥哥，你快去和他打个招呼一起玩吧。"到超市买东西时，我会对女儿说："妈妈想给宝贝女儿买一瓶不伤头发的洗发水，你快去跟导购员阿姨问一下有没有这种洗发水吧？"慢慢地，女儿接触的陌生人多了，也就不再害怕和陌生人交往了。

教育专家给女孩父母的育女方案

如何帮助孩子建立良好的人际关系？“知心姐姐”卢勤总结出了三个“秘诀”：

1. 热忱——教孩子对他人捧出真诚的心。

2. 沟通——教孩子学习真心欣赏他人、多发现他人的长处。

3. 自信——培养孩子的自信心，让她相信自己能行。

第49招

让女儿拥有完美的好人缘——合作能力

一位在某中学当班主任的老师曾经抱怨说：“我们班的女生天天爆发‘宿舍大战’，现在的小女孩根本不懂得如何协同处理一件事，太不懂得如何与人合作了。”确实如此，现在很多女孩都欠缺合作的能力。

前面我们讲过，女孩非常注重人与人的关系，但是为什么女孩与人合作的能力差，且更容易与人发生摩擦（尤其是女孩之间）呢？

这是因为女孩在构建人际关系时，有较强的排他性和占有欲。例如，当女孩们一起合作时，为了表现自我，常常把集体荣誉抛在脑后。再比如，女孩不愿意自己的朋友再结交其他的朋友，如果她们结交到了新朋友，会让女孩感觉非常不舒服，甚至会对朋友产生怨恨心理。这都是女孩的排他性以及占有欲在作怪。

因为父母的娇生惯养，很多女孩的自我意识都很强烈，完全不懂得体谅、宽容他人，所以不懂得把自己融入集体中。因为自我意识过于强烈，这让她们丧失了很多朋友，与人合作的能力也越来越差。

场景一：校园合唱团的音乐老师发现了这样一个问题：在训练时，女声部总是唱不齐。于是，老师把女孩子们集合起来，让她们反复练习，但效果依旧。老师仔细分析其中的原因，发现并不是女孩们不懂唱歌技巧，而是她们太想展现自我，太想在集体中突出自己的声音，于是各唱各的，把曲子演绎得乱七八糟……

场景二：向雪今年上初中二年级，是一个学习成绩非常优秀的女孩。但是向雪的人际关系非常差，她在学校不仅没有交到一个朋友，甚至连宿舍的舍友都不喜欢她。在宿舍里，她不许别人碰她的东西。有时候，同学上厕所惊动了她，她也会不客气地说：“注意点儿不行吗，人家睡觉呢！”因为不懂得体谅、关心他人，大家谁也不愿意和她交往。

从上面的事例可以看出，女孩这种唯我独尊、不容他人的想法正是其合作能力差的原因。

一位教育家曾经说过：“从小培养孩子平和地与人相处和体贴别人的情操，是父母送给孩子这一生的瑰宝。”这句话说得非常有道理，那些合作能力强的人，会有一个好人缘，也会交到很多好朋友，进入社会后更会受到上司的肯定和器重；而那些合作能力差的人会受到大家的冷落和排斥，个人的发展前途也会受到限制。所以，一个人是否具有与他人和谐相处的能力，直接关系到他的人缘、人际关系，甚至会关系到他的未来。作为父母，我们一定要培养女儿的合作能力，让女儿成为一个懂得如何与人相处的小姑娘。

方法一：让女儿学会与他人分享

父母要想让女儿懂得如何与他人合作，就要让女儿学会体谅他人，并学会和他人分享。

一位优秀的妈妈曾经这样谈到自己的育女经验：

我女儿在幼儿园里有很多朋友，大家都非常喜欢她，因为她是一个懂得与人分享、不自私的人。有了好吃的，她会带给其他的小朋友尝一尝；有了好玩的玩具，她也愿意和朋友们一起玩。正因为女儿懂得与人分享，她的朋友非常多，人缘也非常好。

其实，这和我从小对她的培养很有关系。在女儿很小的时候，我就让她学着给爷爷奶奶夹菜，把自己的东西拿出来大家一起吃。有时候，给她买了玩具，我也鼓励她和别的小朋友一起玩。坐公交车的时候，我教育她把座位让给老爷爷老奶奶。正是生活中的这些小事，让女儿成了一个懂得分享、体贴他人、关心他人的小姑娘，同时也让她受到了大家的欢迎。

可见，要想教会女儿如何与人合作，先要教会女儿懂得和人分享。现在大多数的孩子都是独生子女，父母出于对他们的爱，把好吃的全留给了孩子，即使有时候孩子想让父母分享，父母在感动之余，却说：“你自己吃吧，爸爸妈妈不喜欢吃。”这样的做法强化了孩子的独享意识，慢慢地，他们会成为一个不懂得分享的人。

所以，我们一定要对女儿进行正确的引导，让她们从小学会与他人分享。这样，才能让女儿迈出与人友好相处的第一步，进而成为一个受大家欢迎的人。

让女儿拥有完美的好人缘——合作能力

女孩这种唯我独尊、不容他人的想法正是其合作能力差的原因。

想让女孩懂得如何与他人合作，就要让她学会体谅他人，并学会和他人分享。

方法二： 让女儿多参加一些团体活动

父母可以鼓励女孩们多参加一些团体活动，比如乒乓球比赛、英语短剧大赛、辩论赛等。通过这些团体活动，既可以培养女孩的学习兴趣，还可以让她们认识到团结合作的力量，从而让自己更好地融入团体之中。此外，父母也应该告诉女孩团结合作的重要性，让她们知道一个人的力量是有限的，集体的力量才是无限的。等她认识到了团结合作的重要意义，自然愿意把自己融入集体中去了。

方法三： 教给女孩一些合作的方法

孩子的年龄小，不懂得如何合作，需要我们对她们进行指导和帮助。例如：几个孩子在一起搭积木时，父母可以让她们一起商量，确定分工；再比如孩子们遇到矛盾的时候，父母可以让她们发表自己的想法，然后选出大家都比较满意的一个；当孩子们争抢玩具时，父母可以让他们轮流玩或者一起玩。通过这样的方式，孩子能够学到合作的方法，从而也愿意去和其他人进行合作。

教育专家给女孩父母的育女方案

“知心姐姐”卢勤认为教会孩子与他人合作，是一个很重要的课题，因此父母应该这样做：

1. 如果孩子在父母面前讲别的孩子的“坏话”或“告状”，做父母的一定要对此表现出“无兴趣”，并引导孩子去发现别人的优点。

2. 做父母的一定不要在孩子面前讲老师的“坏话”，如果孩子在父母面前讲老师的“不是”，父母要站在老师的角度做孩子的工作，让孩子学会与成年人合作。

3. 父母必须用爱教育孩子，和孩子商量办事，让孩子学会与父母友好合作。

第50招 帮助女儿提高财商——理财能力

在发达国家，父母非常注重培养孩子的理财能力：在美国，人们把理财教育称为“从3岁就开始的幸福人生计划”；在法国，当孩子会数数时，父母就教他们认识钞票；在英国，孩子更是在5岁时就开始接受理财教育，在7岁时就开始独立管理自己的钱财，在11岁时就学习如何提高自己的理财能力。

但是在中国，父母一直忽视对孩子理财能力的培养。据一家调查公司的专项调查显示，一些大城市的孩子每年的零花钱（包括压岁钱）达到1 500元左右，但是这些钱大多被用来买零食、买玩具等，根本没有起到培养孩子理财能力的作用。

中国父母一直忽视对孩子理财能力的培养，这和中国的传统观念有关。在传统观念里，钱是身外之物，如果一个人过分专注于钱财，会被讥讽为庸俗、见钱眼开。所以，很多父母认为过早和孩子谈钱会让他们变得虚荣、势利、爱攀比，更怕孩子长大后利欲熏心，钻到钱眼儿里去。大多数父母都认为，等孩子长大了，他们自然而然就懂得理财了。其实，这些想法是错误的。在现代社会，理财能力是每个人必须具备的基本素质之一，它直接关系到一个人的幸福和发展。据一项调查数据显示，那些过早接触到钱、拥有一定理财能力的孩子，不仅不会变得庸俗、势利，反而更容易养成节俭、朴素等良好的行为习惯，他们长大后也能够更快地适应成年后的生活。所以，我们从小就要培养孩子的理财能力。至于一些父母认为孩子长大后自然而然就会理财了，这也是错误的想法，因为任何一种能力都是需要培养的，不可能不用学就会慢慢掌握。

对于女孩来说，理财能力的培养，更是直接关系到她的人生幸福。如果一个女孩懂得理财，她在结婚后可以勤俭持家，让一家人过得幸福快乐；如果她不懂得理财，将自己所有的幸福都依附到丈夫的身上，这样的幸福是不稳固、不牢靠的，我们身边经常会看到这样的例子。所以，我们要培养女儿的理财能力，让她们把幸福牢牢握在自己的手中。

父母要培养女儿的理财能力，最好在女儿小时候就开始施行。另外，父母还要抓住生活中的每一个小细节，来给女儿上“理财课”。等时间长了，女儿对理财就会产生一定的认识，从而具备一定的理财能力。

方法一：向孩子灌输正确的金钱观念

对于年幼的孩子来说，他们的金钱观念是十分淡薄的，也不懂得珍惜手中的钱。如果父母迟迟不向孩子灌输金钱观念，很容易让孩子养成乱花钱、没有钱就向父母伸手要的坏习惯。所以，我们在女儿小时候就要向她们灌输金钱观念。

我们可以从以下几个方面向女儿灌输金钱观念：

第一，在女儿学会数数后（两三岁时），教她们认钱；在付账的时候，让女儿把钱递给营业员。这样，可以让女儿体验到金钱的作用，加深对金钱的认识。

第二，适度地让女儿掌握一些零花钱。在开始的时候，女儿可能会随心所欲地购买一些小玩具、小食品，马上就会出现“财政亏空”。这时候，父母不要批评女儿，而应该适当地提醒和指导她们。

第三，当女儿长大一些（四五岁以后），教她们一些理财的基本知识，如消费、储蓄等，并让她们进行尝试。

方法二：引导女儿正确消费

很多孩子一有钱就把手中的钱全部花光，一些父母为了不让孩子乱花钱，就“剥夺”了孩子购买东西的权利，孩子想要什么，统统由父母来购买。这种做法并不好，因为不让孩子接触钱，就不能培养他们的理财能力。所以，我们应该让女儿适度掌握一些零花钱，并且引导她们合理、正确地消费。

我们看看下面这位母亲的做法：

妈妈带5岁的女儿到超市买东西，女儿看中了一个布娃娃，标价58元。妈妈并没有制止女儿，而是拿起这个布娃娃亲切地对女儿说：“宝贝女儿，你看这个布娃娃标价58元，你不觉得有点儿贵吗？如果你选择旁边的这一个，你就可以省下10元钱，而这10元钱你可以买你爱吃的薯片或者其他东西。你想想，你买哪一个呢？”女儿想了一下，欣然地接受了妈妈的建议。

这个母亲的做法是值得我们借鉴的。在带孩子购物的时候，我们应该教会孩子如何选择物美价廉的商品，如何合理、正确地去花自己手中的钱。慢慢地，孩子就会接受正确的消费观，从而消除盲目、不良的消费倾向。

方法三：从小培养女儿的储蓄意识

储蓄是一种很好的习惯，我们从小就应该培养女儿的储蓄意识。一位优秀的妈妈曾经这样谈到自己的育女经验：

在女儿五六岁的时候，我就开始培养女儿的储蓄意识。当女儿向我要求买一件衣服或者一个玩具的时候，我就会对女儿说："妈妈每天都给你零花钱，你要是把零花钱存起来，过一段时间不就能够买到了吗？"女儿接受了我的建议，把零花钱存了起来，果然每次都买到了自己想要的东西。

慢慢地，女儿很少乱花钱了，而是把钱存起来买自己想要的玩具、服装等。到后来，我还送给女儿一个储蓄罐，这更增加了女儿存钱的兴趣。等女儿长大一些，我给女儿办了一张储蓄存折，让她专门用来存压岁钱。这让女儿十分兴奋。在我的指导下，女儿不仅把所有的压岁钱都存了进去，还不时和我算一算得到了多少利息。

现在，我女儿完全没有乱花钱的坏习惯，储蓄意识也非常强。

正像这位母亲所做的一样，在女孩六七岁的时候，父母就可以有意识地培养她们的储蓄观念。父母首先应该让她们学会为短期目标而存钱；等孩子长大一点儿，父母可以送她们一个小账本，教会她们如何记账，然后每隔一段时间查看一下账本，和孩子一起做一个小总结，这样可以帮助孩子树立正确的消费观；等孩子年纪再稍大一些，父母可以为她们办理一张储蓄存折，这样不仅可以防止孩子乱花钱，还可以让孩子熟悉银行的各项业务及手续，对培养她们的理财能力有很大帮助。

教育专家给女孩父母的育女方案

“股神”巴菲特认为父母最大的责任就是教会孩子如何在这个世界上生存，而要生存就必须要懂得如何养活自己，如何去投资赚钱。对此，他给自己子女的投资忠告有：

1．行动之前一定要做好周密的思考，不要盲目或跟风投资。

2．告诉孩子投资不但需要投资领域的专业知识，更需要勇气。

3．“要学会以 40 美分的钱买 1 美元的东西”，让孩子学会爱惜每一分钱。

让女儿更加智慧
——理性思考能力

一位文学大师曾经说过："女人最适于担任保姆和幼儿教师的工作，因为她们本身就像个孩子，她们的思想介于成年男性和小孩之间。"这位文学大师为什么这么说？这是因为男人和女人的思维方式是不同的，男人注重的是理性思考，而女人不喜欢做过多的逻辑推理，她们在判断问题时带有非常强烈的主观色彩，既容易受到自己情绪的影响，也容易受到外界环境的影响。所以有人说："男人是理性的，女人是感性的。"

因为思维方式的不同，男性更容易在哲学、科学等高端领域取得成绩，而女性更适合做教师、文员、编辑、打字员、保姆等工作。正因为如此，很多人都认为男孩比女孩更聪明。其实这是一种不正确的想法，心理学家研究显示，男孩和女孩在智商方面是平分秋色的，唯一不同的是两者在思维方式上的不同。

所以，对于父母来说，培养女儿的理性思考能力是非常必要的。一个善于理性思考的女孩，不仅会在学业上更优异、更突出，在面对人生的众多选择时，她也能够做出正确的判断，将命运把握在自己手中。

也许有些父母会担心，认为女孩这种感性的思维方式和性别有关，是无法改变的。其实并非如此，女性在思维方式上虽然会受到性别的影响，但和后天培养也有很大关系。现在社会上出现了很多知性的女性，还出现了像居里夫人这样顶尖级的女科学家，这都和后天的培养以及她们自己的努力有关。所以，我们在女儿小的时候就要培养她们的理性思考能力，让她们成为一个理智且理性的女孩。

理性思考能力对于女孩的人生有重要影响，那么怎样才能培养女孩的理性思考能力呢？

方法一：鼓励女儿多提问题

在女孩小的时候，她们一般会有很多问题，总是不停地向父母提问。有些父母觉得女儿非常烦人，不是敷衍应答，就是批评、训斥她们。其实，这样做是不对的。当女儿向我们提问的时候，也是女儿在思考问题的时候，我们应该多鼓励她们，例如，我们可以这样对女儿说："你提的问题真好，你真是个爱思考的小女孩。"这样有利于培养女儿爱思考、爱钻研的好习惯。但是在回答问题时，父母最好不要马上就给出答案，而是让女儿说出自己的想法后再告诉她们。

方法二：多和女儿讨论问题

一位妈妈曾经这样谈到自己的育女经验：

我女儿今年8岁，是一个爱思考、爱提问、生活知识相当丰富的小女孩，在学校非常受欢迎，成绩也非常好。我想这和我的教育方式是分不开的。在女儿很小的时候，我就经常和她讨论各种问题，例如，女孩穿什么样的衣服更漂亮、应该留一个什么样的发型、买什么样的文具更耐用，有些时候，还会和她讨论一下正在热播的电视剧。正是由于这样的讨论，让女儿变得非常聪明，小小年纪就能和我探讨一些非常深刻的问题。

很多父母一般不爱和孩子讨论问题，因为孩子的年纪小，说出的很多话都相当幼稚。其实这样做是不对的，我们和孩子讨论问题并不是想从他们那里得到什么合理的建议，而是为了培养他们的思考能力。另外，在和孩子讨论问题的时候，还可以把我们的想法及观念传达给他们，除了拓宽他们的知识面外，也有助于他们形成一个正确的审美观。

方法三：鼓励女儿多思考

孔子曾经说过："学而不思则罔，思而不学则殆。"所以，我们在鼓励女儿多读书的同时，也要引导她们多思考。

7岁的女孩非常喜欢看几米的漫画，有一次，她正在看《月亮忘记了》，妈妈问她说："宝贝女儿，你说假如真的如漫画中一样没有了月亮，我们的世界会变成什么样子？"

女儿说："晚上没有了月光，整个世界都黑黑的。"

妈妈接着问："还有呢？"

女儿想了想说："我们晚上出去会迷路。"

"还有呢？"

……

在妈妈不断地"追问"下，女儿给出了十几种答案。这是一种很好的开发女孩思考能力的方式。在女儿读某本书的时候（或者看某个电视节目的时候），父母可以就书中的内容向女儿提问，引起她们的思考。这样不仅可以培养女儿的思考能力，也能够加深女儿对书中内容的理解。

另外，我们还可以就生活中的一些实际问题向女儿发问，例如，问女儿天冷了水为什么会结成冰、小猫为什么爱打呼噜等。通过这样的方式，也可以培养女儿的理性思考能力。

教育专家给女孩父母的育女方案

父母如何帮助孩子培养其思维品质呢？"高考战神"王金战老师给出的教育方法是：

1. 创建一个平等宽松的家庭环境，给孩子创造独立思考问题的机会。

2. 父母要鼓励孩子积极主动参与到学习活动的各个环节。

3. 培养孩子的思维品质重在坚持，父母除了做到这一点，还要不失时机地引导孩子。

第七章

美德教育为女孩加分，培养品格高贵的小公主

关键词：公德心、宽容、心理换位、分享、交换法、悲情教育、感恩、慈善、善良、爱心、谦虚、骄傲、孝敬、长辈、诚信、榜样、谎言、责任心

一颗善良的心是父母送给女孩最好的礼物，更是她一生幸福的起点。当然除了善良，你还应该从更多的方面对女孩进行美德教育：

为她种下一颗“分享”的种子，她会体验到什么是真正的爱；

让她不断浇灌“宽容”之花，她会懂得怎样做最快乐；

……

一种美德就是一株稀有的花苞，在爱的培育下，它会开放得更加香气迷人，更容易得到他人的注意和赞赏。

公德意识，培养优秀女孩的第一课

公德意识是现代社会文明公民的基本素养，培养女孩的社会公德意识，必须从幼年时期抓起，因为最初进入社会的孩子就像一张空白表格，父母对女孩公德心这一栏的影响是最直接、最深刻的。

一天，爸爸送女儿上学。爸爸提着女儿的书包，女儿吃着油条，吃完顺手就把油纸扔在脚下，爸爸竟毫无反应。母女俩坐在公车上，女儿想给一位刚上车的老爷爷让座，母亲却赶紧制止了女儿。

……

上面这些真实的事例几乎每天都在上演，而事例中缺乏公德意识的女孩和其父母是很难获得人们的好感的。事实上，在公共场合，人们更喜欢那些有修养、言行举止得体的孩子。

在培养女孩的公德心方面，一位妈妈为我们做出了榜样：

6岁的女儿，已经具备了一定的耐力和体力。所以，每次坐公交车送她去学校或出去玩的时候，如果遇到老爷爷、老奶奶或者抱着婴儿的妈妈上来，我都会对女儿说："宝贝，考验你意志力的时刻到了，一起和妈妈站起来怎么样？"或许是受到我的影响，很多时候旁边人见女儿年龄这么小就知道主动让座，于是就很快站起来，把座位让给女儿，但懂事、乖巧的女儿常常会笑着拒绝道："谢谢您。我已经长大了，我不累！"

相信看到这么可爱、懂事的小女孩，人们都是带着赞赏和喜爱的心情去关注她的。公德心是女孩在日常生活中养成的调节自我、约束自我能力的体现，涉及她自身的人际交往能力、行为习惯和社会融入能力等。因此，父母必须重视女孩公德心的培养。

那么有哪些方法可以帮助父母把女孩培养成一个遵守公共秩序、懂礼貌、尊老爱幼、爱护公物的优秀女孩呢？

方法一：经常和女孩讨论发生在身边的真实事例

一天，爸爸带着8岁的女儿天雪正走在去往学校的路上，就看见前面一个成年人随手就将喝完的易拉罐扔在了地上。还没等爸爸做出反应，走在他们附近的一个小女孩就快步走上前去，把丢弃的易拉罐捡起来扔进了路边的垃圾箱里。

这时，爸爸就问天雪："前面我们看到的这两个人，你觉得应该向哪个学习？"天雪很快回答说："当然是向那位小姐姐学习了，她讲卫生。"

爸爸又接着问："你和刚才那位小姐姐的差距在哪儿，知道吗？"此时，小天雪红着脸说："我没有像她一样主动跑过去……"

父母们千万不要小看生活中这些不起眼的小事情，教育女孩的公德意识就要从一点一滴的小事上去抓，因为正是通过对这些生活事例的讨论和评价，才一步一步引导女孩建立起更加完美的公德心。

方法二：教给你的小公主一些社会公德的准则

社会公德准则虽然没有专门的法律条文，但人们自发观念中形成的公德意识已经无形中成为约束其日常行为的"规矩"。因此，为了培养女孩良好的公德意识，父母应及时教给孩子一些社会公德的准则。

一般来说，父母可从以下几方面做好女孩"公德心"的教育工作。

第一，遵守公共秩序。教育女孩在公共场所自觉遵守各种规章制度和纪律。例如，过马路要看红绿灯，买票、等车要排队，医院、电影院等需要安静的场合不要大声喧哗，等等。

第二，爱护公物。教育女孩要爱护公共设施、保护文物古迹、不乱写乱刻；跟女孩一起外出时，对那些破坏公物的行为要表示愤慨，并进行理智地分析批评，不能选择漠视。

第三，维护公共场所的卫生，保护社会环境。教育女孩在公共场合不能随地吐痰、乱扔纸屑、乱摘鲜花或随意踩踏公共草坪等。

第四，关心公益事业。父母要鼓励女孩多参加社会上的各种爱心活动，展现女孩善良、具有同情心的一面。

方法三：多鼓励女孩参加社区活动

女孩公德心的培养自然离不开公共场合，因此，我们可以让女孩多参与社会或学校的集体活动，进而增加孩子对所处地方的归属感，减少破坏行为，建立良好的公德意识。同时，父母还应鼓励女孩多参加公共场合的集体活动，这有利于锻炼她的人际交往能力，开阔她的视野，启发女孩多站在他人的立场上思考问题。

当然，作为父母，我们决不能吝啬自己对女孩的赞扬和肯定，尤其是当她主动做一些有公德心的事的时候。有一位母亲讲述了这样一件事情：

一天，我下班回来的路上，正巧看到女儿和邻居家的小弟弟走在前面，我本想和他们打招呼，但是这两个孩子走到楼下的时候，突然停了下来。

只听见女儿指着楼下的一些垃圾说："我们快回家拿扫把和簸箕，把垃圾打扫干净吧！"小弟弟看起来有些不愿意，因为那些垃圾都是人们扔垃圾时不小心撒到外边的，而且还发出难闻的臭味。

女儿继续鼓励他说："昨天老师不是讲过要爱护公共卫生吗？待会如果有爷爷奶奶不小心被这些脏东西绊倒就不好了，我们一起打扫干净，然后我带你去我家看动画片！"在女儿的不断鼓励下，他们快速地跑到楼上拿来工具把垃圾清扫干净了。

回到家之后，我表扬他们说："刚才你们做得非常好，我都看到了，你们真是好孩子！"听完我的夸奖，这两个小家伙除了十分开心外，竟然还有一些害羞。

教育专家给女孩父母的育女方案

"知心姐姐"卢勤在其著作中说："一个国家的文明形象，是靠每一个公民在公共场所彬彬有礼的言行举止塑造出来的……"为此，她提出了三件孩子应该做的事情：

第一件事：爱护环境，你丢我捡。

第二件事：遵守秩序，你挤我让。

第三件事：待人谦让，你好我学。

第53招 教女孩学会宽容，学会原谅

有这样一个真实的故事：

一天，在一个非常著名的度假村，工作人员带着很多孩子在广场上做游戏。等到游戏结束之后，工作人员就把这些孩子都带往他们各自父母的身边，但由于孩子太多，工作人员一时疏忽，竟然将一个小女孩留在了广场。等到这名工作人员发现孩子人数不对，急忙回广场接孩子时，那名小女孩由于一个人待在偏远的广场，饱受惊吓，大哭不止。

工作人员满脸歉意地安慰着小女孩，这时，小女孩的妈妈也焦急地赶了过来。只见这位妈妈蹲下来安慰自己哭泣的女儿，并告诉她："宝贝，已经没事了。你看，那位姐姐因为找不到你而非常难过，她不是故意的。好了，去亲亲那位姐姐的脸颊，安慰她一下！"于是，这个只有4岁的小女孩踮起脚尖，轻轻地亲吻了一下她身旁那位工作人员的脸颊，并温柔地告诉她："姐姐，别怕，已经没事了！"

如果你是这位小女孩的妈妈，你会怎么做呢？是劈头盖脸地痛骂失职的工作人员一顿，还是直接向度假村的领导抗议，或者是异常愤怒地带女儿离开，并打算以后再也不来这家度假村？

莎士比亚曾经说过："宽容就像天上的细雨滋润着大地。它赐福于宽容的人，也赐福于被宽容的人。"因此，作为父母，我们必须教女孩学会宽容和原谅。因为宽容不但是一种优秀的品德，更是一种能力，能够把人们心中的愤怒和仇恨"挤走"，宽容更是一种处世智慧，当我们的女孩学会了宽容，她就有了一份很好的人际关系，而这也必将带给女孩更多的快乐和朋友。

不过，社会的一些舆论常认为女孩子比男孩子心胸狭窄，所以很多时候女孩的"小家子气"一些也被看作可原谅的事情。事实上，这对女孩的品德培养是极为不利的。所以，在这样的社会环境中，父母更应该积极地培养女孩宽容大度的品德。

教女孩学会宽容，学会谅解

如果家长平时喜欢斤斤计较，那么女孩在日后也会变成一个尖酸刻薄的“蛮横女”。

作为女孩的父母，要让女孩学会换位思考，然后用一颗宽容博大的心去容纳他人。

方法一：让女孩学会“心理换位”

一位爸爸这样说起自己的育女经验：

有一次，我给女儿买了一本《米老鼠》杂志。本来早上她高高兴兴地拿着去上学了，可是放学之后就气呼呼地把自己关进了房间。吃晚饭的时候，看女儿还是一脸不高兴，我就问她是怎么回事。女儿说：“今天下课后，我正在津津有味地看着你给我买的那本《米老鼠》，可是我的同桌小敏起身的时候把整瓶墨水都洒到了我的杂志上，虽然她跟我道歉了，老师也批评了她，但是我还是很生气，我要她赔我的杂志，而且我觉得她是故意的，根本就是嫉妒我！哼！”此时，我非常严肃地对她说：“如果你犯了同样的错误，你的同桌对你大喊大叫，也告诉老师，还让你赔，你舒服吗？”

女儿想了想，不情愿地说：“我——我是有些难受，可做错事的是她，不是我。”我耐心地对女儿说：“世界上没有完美的人，谁都有不小心犯错误的时候。你难道不记得前天我刚买的古董，就让你砸碎了的事情吗？”

这时，女儿不好意思地低下头。接着我又告诉女儿，要宽容、友好地对待他人，不要斤斤计较，尤其是对待自己的同学、朋友，更要大度。就像今天发生的这件事情，女儿当时应该说“没关系”，这样才能成为受大家欢迎的人，成为快乐的人。

这次谈话对女儿的影响很深，从此之后，她逐渐懂得了宽容的含义，并在自己的生活中试着去宽容、理解他人。

所谓“心理换位”，其实就是指当双方产生问题及矛盾时，能够多站在对方的角度思考问题，进而学着理解对方，减少彼此间很多不必要的问题及矛盾。现实中，很多小女孩只习惯于从自己的立场出发，而不习惯于站在对方的角度看问题。作为女孩的父母，要消除这种现象，最好的办法就是让女孩学会换位思考，然后用一颗宽容博大的胸怀去容纳他人。

方法二：父母要摆正品德教育观念

实际生活中，我们总时不时地听到有些父母这样对自己的孩子说：“别人要是打你，你就打他，他打你一下，你就打他两下。”甚至还有些父母把孩子欺负其他小朋友当作“能”的表现。于是在大人的这种错误观念的引导下，孩子自然不懂得宽容、理解别人，甚至还会变得对他人抱怨、记恨、仇视。

因此，作为父母，我们在教育女儿的道德品质时，一定要首先摆正自己的教育观念，要清晰明确地知道，我们培养孩子的目标是把她教养成一个知书达理、宽容大度、谦虚礼貌的有修养的女孩子，而不是培养一个整日斤斤计较、小家子气、尖酸刻薄的“蛮横女”。

另外，值得我们注意的是，父母应该为女儿树立一个良好的榜样，在为人处世上宽容理解别人。这样，女孩才会在潜移默化中学会宽容和理解；反之，如果父母给女儿树立的是一个不好的榜样，女儿也很难成为一个宽容大度的人。

方法三：让女孩多与同伴交往

在一所学校里，有这样两个女孩。女孩A非常普通，是那种走进人群就很容易被淹没的类型。但就是这样一个女孩，却受到很多男孩子的欢迎，并且大多数女孩子都是她的好朋友。女孩B无论从学习成绩，还是容貌、气质上看，都比女孩A强很多，但她始终不明白，为什么女孩A拥有那么多朋友，而且无论她们走在哪里，都会撒下一路的欢声笑语。虽然女孩B常说自己洁身自好，不愿意同流合污，但难免有一些羡慕。

一次偶然的机会，女孩B听到了几个女孩子对自己和女孩A的评价，才意识到自己不受欢迎的原委。那些女孩说：“B总是自以为是，我们有一点儿问题，她都不能容忍，总是尖酸刻薄地对待我们，让我们在她面前自惭形秽。可A就不同了，她豁达开朗、宽容大度，跟她在一起，得到的是快乐和轻松，而不需要处处小心谨慎。”

看了这两个女孩的故事，想必没有父母愿意把自己的女孩培养成B那样的孩子，而是愿意自己的女儿和女孩A一样，能够结交很多的朋友，受到大家的欢迎。

所以，我们应鼓励女孩多和同伴交往，并且学会多称赞别人的优点、庆贺同伴的成功，不嫉妒、不怨恨自己的朋友，愿意帮助有困难的伙伴、采纳他人的合理建议，等等。

教育专家给女孩父母的育女方案

美国著名的儿童心理学家海姆·G·吉诺特说：“宽容就是接受孩子的一种态度。”他认为宽容的关键在于：

1. 接受孩子拥有宪法规定的各种权利，允许她有各种各样的情绪和愿望。

2. 告诉孩子她无需对自己的感觉负责，但要对自己的行为负责。

3. 接受孩子所有的感觉，带给她信心，但不要过分纵容。

第54招 学会与人分享，女孩会更快乐

一位妈妈曾苦恼地在日记中写下了这样一件事情：

一天，上小学一年级的女儿大哭着回到家，一见到我们，委屈的哭声更大了。这让一向过度疼爱女儿的丈夫很紧张，以为女儿遇到了什么大事情。等女儿情绪平稳之后，她对我们说出了原因：“今天在学校的时候，大家都对着我唱‘小气鬼，喝凉水；喝完凉水变魔鬼’，我讨厌他们，我再也不要和他们玩了。”原来是同学们的恶作剧让女儿的自尊受到了伤害，所以她才这么难过。

后来，我通过女儿的几个同学了解到，女儿在学校和大家一起玩的时候，总是有些霸道，有什么好玩的东西也不愿和朋友一起分享，所以大家都不喜欢和她一起玩，还有几个调皮的孩子说她是“小气鬼”。现在，女儿在学校也没有几个好朋友，这让她显得有些孤单，有好几次我们鼓励她和朋友一起分享玩具和图书，女儿总是噘着嘴说：“我不，这是我的东西，我才不要让别人玩呢！”面对女儿的这种情况，我该怎么做呢？

这位母亲的苦恼想必很多父母也深有感触，为什么我们的孩子变得自私起来，不愿和他人分享自己的东西呢？一般来说，影响女孩分享美德形成的家庭因素主要有两个：一是父母事事以孩子为中心；二是父母有独断专行的个性。

因此，女孩的父母们要注意了，假如你有以上这两种不利于女儿分享美德形成的因素，那你就需要仔细审视自己的教育方式了。我们一定要教会孩子学会慷慨待人，因为女孩乐于分享，才能够自然地结交很多的好友，在集体中也更加受欢迎，也更易得到他人的帮助；同时更要教会女孩懂得感恩、珍惜，进而让她拥有一个更加快乐的心态。

方法一：父母要真心实意地与女孩分享

在实际生活中，很多时候当女孩诚心诚意地请父母分享自己的东西时，父母不是坚决推辞，就是象征性地分享但不肯接受，岂不知这样谢绝孩子的一片好心，久而久之，她们就会变得不懂谦让和分享。所以，作为父母，在培养女孩与人分享的同时，自己先要坦率地与女儿分享，成为与她分享的伙伴。

这一方面“哈佛女孩”刘亦婷母亲的做法就是典范。

哈佛女孩刘亦婷已经成为中国千百万孩子学习的偶像，她父母的教育方式更成为很多父母学习和借鉴的“宝典”。刘亦婷的母亲刘卫华女士在教育女儿时，不但注意开发她的智力，更注重培养她的品德修养，尤其是在教女儿学习“分享”时，可谓用心良苦。

在刘亦婷很小的时候，刘妈妈每次给她吃水果或者其他食品时，总会要求女儿和他人分享。当时，由于经济现状并不太好，每次给女儿买水果或其他营养品时，刘妈妈和刘爸爸都要节衣缩食。虽然很多时候爸爸妈妈不舍得吃那些难得买来的水果，但为了让女儿学会与他人分享，爸爸妈妈每次都会“狠心”地吃一点点。

方法二：教女孩学会“分享”时，一定要注意细节

父母的言行举止对孩子有着最直接、最持久的影响力，但很多父母并不重视这一点，认为小孩子“察言观色”的本事并没有那么强，也因此在教育孩子时不自觉地采用了错误的方式。

例如，有一个小女孩在妈妈端上一盘大小不等的苹果时，她会选择那个最小块的，因为她知道接下来妈妈不但会把那个最大块的给她，还会表扬她做得好，是个好孩子。小女孩为什么会这样“虚伪”呢？因为有一次，她选择那个大块的苹果，妈妈就批评她不懂得分享，而当她选择那些小的苹果时，妈妈就称赞她很有礼貌。所以，从那之后，只要她想得到自己想要的东西，就会用这种方法。这位妈妈本意是想要教女儿学会分享，但由于方法不当，使得小女孩最终变成了一个撒谎、虚伪的孩子。因此，父母在教育女孩学会“分享”时，一定要注意生活细节。

方法三：用“交换法”让女孩学会分享

一位妈妈的育女经验是这样的：

我有两个女儿：一个8岁，一个10岁。小姐妹一般情况下都能很好地相处，但也常常会为一个布娃娃而争吵起来。后来，我就买了一个小狗形状的定时器。每当两个小丫头一起玩的时候，我总是为她们设定相同的时间，有时是5分钟，有时是10分钟，但时间一到，其中一个必须放下自己正在玩的娃娃，让另一个来玩。就这样，两个女孩都学会了在属于自己的时间里玩，而且她知道时间一到，自己就不应该再霸占着玩具，否则以后就没得玩了。因为，我在之前给她们规定只要其中一个孩子违反了规则，那么这个玩具的所有权就要归另一个孩子了。

无独有偶，另一位睿智的妈妈也采用了“交换法”，让女孩学会了分享。

我只有一个女儿，我希望她能成为一个不自私、乐于与他人分享的女孩。每次我给女儿买了她喜欢的芭比娃娃、童话故事书或者漫画时，总会鼓励她带到学校去，并且让女儿与其他同学交换自己的芭比娃娃、童话故事书或漫画。平时，我总是这样对女儿说：“女儿，把你的东西借给别人，然后再向别人借你喜欢看或者喜欢玩的东西，这样我们花很少的钱就可以玩很多的玩具、看很多的故事书和漫画。你说妈妈说得对不对？”女儿非常赞同我的话，并且渐渐理解了分享的真正意义。现在，她已经是名初中生了，我给她买的玩具和图书等并不多，但她在与同学的相互交换中已经分享了更多的玩具和图书，而且这也无形中增进了她与同学间的亲密友谊，帮助她交到了很多好朋友。

教育专家给女孩父母的育女方案

我国著名的心理学家李子勋认为，要想不让我们的孩子变得虚伪，父母就要学会重视孩子的物质需要和精神需要。他的观点简单来说可归纳为：

1. 父母首先要帮助孩子珍视自己，觉得自己很重要，而不是教育他别人比自己宝贵，别人的需要比自己的需要更重要。

2. 父母要正确引导孩子帮助他人，一切尽力而为即可，即“有多大能力尽多大能力”。

3. 父母要教会孩子用一颗真诚的心去关心、帮助他人，而不是因为父母或者其他人的期待而虚伪地对待他人。

第55招 悲情教育，让女孩拥有“感恩”的心

苏联著名的教育家苏霍姆林斯基曾说：“良好的情感是在童年时期形成的，如果童年蹉跎，失去的将无法弥补。”因此，越早对小女孩进行悲情教育越有利于培养她的感恩之心、爱心和对他人的同情心。

有一位母亲是这样做的：

我的女儿今年刚刚10岁，由于家人的宠爱，她变得有些自私、任性和霸道。为了让女儿懂得感恩，每天晚上我都会给她讲一个感人的故事。有一次，我在报纸上看到关于《感恩的心》这首歌曲的创作缘起，于是就讲给了女儿听：有一个先天失语的小女孩，爸爸很早就去世了，她和妈妈成了彼此的依靠。因为家庭条件不是很好，小女孩的妈妈每天很早都要出去工作，很晚才会回来，但每次回来的时候都会给女儿买一块最喜欢吃的年糕。

小女孩每天晚上都会坐在大门外等妈妈回家，其实她并不是很喜欢吃年糕，但因为年糕是最便宜的食品，所以她就骗妈妈说自己喜欢吃。后来，在一个风雨交加的夜晚，小女孩怎么也等不到妈妈的身影，妈妈为什么还不回家呢？小女孩鼓起勇气在下着大雨的黑夜里前行，她走啊走啊，终于看到了妈妈，可妈妈此时正躺在地上。小女孩快速地跑到妈妈的身边，使劲摇晃着妈妈的身体，但妈妈却没有任何的反应，一双眼睛死死地睁着，手里还紧紧攥着那块年糕。这时，小女孩才知道妈妈不是累得睡着了，而是死了。

小女孩的眼泪早已经控制不住地流了下来，但妈妈为什么不闭上眼睛呢？难道是在担心她吗？为了让妈妈安心地离去，小女孩在风雨中一遍又一遍地用手语唱着这首《感恩的心》，渐渐地已分不清她脸上流淌的是泪水还是雨水……

说完这个感人的故事，我又轻轻哼起了那首《感恩的心》，女儿也跟着哼唱起来。然后一向冷漠的女儿，突然抱着我说：“妈妈，我爱你！谢谢你这么辛苦地养育我，我以后再也不惹您生气了。”

一个不懂得感恩的女孩，是无法去爱别人的，而悲情教育就是培养女孩“感恩之心”的最好方式之一。这会让那些不懂得怎样去爱，还不会去爱的孩子们感受到“爱的力量”。那么有哪些良好的悲情教育方法可以协助父母培养女孩的“感恩之心”呢？

方法一：让女孩观看一些有关“感恩”的影片、电视节目

有一位母亲在自己的网络日志中这样记录道：

每天在工作和家庭中繁忙奔走，这让我感到一种压力，但这些身体上的折磨我都可以忍受，唯一让我无法忍受的是女儿对我的态度。人们常说“女儿是妈妈的贴心小棉袄”，可我并没有感受到这件小棉袄的温暖，相反随着女儿年龄的增长，她对我总是有很多不满：“妈，你做饭怎么这么难吃，我不吃了！”“妈，你太唠叨了，让我清静一会儿！”“你管得太多了！”……女儿的不理解也许有一部分确实是我的过错，但她不懂得体谅妈妈的心，让我很难过。

为了让女儿懂得感恩，每个周末我都会尽量带她去看一些有教育意义的影片，平时在家里看电视，也尽量引导她去看一些感人的电视节目。没想到，一段时间后，事情真的朝好的方向发展了。女儿由最初的反感、抵触，到后来慢慢愿意接受，现在是主动注意有哪些好看的影片，然后和我一起去看。

女儿的转变还不仅于此，她现在对我的态度好了很多，还会偶尔帮助我做家务，这在以前是根本不可能发生的。最近这两天，她又想学做菜，至于原因，用她的话说就是：“老妈你的厨艺有待上升，不过，我学会之后，你们就可以天天享用美食了。”我想女儿这一切的转变，和我让她时常去看那些有教育意义的影片和电视节目是分不开的。

如今，很多孩子都存在“感恩心理缺失”这一现象，她们往往习惯以“自我”为中心，对于个人之外的人和事物，都表现得比较自私、冷漠和霸道。父母要想改变女孩的这种“糟糕”心理，平时可以有意地让她观看一些关于“感恩”主题的影片和电视节目，以便让她们深受感动的同时反省自己。

方法二：时常带女孩参加慈善捐助会

捐助晚会、慈善义卖活动……这些大多以集体形式出现的公益行为时常会出现在

人们的日常生活中。事实上，悲情教育的宗旨就是要让我们的孩子亲身去感受到来自他人的伤痛、感动，进而触动她的情感神经，并最终促使她伸出自己的友爱之手去关爱他人。

8岁的艳艳有一个很胖的小猪存钱罐，妈妈对她说，等她的小猪吃满硬币的时候，她就可以买那个最喜欢的娃娃了。所以，每天她都很乖地帮妈妈打扫卫生，帮爸爸整理书房，因为这样她就可以赚取一定的酬劳，来充实自己的存钱罐。

有一天，妈妈带着她参加一个名为“救治白血病儿童”的捐助活动，让艳艳的小猪存钱罐变“瘦”了，但她一点儿也不伤心，因为妈妈曾告诉过她，小姐姐的病治好之后，光秃秃的头上就会和她一样长满黑黑的长发，但小姐姐没有钱治病。艳艳希望那个生病的小姐姐能和她一样有漂亮的头发，于是，小艳艳就把自己存钱罐里的钱都取了出来，并全部投进了捐款箱。虽然那都是一角一元的硬币，加起来也没有10块钱，但那却是一个小女孩最真挚的关爱之心。

所以，父母可常带自己的女孩去参加一些慈善捐助会，让女孩从小就懂得贡献自己的力量去帮助那些受苦受难的人们。

教育专家给女孩父母的育女方案

现在的孩子大多只知一味索取爱，而不知奉献爱。所以如何让她们学会感恩显得尤其重要，“高考战神”王金战给父母们的经验是：

1. 父母要让孩子懂得爱、学会爱，但前提是父母不能“溺爱”孩子，更不能向孩子索取“爱”的回报。

2. 在孩子需要时给予帮助，而不是事事为其包办。

3. 让孩子的心理、情感和思想随着身体一起成长，并在她情绪低沉时，给予最恰当的点拨和安慰。

第56招 让女孩拥有一颗善良的心

妈妈晚上带兰兰出去玩，在垃圾桶旁看到一只觅食的小猫。那只小猫尾巴断了半截，身上还有几处伤口，显然是一只没人要的流浪猫。兰兰对妈妈说：“妈妈，你看那里有一只受伤的小猫，我们把它带回家吧。”兰兰想过去把那只小猫抱起来，妈妈却一把拉住她说：“别过去，那是只野猫，身上有病菌，我们快走吧。”妈妈拉着兰兰想离开这里，但兰兰死活不肯走，带着哭腔对妈妈说：“那只受伤的小猫很可怜，如果没人照顾它，它会死掉的。”妈妈拗不过兰兰，最后只好把小猫带回了家。

女孩是天性善良的，对于那些弱者、需要帮助的人、受伤的小动物，她们格外富有爱心和同情心。我们经常可以看到小女孩收养流浪的小猫小狗，安慰正在哭泣的同伴，给年迈的老人让座等，甚至看到电视剧中感人的镜头，她们也会泪流满面。

对于“善良”这种品格，古今中外的人们都给予了很高的评价。管仲说过：“善人者，人亦善之。”雨果说过：“善良是精神世界的阳光。”而英国著名文学家罗素，给予善良的评价更高，他曾经说过：“在一切道德品质之中，善良的本性在世界上是最需要的。”

确实如此，善良是一种伟大的品格，它不仅能够让人体谅别人的痛苦，较少地计较自己的得失，还会让人变得开朗、坚强，从而保持心理的乐观和平衡。所以，我们应该让女孩善良的天性得到发挥，把她们培养成一个善良、富有爱心的人。

当然，善良和爱心也是需要后天培养的，如果处理不当，很可能会让女孩失去她的本性。现在，我们经常看到一些女孩虐待小动物，殴打、侮辱自己的同学，和父母吵架甚至打骂自己的父母……正是由于后天教育的缺失，才让这些女孩失去了原来的本性。所以，我们应该注重后天的培养，尽我们的全力把女儿培养成一个善良的人。那么，父母应该怎样培养女儿善良的性格呢？

方法一：给女儿做一个良好的榜样

周末，妈妈带4岁的女儿到游乐场游玩。在公交车上，妈妈看到一个年迈的大爷没有座位，赶紧站了起来。女儿有些不解地说："妈妈，你怎么不坐了？"妈妈对女儿说："老大爷年纪大了，我们应该把座位让给他。"从那以后，女儿记住了妈妈的话，每次坐车都要给老人让座。

前面我们讲过，孩子是非常善于模仿的，她们常常把爸爸妈妈当成模仿的对象。所以，我们要想培养女儿善良的品质，自己就要先做到心地善良。如果我们常常自私自利甚至损人利己，女儿耳濡目染，也会慢慢变成这样的人，从而失去善良的本性。

方法二：教育女儿爱父母、爱家人

孟子曾经说过："老吾老以及人之老，幼吾幼以及人之幼。"亲情是一切感情的基石，一个人只有爱父母、爱家人，他才会去爱别人、帮助别人。如果他连自己的父母、家人都不爱，又怎么会有善良的品行呢？所以，我们要想女儿成为一个善良、富有爱心的人，首先就要教育她们爱父母、爱家人。

现在，在我们的身边，经常出现孩子顶撞、辱骂、殴打甚至杀害父母的现象（其中竟然包括一些女孩子），这完全是由于父母教育不当引起的。有些父母为了孩子能够幸福，甘愿自己受苦受累，成为孩子的"奴隶"。这样做是不对的。孩子饭来张口、衣来伸手，完全体会不到父母的辛苦，反而真的会把父母当"奴隶"使唤，慢慢变得不尊敬父母。

所以，我们不能太娇惯孩子，而应该让他们分担些家务，体验一下父母的不易。另外，当孩子出现不尊重父母的现象时，一定要严加管教，绝对不能纵容。

方法三：教育女儿要宽容他人

女儿从学校回来，气呼呼地对妈妈说："我以后再也不和我同桌说话了，她真讨厌。"妈妈问："怎么回事？你和同桌闹意见了？"女儿仍是气呼呼地说："我把刚买来的书借给她，她竟然给撕坏了。"妈妈说："那本《女生贾梅》是你最喜欢的书，被她撕坏了你一定很心疼。”女儿说：“那是当然了。”妈妈接着说：“不过我想你同桌也不是故意的，你们关系那么好，以前她还经常把自己的童话书借给你看。”女儿低着头没有说话。妈妈拍拍女儿的肩膀说：“我女儿是个宽宏大量的人，一定不会因为一本书和朋友计较的。再说书坏了，妈妈还可以给你买，但是朋友要是失去了，可就找不回来了。”女儿想了想说：“明天早上我就去和同桌打招呼，再也不生她的气了。”

宽容不仅是智慧的体现，也是善良的人必须具备的品质。试想一下，如果一个人非常苛刻，一点儿也不肯吃亏，对别人的过错也不依不饶，他又怎么会有善良之心呢？所以，我们要想培养女儿善良的品行，就要教育女儿学会宽容，做一个宽宏大量的人。

教育专家给女孩父母的育女方案

卡尔·威特在培养孩子的善行方面下足了功夫，他独特的教子经验值得有女儿的父母借鉴：

1. 为孩子做“行为录”，即将孩子做的好事记在本子上面做永久的纪念，这对孩子继续做好事是一种极大的激励。

2. 以身作则，做一个充满爱心和同情心的爸爸或妈妈，用自己良好的言行去影响孩子。

3. 时常带孩子看望那些遭遇天灾人祸的人们，不管自己的身份、经济状况如何，都要怀着一颗真诚的心慰问受灾者，同时在这个过程中，不失时机地表扬孩子的这种善行。

第57招 教女孩谦虚，做虚怀若谷的才女

晓亦今年16岁，是一个非常优秀的小女孩。她不仅学习好，在绘画方面也表现出色。去年，她参加了全省少年儿童绘画大赛，并且取得了第一名的好成绩。有记者问她说：“你能够取得全省少年儿童绘画大赛第一名，是不是感觉自己在绘画方面非常有天分呢？”晓亦非常谦虚地说：“我和很多孩子一样，只是喜欢画画，我并没感觉自己有特别的绘画天赋。我能取得今天这样的好成绩，和爸爸妈妈的支持以及老师的教导是分不开的。在这里，我要谢谢他们。”

晓亦谦虚的态度给在场的记者留下了深刻的印象，大家对她做了热情的报道。

古人曾经说过：“谦受益，满招损。”谦虚不仅是一种美德，它带给人的好处也是非常多的：谦虚的人具有博大的胸怀，更宽容、更理智；谦虚的人容易和人相处，让大家更喜欢他；谦虚的人明白自己的优点和缺点，从而也更容易取得进步。

和男孩相比，女孩一般谦虚、谨慎，不喜欢吹牛皮、说大话。但也有例外，现在很多女孩被爸爸妈妈宠着，得到了太多的夸奖和称赞，变得非常“飘飘然”，容易骄傲自大。我们一起来看下面的例子：

正在上小学五年级的蕾蕾是一个很有才华的女孩。她的作文非常出色，常常被老师列为范文。老师经常在班上说：“刘蕾蕾的作文比初中生写得还要好，你们一定要向她学习。”老师的夸奖让蕾蕾很得意。有时，同学们向她请教作文怎么写，她会毫不客气地说：“连作文都不会写，你太笨了。”到后来，她甚至觉得作文书上的作文也没她写得好，再也不看了。慢慢地，她的作文没有以前那么有灵性了。

从上面这个例子可以看出，骄傲、自满会阻止一个人进步，是我们前进道路上的“大敌”。对于女孩来说，骄傲、自满更是要不得的。我们也许都看过《骄傲的孔雀》这篇文章，文中的孔雀尽管长得漂亮，但是谁也看不起，最后谁也不愿意和它做朋友，都对它敬而远之。所以，我们从小就要培养女儿谦虚的品格，让她成为一个谦虚的女孩。

方法一：让女儿认识到骄傲的危害

一位父亲曾经这样谈起自己的育女经验：

我女儿是个爱学习的小女孩，成绩一直排在班里的四五名。通过自己的努力，她在这次期末考试考了全班第一名。这让女儿非常得意，在暑假也不安心学习了。她一看见亲友们就说："叔叔阿姨，我考了我们班的第一名。"听到亲友们的称赞后，她更加骄傲、自满了。

我感觉这样很不好，就对女儿说："宝贝女儿，你想过没有，是什么原因让你考取了全班第一名？"女儿想了想说："每天努力学习，不贪玩。"我说："是啊，每天努力学习才能考出好成绩，但你现在光顾着向大家炫耀而忘了努力学习，下次还能考第一吗？"女儿有些羞愧地低下头。我接着说："那些被你超过的学生一定不甘心，一定会在这个暑假好好复习功课。你要想总考第一名，就不能放松学习，更不能骄傲、自满。"女儿点点头说："爸爸，我知道了，我再也不向大家炫耀成绩了。"

父母是孩子学习的榜样，我们首先要做到谨言慎行，给孩子树立一个良好的榜样。当孩子产生骄傲情绪的时候，父母应该对他们进行提醒，并且让他们充分认识到骄傲的危害性。这样，才能让孩子远离骄傲、自满，做一个谦虚、谨慎的人。

方法二：帮助女儿全面地认识自己

一位母亲曾经这样谈起自己的育女经验：

我女儿是班里公认的小才女，她不仅学习成绩优秀，在唱歌、跳舞方面也很有天赋。这让女儿十分得意，常常不把同学放在眼里。尤其是她的同桌君萌，由于学习成绩不好，女儿更是看不起她，常常说她笨。有一次，女儿又这样谈论君萌，我对女儿说："每个人都有自己的优缺点。比如，在学习方面，你比君萌强，但是在体育方面，你却赶不上君萌。"我的话让女儿低着头思索了好半天，从那以后，她再也不说君萌笨了，她也不像以前那样骄傲、自满了。

孩子产生骄傲的情绪往往源于自己某方面的优势或者特长。父母应该让她们认识到，每个人都不是完美无缺的，每个人都有自己的优点和缺点。此外，父母还应该让孩子明白"天外有天，人外有人"，她这些优势只是限定在一个小圈子、小团体内，并不是那种绝对的优势。当孩子能够全面看待和衡量自己，就不会骄傲、自满了。

方法三：用正确的方法表扬女儿

在生活中，小女孩由于聪明、乖巧、讨人喜欢，自然常常会得到大家的表扬。但是表扬孩子也是一门艺术，如果表扬的方法不正确，不仅不会起到积极的作用，还会滋长女孩骄傲、自满的情绪。

在吉诺特博士所著的教育名著《孩子，把你的手给我》中，曾经提及了表扬孩子的方法。吉诺特博士认为，表扬孩子时应该注意以下两点：

第一，夸奖孩子的努力和成就，而不要夸奖孩子的品性和人格。例如，女儿把屋子收拾得干干净净，妈妈可以对女儿说："刚才屋子太脏太乱了，但经过你的收拾整理，它又变得干干净净、漂漂亮亮了。"这样称赞的话会让女儿为自己的劳动感到高兴。但如果妈妈说"你真是个好女儿"或者"你真是妈妈的好帮手"，不仅不会让女儿感到高兴，还会让女儿感到不安，因为她们感觉自己配不上这个称呼。

第二，用描述性的话语夸奖孩子。例如，女儿考了第一名，妈妈可以说："你每天都努力学习，考出这样的好成绩是对你的回报。"这既会让女儿感到高兴，又会让她继续努力学习。但如果妈妈说"你真是个好孩子，班里的同学谁也比不上你"，这可能会让女儿感到不安，也可能会让女儿产生骄傲、自满的情绪。

教育专家给女孩父母的育女方案

当被称为"天才"的小卡尔变得傲慢起来的时候，他的父亲老卡尔·威特是这样教育他的：

1. 让孩子改变对人的"傲慢"态度，并且尝试让他吃一点苦头。

2. 等到孩子为自己的"傲慢"付出代价后，适时地给他说明事情的实质——"傲慢""自大"是在为自己的将来设置障碍。

3. 引导孩子扔掉自己的傲慢，以友好的方式对待他人。

培养女孩孝敬长辈的优秀品德

尊敬长辈是中华民族的传统美德，但是现在很多孩子被娇惯坏了，俨然成了家里的“小皇帝”“小公主”。在这样的环境影响下，孩子没有了辈分观念，不仅对长辈缺少了基本的礼貌和尊敬，更缺少了孝心和爱心。

场景一：每到小越生日那天，妈妈都会给她买一个大蛋糕，做一大桌子菜，让她过一个风风光光的生日。但是小越不知道妈妈的生日是哪天，也从来没有问过。

场景二：这天，因为公司临时来了任务，妈妈晚上一直加班加到晚上 9 点才回家。然而，女儿不仅没有问候一下妈妈为什么这么晚才回家，还非常不满地对妈妈说：“你怎么现在才回来啊！我还没吃饭呢，你快去给我做饭吧！”

场景三：奶奶简直把孙女视为掌中的宝，要星星不给月亮。后来奶奶卧床不起，孙女不仅没有照顾过奶奶，还嫌奶奶的房间有异味，几天也不去看奶奶一眼。

场景四：有一对老人辛辛苦苦地把三个女儿养大成人，但是这三个女儿谁也不尽赡养义务，最后这对老人只能流落街头，乞讨为生。

上面这些事例，都是在生活中经常发生的。看完了以上几个事例，我们应该充分意识到：培养女儿孝顺长辈的好品质是非常必要的。中国是一个重视“孝顺”的国度，只有那些孝顺长辈的人才能获得大家的尊敬。如果她们连最爱自己的爸爸妈妈、爷爷奶奶都不孝顺，不仅多少会让我们有些寒心，也不会受到其他人的尊敬。

那么，父母们该如何培养女孩的孝心呢？

方法一：父母要以身作则

也许我们都看过这样一个故事：

一对夫妇对自己年迈的父亲非常不孝，他们把老人赶到茅草屋，每到吃饭的时间把饭放到那儿转身就走。由于老人年纪大了，常常把碗打破。最后，这对夫妇连碗都不给老人用了，而是用木头削了一个碗状的器皿代替。有一天，他们回到家，看到自己的孩子正在用刀子削木头，便问她在干什么。孩子说：“我在削木碗，等你们年纪大时好用。”

父母是孩子学习的榜样，一言一行都会影响到孩子。所以，父母在和长辈相处时，一定要表现得孝顺、体贴。因为父母的影响和带动，孩子会看在眼里，记在心上，最后也会养成孝顺长辈的好品德。

方法二：让女儿理解父母的辛苦

静静的妈妈是一家医院的护士，每天工作都非常累。有时候下了班，妈妈会对8岁的静静说：“今天妈妈太忙了，胳膊有些沉，宝贝女儿快给妈妈揉一揉。”等静静给妈妈揉完胳膊，妈妈会对她提出表扬。时间长了，静静知道妈妈每天都非常忙，就不再吵着闹着让妈妈带她去玩。有时候她还会对妈妈说：“妈妈，今天你累吗？用静静给你揉揉吗？”

中国有一句俗语，叫作“不养儿不知父母恩”。现在很多孩子不知道孝敬父母，是因为他们不知道父母的辛劳，久而久之，把父母对自己的爱视为理所当然的事情。

据新闻报道，某市数所小学联合进行了一个主题为“什么事让我最受感动”的调查问卷。结果54%的小学生认为“自己不是一个容易受感动的人”或者“没有遇到让我受感动的事”。在“你曾经做过哪些让父母受感动的事”一栏里，很多孩子都交了白卷……

虽然我们对孩子的爱并不要求他们回报，但是我们应该让孩子知道我们为了他们、为了这个家庭所付出的努力和辛劳。这样，才会让孩子拥有一颗感恩的心，并对父母充满爱戴和敬意。

让孩子知道自己为他们付出的努力和辛苦，并不是向他们抱怨“我们养育你太不容易了，你一定要好好学习才能报答我们”。我们应该用一种不带情绪的方式表达出来，这样才不会引起孩子的反感。

方法三：让女儿从小事做起

一位母亲在网络上写下了这样的日志：

昨天带女儿到同事家去玩，同事送了女儿一盒甜点，那是她老公去西班牙顺便买来的。刚回到家，女儿就吃起来，并且不住地赞叹："真好吃，实在太好吃了。"我对女儿说："平时爷爷奶奶有好东西都留给你，现在你有了好东西是不是也应该让爷爷奶奶尝一尝？"女儿想了想，拿着那盒甜点走到爷爷奶奶的房间，对他们说："爷爷奶奶，我这儿有一盒美味的甜点，你们尝一尝吧。"爷爷奶奶虽然没吃，但是女儿的行动让他们感到非常高兴，不住地表扬女儿。

从爷爷奶奶的房间回来后，女儿又去吃那盒甜点，她吃着吃着，忽然好像想起点儿什么，走到我面前说："妈妈，你也尝一下这盒甜点吧。"

这位母亲是智慧的，对于生活中的一件小事，她不仅没有轻易放过，而且以它为"教材"，给女儿上了一堂"孝顺"课。

在生活中，细节最能表达一个人的孝心。为长辈倒一杯水、捶一次背、亲切地问候一声、有好吃的东西让长辈先尝一尝……这都是孝心的表达。所以，我们在培养女儿的孝心时也要从细微之处入手，这些点滴小事不仅可行，还可以持之以恒，让女儿养成习惯。等这种习惯养成了，她们也会成为一个孝顺的孩子。

另外，值得注意的是，在让孩子帮我们（或者其他长辈）倒水、捶背等的时候，不要用命令的口气，也不要强迫孩子去做，因为这样会让孩子产生反感情绪。我们应该和颜悦色地和他们说话，并且在最后对他们提出表扬和赞赏。这样，孩子才能够在孝顺长辈的过程中体验到快乐和满足，从而更愿意去孝顺长辈。

教育专家给女孩父母的育女方案

古语曰："老吾老以及人之老。"因此，培养女孩"孝敬"老人是父母必须要完成的一项教育"任务"。而对于这一点，美国著名的教育专家威廉·贝纳德给出了这样的建议：

1. 为孩子营造一个宽松和谐的家庭氛围。

2. 父母不但要以身作则孝敬老人，更要持之以恒地坚持下去。

3. 父母不但要教育孩子孝敬自己的祖父祖母、外祖父外祖母，也要让她学会关爱其他老人。

第 59 招　让女儿明白——诚信是一种财富

上周末，一位好朋友打电话过来，约我一同去看电影。当时女儿就坐在我的旁边，一听到我们要去看电影，马上说：“妈妈，我也要一起去。”我对女儿说：“你不是约了几个好朋友到咱家来写作业吗？你要是看电影去了，一会儿她们来了找不到你怎么办？”女儿说：“她们找不到我自然就会回家了。”我说：“这样可不行，你既然已经和朋友约好了，就应该遵守诺言才对。”女儿当时非常想去看电影，和我吵闹了好半天，但是我始终没有答应她。我认为，诚信是一种非常可贵的美德，我们从小就要培养孩子诚实守信的好品质。

这是一位妈妈在网络上写下的“育女日记”，让我们深受启发，我们应该向她学习，在女儿小的时候就培养她诚实守信的好品德。

以诚待人，以信取人，是我们中华民族优秀的传统之一。孔子曾经说过：“言而无信，不知其可也。”这是在告诉大家如果一个人没有诚信，就不会取得大家的信任，也就没有人愿意和他交往、合作了。由于人们对于物质的强烈追求，“诚信”曾经一度遭到践踏。但是随着社会的进步和发展，人们对于诚信的呼声越来越高。一个人如果缺乏诚实守信的操守，就很难在社会上立足，诚信已经成为人们的“第二张脸”。

对于女孩来说，诚实守信带给她们的益处是非常多的。它不仅可以让女孩保持一颗高贵的心，还会让女孩取得他人的信任，获得好人缘。所以，我们要重视对女儿诚信的培养，让她们成为一个诚实守信的人。

诚信是一种良好的品德，在培养女孩的诚信方面，父母应该怎么做呢？

方法一：父母要给女儿树立一个良好的榜样

为了女儿能够取得好成绩，爸爸每天晚上都会辅导玲玲的功课。一天晚上，正在爸爸辅导玲玲功课时，电话铃声突然响了起来。爸爸悄悄地对玲玲说：“如果是你王叔叔找我的话，你就说我还没有下班，明白了吗？”玲玲不解地说：“您不是在家吗？为什么要撒谎呢？”爸爸有些不高兴地说：“小孩子懂什么，大人怎么说，你怎么做就可以了。”最终，玲玲言听计从地接了这个电话。

渐渐地，爸爸发现女儿常常编造各式各样的借口逃避学习，学习成绩也一落千丈。有一次，爸爸被骗后，怒不可遏地斥责玲玲说：“小小年纪，谁教你撒谎的？”玲玲理直气壮地回答：“爸爸打电话可以撒谎，我为什么就不可以啊？”

苏联教育家马卡连柯曾经说过：“不要以为，你们只有在同儿童谈话、教训他、命令他的时候，才是进行教育。你们生活的每时每刻，甚至你们不在家的时候也在教育儿童，你们怎样穿戴，怎样同别人说话，怎样议论别人，怎样欢乐和发愁，怎样对待敌人和朋友，怎样笑，怎样读报……这一切，都对儿童有着重要的意义。”上文中的父亲显然没有注意到“身教”，他让女儿替自己撒谎，结果让女儿养成了撒谎的坏习惯。作为孩子的父母，我们一定要意识到孩子的模仿能力是十分强的，要想让孩子做一个诚实守信的人，我们自己首先就要做到诚实守信，为孩子树立一个良好的榜样。

方法二：尊重女儿，尽量满足其合理需求

场景一：小丽看中了一款红色运动衣，吵着闹着让妈妈买给自己，但是妈妈就是不同意。过了两天，小丽和妈妈撒谎说：“妈妈，现在我们班上的女生都穿这种红色运动衣，就只有我没有了，你就给我买一件吧。”

场景二：爸爸对可可非常严厉，每次可可没考好，都要狠狠地批评她一顿。这次可可只考了 65 分，这让她十分担心。为了逃避责罚，最后可可想出了一个办法：用红笔把 65 分改成 85 分。

很多时候，孩子并不愿意撒谎，但是为了逃避责罚或者满足某种需求，她们会做出不诚信的行为。作为父母，我们应该给女儿一个宽松的环境，不要让她们为了逃避责罚而出现撒谎的行为。另外，我们应该认真分析女儿的需求，尽量满足其中的合理部分。当女儿的合理需求得到满足后，她们就不会做出欺骗父母的行为了。

让女儿明白——诚信是一种财富

要想让孩子做一个诚实守信的人，我们自己首先就要做到诚实守信。

诚信需要从小培养，让孩子做到说话要算话，告诉她说了是要负责任的。

方法三：学会不助长谎言的方法

爸爸给女儿的班主任打了电话，知道前些天进行了一次考试，女儿考得很糟糕。但是女儿并没有和自己提起过这次考试。女儿放学回来，爸爸问她："这些天你们没有进行考试吗？"女儿有些胆怯地说："没有。"爸爸恼怒地说："我最讨厌撒谎了，快说，你为什么向我撒谎？我已经给你们班主任打过电话了。"

对于孩子撒谎的行为，很多父母都是深恶痛绝的。为了杜绝孩子的撒谎行为，一些父母甚至采用了打骂的手段。但是这样的做法并不好，这样的做法只能让孩子产生深深的恐惧，而不能从根源上消除孩子的撒谎行为。所以，父母一定要注意自己的言行，一定不要在无意识中助长孩子撒谎的意识，具体来讲可以从以下几个方面入手。

第一，不要激发孩子防御性的撒谎。例如，上例中的父亲明明知道了结果，却还是向女儿发问，这是"逼"着女儿撒谎。当遇到这种情况的时候，他可以对女儿说："我给你们老师打过电话了，她说你的考试成绩不理想，你需要爸爸的帮助吗？"

第二，避免引导孩子撒谎。例如，周日女儿赖在床上不起来，如果妈妈问她："这么晚了你为什么还不起床？"为了赖床，女儿很可能会撒谎："我肚子不舒服，我还要躺一会儿。"在这种情况下，妈妈可以对女儿说："时间不早了，你该起床了。"这种正面的、叙述性的话语，更能让女儿接受，从而不会助长谎言的产生。

教育专家给女孩父母的育女方案

诚信是女孩建立社会关系必不可少的重要因素，那如何让我们的女孩遵守自己的"诺言"呢？我国著名的教育专家孙云晓给出了自己的建议，简单归纳起来就是：

1. 诚信需要从小培养，让孩子做到说话要算话，告诉她说了是要负责任的。

2. 日常生活中，大人要以身作则，成为孩子良好品行的榜样。

3. 告诉孩子要通过奋斗而不是通过谎言或虚假的表现，去获得自己想要的东西。

第 60 招　告诉女儿责任心的重要意义

昨天晚上睡觉前，8 岁的女儿对我说："妈妈，明天该我做值日，您做饭要早一点儿。"第二天，我早上 6 点钟就把饭做好了，但是女儿却迟迟不肯起床。我有些着急，叫了女儿好几次，她才很不情愿地从床上爬起来。我对女儿说："你今天不是要值日吗，我叫你好几次，你怎么不起床呢？"女儿说："我还没睡醒。"我说："今天该你值日，你没睡醒也要起来啊。"女儿毫不在乎地说："做值日的又不是我一个人，有时候他们还来不了呢。"

唉！现在的孩子太缺乏责任心了，在我们那个年代，就是宁可不睡觉也要赶上做值日，从来没有迟到的。我觉得，我们应该好好培养培养孩子的责任心了。

这是一位母亲的心声，提醒大家要注意培养孩子的责任感。这位母亲的提议是非常好的，现在有的孩子确实是太缺乏责任感了。

和男孩相比，女孩的责任意识一般是比较强的。当她们承诺做一件事时，会竭尽全力去完成。有些女孩还懂得体贴父母，小小年纪就开始分担家务，以减轻爸爸妈妈肩上的压力。

但是近年来，由于爸爸妈妈的娇宠和溺爱，很多女孩的自我意识都非常强烈。她们不关心周围的人和事，甚至连自己的父母都漠不关心。在她们心中，就只剩下了自己。这样的女孩自然不会有很强的责任心和责任感。

一位妈妈曾经这样谈起自己的女儿：

一直以来，我和老公都把女儿当成家中的"小公主""小太阳"，但现在我们发现，这种做法是完全错误的。因为女儿在我们的溺爱下，变成了一个自私、冷漠的人。虽然她在这个家庭中已经生活了十几年了，但是这个家庭仿佛和她没有关系一样。有时候，家里的笤帚倒在地上，她宁可"跳"过去，也不肯扶起来。每次吃晚饭，她放下碗筷就玩自己的去了，从来不帮我收拾一下。

前一阵子，老公常常犯胃病，她不仅没有问候一声，还嫌爸爸不能带她出去玩。今年9月份，女儿上中学住了校，似乎和这个家庭更疏远了。她除了每月回家拿钱外，从来也没有关心过我和老公。现在我们非常后悔，当初真不该那样娇惯女儿。

从这个事例可以看出，正是爸爸妈妈的娇生惯养让女儿变得自私、冷漠的，甚至连自己的父母、家庭都漠不关心。试想一下，如果一个人连自己的父母、家庭都漠不关心，他又怎么会关心其他的人和事呢？又怎么会尽职尽责地做好自己的工作呢？当一个人自我意识过于膨胀时，他的责任心和责任感也就消失不见了。

对个人来说，责任感是一种高尚的情操，它能让人言行一致、勇于承担责任；对社会来说，责任感更是一种极为宝贵的态度，无论是家庭还是社会团体，都喜欢那些责任心强、敢于承担责任的人，而那些没有爱心、没有责任意识的人，在哪里都不会受到欢迎。所以，我们要从小培养女儿的责任感，让她们成为一个有爱心、有责任心的女孩。

其实，女孩的责任心是非常强的，但是因为父母的娇惯，她们慢慢变得自私了，责任心也减弱了。所以，要想培养女孩的责任心，就不能太娇惯她们。另外，父母还要让她们知道责任心的重要性，并且从小事做起，慢慢地，她们就会成为一个负责任的小女孩。

方法一：让女儿明白责任感的重要性

一位妈妈曾经这样谈起自己的育女经验：

我女儿舞跳得非常好，是班里的文艺委员。去年元旦，学校要举行歌舞比赛，老师把编排舞蹈、带同学练习的任务交给了女儿。每天放学，女儿都留在学校，练习到八九点钟才能回家。

有一天，女儿却很早就回到了家中。我有些奇怪地问：“今天怎么回来这么早啊？你们不是要练舞蹈吗？”女儿赌气地说：“那几个男生太笨了，我怎么教也教不会他们，我以后再也不管这事儿了。”我说：“你如果不教他们，他们到比赛的时候不是跳得更不好吗？”女儿说：“我才不管呢，爱怎么样就怎么样吧。”我拍拍女儿的肩膀说：“老师把这个任务交给你，表示他对你非常信任。你想一想，如果你中途放手不管了，老师还会信任你吗？”女儿低着头不说话。我接着说：“你看，上个月爸爸获得了公司的‘先进标兵’，为什么爸爸会获奖呢？这是因为爸爸有责任心，公司下达的任务无论多难多重都努力完成，我们应该向爸爸学习。”女儿点了点头说：“妈妈，你说得对，明天我就继续教他们练舞。”

我国著名教育家陶行知先生曾经说过：“行是知之始，知是行之成。”只有当孩子充分了解了责任感的重要性后，他们才会真正努力去实践。所以，作为父母，我们首先应该告诉孩子责任感的重要性，让他们意识到没有责任感的人是不会取得成功的。此外，我们做父母的还要给孩子树立一个良好的榜样。这样，我们的孩子才会真正成为一个有责任心的人。

方法二：培养责任心要“从小抓起”

这里所说的“从小抓起”包含两种含义：一方面，是指在孩子年纪较小的时候就要培养他们的责任心。试想一下，如果一个孩子的方方面面一直由父母负责，等他长大了突然要求他要对自己的事情负责，他会有什么样的感觉？他一定会感到非常的茫然无措，因为他已经习惯了在父母的荫庇和保护下生活。所以，我们要培养孩子的责任感，就要让孩子从小学会自己的事情自己做，这样，他们长大后才能成为一个勇于承担责任，能够对自己、对他人负责任的人。另一方面，培养孩子的责任心应该从小事着手，比如让孩子擦擦地、吃完饭帮忙收拾一下碗筷、写完作业后自己收拾书包……孩子这些事做得多了，就会慢慢养成习惯，他们的责任感自然也就培养起来了。

方法三：让女儿养一只小动物

很多女孩都喜欢小猫小狗，但是一些父母嫌脏、嫌烦，不同意女儿养。其实，让女儿养一只小动物对她们的成长是非常有益处的，这样既可以培养她们的爱心，也可以培养她们的责任心。

有一些父母抱怨说：“我给女儿买了一只小狗，但她只知道和小狗玩，根本不喂它，也不给它洗澡，这些都成了我的事儿。”这种情况是可以避免的。在买小动物之前，父母应该和女儿事先声明，让她们自己对小动物负责。此外，父母还可以延缓女儿购买小动物的愿望，让她们的愿望不那么轻易实现，从而会使她们更加珍惜。

如果女儿没有按照事先说好的去做，父母不要批评、责骂她们，可以对她们说：“你看小狗没人管多可怜，我女儿是个有爱心的女孩，一定不会扔下小狗不管的。”这样，可以唤起女儿的爱心，重新负起喂养小动物的责任。

教育专家给女孩父母的育女方案

如何在女孩幼小的心田里播下责任的种子呢？“知心姐姐”卢勤是这样回答的：

1. 让孩子自己决定自己的事情，父母不要“包办”。
2. 在家里给予孩子参与劳动的机会和岗位。
3. 对孩子所做的事情，父母要及时给予认同，以赞赏作为给孩子的奖励。

第八章

好习惯让女孩受益终生，教女儿养成良好的习惯

关键词：习惯、虚心好问、质疑、磨蹭、做事利落、生活日程表、竞争心理、文明礼让、懂礼貌、文明用语、失礼、知错就改、以身作则、纠正、运动、互动、睡眠、睡眠质量、克服懒觉法、讲卫生、细心、马虎、节俭、坚持、健康饮食

习惯造就性格，性格决定命运。看似不起眼的“小”习惯，实则决定着女孩的“大”命运。知道这一点还不够，你还应该知道：

细心，可以让女孩发现更多的成功机会；

懂礼貌，可以让女孩得到更多的赞赏和朋友；

知错就改，可以让女孩学会承担和责任；

……

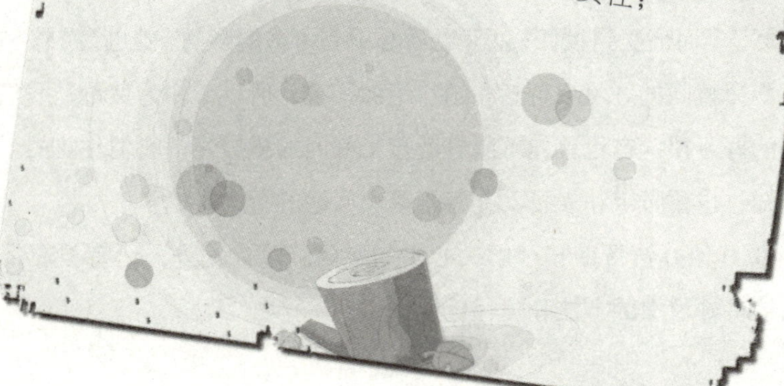

第61招 不懂就问
——培养女孩虚心好问的好习惯

好问原本就是小孩子的天性，他们对周围的事物总是会感到新鲜有趣，上至日月星辰、宇宙星空，下至山川河流、海洋生物，都存有好奇心。可为什么随着孩子一天天成长，他们这种好问的天性就渐渐消退了，变成“不懂也不问”的孩子呢？回答上面这个问题之前，我们先来看一个真实的事例。

一天，天气阴沉，乌云满天。5岁的雅轩站在自家窗口前看着外边雷声滚滚的天空，她没有像其他女孩那样被响彻的雷声吓倒，而是一脸好奇地盯着天空看了很久，然后问父亲：“爸爸，为什么云彩变成黑的才会有雷声呢？”此时，父亲看也没看女儿，而是不耐烦地说：“我怎么知道！别在窗户边玩了！”小雅轩不但没有得到自己想要的答案，还被父亲训斥了一顿，她觉得特别委屈，噘着嘴从窗户那儿走了回来。

通过这个事例，上述问题的答案就不言而喻了，即小孩子爱问问题的好习惯都被父母给打击掉了。相信小雅轩以后再也不会轻易去问父亲问题了，因为那样不但解决不了心中的疑问，反而会受到批评，就算以后心中有再多的疑问，她也会“憋”在自己心里。久而久之，不懂就问的好习惯自然和她“绝缘”了。所以，作为父母，我们要想养成女儿虚心好问的好习惯，自己首先不能打消孩子好问的积极性，哪怕你真的对女儿提出的问题一无所知，也要肯定和表扬女儿善于提出问题的行为。

然后再想其他办法帮助孩子解决心中的疑问。除此之外，还有很多帮助小女孩养成虚心好问这种好习惯的方法和途径。

方法一：鼓励女孩从报纸、电视、杂志等上面找错误

大多数小女孩因为天性敏感、害羞的原因，心中有了疑问之后，都不太愿意或不敢去向大人寻求答案。面对这类小女孩，父母可鼓励她们从报纸、电视上去找错误。这

种方法不但充满挑战性，能引起女孩的兴趣，而且还会增长女孩的成就感和自信心。

有一位爸爸在这方面就做得很好。

一天，我拿着一摞报纸走到正在客厅里玩耍的女儿面前，说：“女儿，爸爸和你玩一个有趣的游戏吧，谁要是赢了，就让对方奖励自己一件东西，好不好？”女儿一听就来了兴致，因为她一直想要一套《花仙子》的漫画，但是妻子不给她买，现在她只要赢了我就可以获得自己想要的漫画，所以她很快就答应了下来。我笑着说：“我手里有几期过期的报纸，如果在规定的半个小时内，你比我从中找出的错误更多，而且改正过来，就算你赢。”

女儿不解地看着我说：“爸爸，报纸上也有错误吗？”

“当然，不光是报纸，电视、杂志上都会出现各种各样的错误，我们开始吧！”于是，我们规定好时间，各自开始紧张地在报纸上找起了错误。很快半个小时过去了，女儿一共找出了三处错误，并且准确地把它们改正了过来。但我可不会轻易地错过这个教育女儿的机会，马上鼓励女儿将这些错误写成一封信寄给了报社，后来那家报社不但给女儿回了一封信，而且还在报纸上专门开辟了一个“找错误”小板块，女儿还成了特约小记者。这件事情对女儿的触动很大，并且给了她更多的激励作用，从那之后她看书、学习不但变得更加认真，而且更爱发问了。

方法二：鼓励你的小公主带着问号看世界

“为什么树叶是绿色的呢？”当女儿一脸纯真迷糊地向你提出这种问题时，你是马上不耐烦地对她说：“你怎么这么多问题！树叶本来就是绿色的！”还是耐心地给女儿讲解其中的科学原理呢？如果你选择的是前者，那很遗憾，你成了一个“扼杀”女孩探知心和上进心的“凶手”。面对女儿向你提出疑问时，父母最正确的方法就是肯定和鼓励孩子的这种行为，因为只有这样下一次她遇到不明白的问题时，才会再次大胆地提出心中的疑惑，并希望“无所不知”的父母能够帮助她解决问题。

另外，你也可以采取观察法、提问法、游戏法等引导女儿主动提出问题，举个例子来说：当你正在厨房做饭的时候，拿起一旁的铁锅问女儿：“宝贝，你知道炒菜的锅为什么用铁锅吗？”“妈妈，我不知道，为什么呀？”“因为铁锅导热快，而且里面含有的一种铁元素对我们的身体也有好处……”相信通过你的科学引导，你的女儿一定会学到越来越多的知识。

方法三：让女孩不要迷信权威，大胆质疑

女孩比男孩更易迷信权威，这一点从她们比男孩更爱追星这一点就可以看出来，她们似乎天生就很容易被他人说服，所以即使那些“权威人物”，像父母、老师、专家等说出的言论或做出的事情存在问题时，她们也不敢说出心中的疑问。因此，父母应从小就引导女孩不要迷信权威，大胆质疑。

有一位母亲讲述了这样一件事：

我的女儿今年上高中三年级，她各方面都表现得特别优秀，最令我感到欣慰的是，她是一个敢说敢问的女孩子。

有一次，女儿学校组织一场专家讲座，很多学生都聚集在礼堂听讲。专家讲完之后，设置了一个学生提问环节，大多数学生选择了沉默，只有几个学生就刚才的演讲表达了自己的欣赏之情，唯有女儿站起来质疑了专家的话，并提出了自己的观点。专家对于女儿的质疑，给出的答案是：“我是根据 ×× 学者的著名观点讲的！”女儿说：“难道 ×× 讲的就是真理吗？也许他也错了！”女儿这种大胆质疑的勇气和魄力，受到了那位专家的称赞和学生们的崇拜。

教育专家给女孩父母的育女方案

生活中很多父母为了节省时间或者其他原因，总是针对孩子的问题马上给出答案，著有《亲子关系全面技巧》一书的李中莹先生认为这种做法很不好，会对孩子产生很多负面影响，而且容易把孩子的“好问”变成对父母“答案”的依赖。所以他提出的建议是：

1. 父母最重要的教育方式不是告诉孩子怎样做，也不是撒手不管，而应该当面和孩子交谈，鼓励和支持她去尝试。

2. 当孩子带着问题询问父母时，父母最恰当的回答方式应是“你说呢？”引导孩子自己解决问题。

3. 父母应该给孩子提供安心的环境，让她经过思考、尝试、修正去获取答案，并最终获得成功和肯定。

第62招　不磨蹭、不拖沓
——培养女孩做事利落的好习惯

生活中，最让爸爸妈妈头疼的就是家里有个“慢性子”的小公主，很多时候是你急她不急，似乎总有很多的事情能够分散她的注意力。

下面这位妈妈就有这样一位“慢性子”的女儿。

我的女儿玲玲今年上小学三年级，平时学习成绩不错，但这个小丫头就是做作业时很磨蹭。本来20分钟能够完成的作业，她非要磨蹭一个晚上，常常是晚上12点了，她还坐在书桌前写作业。更要命的是，这还是我在旁边“监督”她的情况下，如果哪一天我没有在一边看着她写作业，估计一个晚上她也完不成作业。女儿之所以每晚写作业到这么晚，并不是老师给她留了“海量”的作业，而是她写两个字就开始玩橡皮、玩彩笔，一个小时写不了10个字。

像玲玲这样爱磨蹭、爱拖沓的小女孩在实际生活中有很多，很多父母也为孩子做事没有效率而着急。例如，爸爸妈妈早上着急上班，本来一家人正在吃早饭，忽然有只小鸟停在了窗户外边，小女孩非要放下饭碗去看个究竟，而且无论爸爸妈妈怎么催她，这小丫头就是磨磨蹭蹭地不想回到餐桌旁。

面对这样的小磨蹭，父母最常用的做法就是重复地提醒女孩或者不断地冲着她大喊大叫：“下次再这样磨蹭就不管你了！”“你准备好了吗？”“你就不能快点！”……然而，女孩的这种磨蹭行为并没有因为父母的恐吓或提醒而有所改变。

其实，作为父母，你有没有想过这样一个问题：“孩子为什么会‘慢’？”是她们天性如此吗？当然不是，这是因为小孩子还没有时间意识，她们还不清楚自己的慢会产生怎样的后果，或者说他们并没有意识到“慢”所产生的后果的严重性。假如长此以往下去，她可能真的会变成一个爱磨蹭、没有时间观念的“慢性子公主”。

那么，有什么好方法可以让女孩改变这种磨蹭、拖沓的坏习惯，养成做事利落的好习惯呢？很简单，下面这些方法就能帮助你解决问题。

方法一：让女孩自己承担磨蹭行为所带来的后果

很多女孩因为习惯了凡事由父母提醒、催促，她们便理所当然地按着她们一贯磨蹭、拖沓的行为去做一切事情。例如，早上没有妈妈叫她们，她们根本不会去想上学会不会迟到；没有爸爸的提醒，她们根本不会去考虑事先去准备第二天的学习用品。在这种情况下，女孩们怎么可能养成不磨蹭、不拖沓的好习惯呢？

所以，父母不要成为女儿的“定时闹钟”和“善后军团”，而是应该让她自己承担磨蹭行为所带来的后果。

下面这位妈妈的经验就很有启发性。

女儿很小就有做事磨蹭的坏毛病。现在，就是在早上时间最紧张的时刻，她也快不起来。我对此很烦恼，但我还是想了一个好办法。

这天早晨，女儿照样是慢吞吞地起床、穿衣服、洗漱，我没有像往常一样催促她，而是由着她不急不忙地整理书包、吃饭……结果当然是迟到，女儿被老师批评了一顿。

放学回来后，女儿显得很难过。这时，我才告诉她：“平时你不迟到，是因为有爸爸妈妈在旁边提醒你，替你着急。现在，你长大了，要学会做事有效率，加快节奏，安排好自己的时间，如果你这磨蹭、拖沓的习惯不改，以后不只是挨老师批评，还会造成更严重的后果。”现在，无论做什么事，我都不会催促女儿了。果然，在吃了几次苦头之后，女儿的行动快多了。

方法二：制订“生活日程表”，让女孩学会合理安排时间

如果你的女儿做事效率不高，老是喜欢磨磨蹭蹭地做事，那你就可以为她制订一份“生活日程表”，让她学会合理安排自己的时间。例如，早上什么时间起床，用多长时间穿衣、洗漱、吃早饭；晚上回到家什么时间完成作业，何时上床睡觉，等等。这些都可以记录在先前制订的“生活日程表”中，并且每当女孩按规定完成一件事，父母就要在表格中标记出来，或给予表扬，或在一定时间内给予女儿奖励。

另外，父母也可教女孩利用统筹的方法来安排做事的先后顺序，这样她可以极大

地提高自己的办事效率，还节省了很多时间，用来做自己喜欢的事情。

但是我们在帮助和引导女孩提高办事效率的同时，也要告诉她，动作快不等于敷衍了事、马马虎虎，而是本着认真、负责的态度把事情做好。

方法三：启发女孩的竞争心理

一位父亲分享的育女经验是这样的：

从女儿上幼儿园开始，我就发现她有磨蹭、拖沓的现象。所以，为了帮她改掉这个坏毛病，我开始有意诱导她的竞争心理，让她时常和其他小朋友展开竞赛：比仔细、比勇敢、比速度、比效率等。正是通过这一系列的竞赛，让女儿逐步认识到自己的能力，养成了她敏锐的思考力、观察力和行动力。现在，女儿已经改掉了做事磨蹭的坏习惯，养成了做事利落的好习惯。

很多时候，适当地为小女孩增加些生活的紧张气息，不但能够使她们养成做事利落、不拖沓的好习惯，还会为她日后在竞争激烈的社会上立足以及独立生活提供帮助。因此，我们应从小就开始训练女孩的竞争意识和时间观念，引导她去除掉那些影响其健康发展的不利因素，培养女孩提高办事效率的有利因素。

教育专家给女孩父母的育女方案

在如何教育做事拖拖拉拉的孩子问题上，王金战老师是这样为父母提供建议的：

1. 排除客观原因，找到问题的症结所在，然后“对症下药”。

2. 如果孩子是因为没有兴趣而逃避，父母除了要激发孩子的兴趣外，还要建立孩子的责任感。

3. 如果是性格的原因，父母就要从生活中的点滴做起，逐渐培养起孩子生活的好习惯。

第63招

告别懒惰
——培养女孩热爱劳动的好习惯

人们常说：“女儿是妈妈的贴心小棉袄。”为什么这么说呢？这是因为女孩一般都很懂事，在她年纪很小的时候，就懂得分担妈妈的负担，例如，帮妈妈洗衣做饭、收拾房间等。在这一点上，男孩是没法与之相比的。但是，现在的女孩没有以前那样勤劳了，我们常常听到一些家长这样抱怨自己的女儿：

“我在八九岁时就帮妈妈洗衣做饭，但我女儿现在都11岁了，连碗都没刷过。”

“我女儿都13岁了，还不会洗衣服，她的衣服从来都是我洗。”

“我女儿太懒惰了，每次吃饭的时候，她从来不帮我拿碗筷。等我们把碗筷摆好了，她才凑过来。吃完饭，她也从来不帮我收拾桌子。”

在人们心中，女孩一般都是勤劳能干的。但是现在为什么出现了这么多不爱劳动的小女孩呢？这当然和家长的教育方式有关。现在很多家长心疼孩子，怕孩子吃苦受累，便“剥夺”了孩子的劳动权利。还有些家长怕干家务耽误孩子的学习时间，宁可自己受累，也不让孩子帮忙干。慢慢地，女孩们变得越来越懒惰，就是帮家长拖拖地、洗洗碗也不肯干了。

苏联著名文学家高尔基曾经说过：“人的天赋就像火花，它既可能熄灭，也可能燃烧起来，而使它成为熊熊烈火的办法只有一个，那就是劳动，再劳动！”据儿童心理学家研究发现，劳动可以促进孩子的智力发展，而且对孩子品德、兴趣、意志的培养，都起着至关重要的作用。

在发达国家，父母们非常注重培养孩子的劳动能力，孩子们从小就被要求帮家长干家务。在德国，孩子的劳动义务被明明白白地记录到法律中：6岁以上的孩子必须帮家长做家务。

热爱劳动是一件非常光荣的事情，让女孩从小做些家务，既可以培养其独立性以及责任感，还可以培养她吃苦耐劳的品质。一个常常帮家长干家务的女孩，更容易体验到父母为这个家庭所付出的辛苦和努力。所以，我们从小就要培养女儿热爱劳动的好习惯，让她们成长为勤劳、能干的女孩。

那么，如何培养女孩养成热爱劳动的好习惯呢？给父母们送上以下几点建议：

方法一：让懒惰的女儿品尝一次“苦果”

13岁的芊芊非常爱美，为了使自己总是光鲜照人，她每天都穿着不同的衣服去上学。芊芊确实越来越漂亮了，可由此带给妈妈的劳动量却越来越重。为什么呢？因为芊芊从小就不喜欢劳动，她穿完的衣服从来不洗，而是直接把它们丢进洗衣机里。为了帮助芊芊改掉懒惰的习惯，妈妈决定让芊芊“自食其果”一次，她暗中下定决心，再不替芊芊洗衣服了。

一周过去了，妈妈发现洗衣机里塞满了芊芊的脏衣服，她看在眼里，但并不过问，也不帮忙。接下来的一周，芊芊有自己的应对办法：她从脏衣服堆里捡出稍微干净的衣服继续穿，就是不肯自己动手把脏衣服洗干净。

几周过去，芊芊已经再也拣不出一件干净的衣服了，而妈妈依然是不闻不问。芊芊实在没有办法，只好把衣服一件件洗干净。此后，芊芊的衣服都是由她自己来洗，而且她发现，洗衣服并没有她想象的那么难，劳动也没有她想象的那么累。渐渐地，芊芊还开始帮妈妈做其他的家务了。

对于我们家长来说，一定要摆正教育心态，切不可因为心疼女儿而不让她们劳动。这样做，其实并不是在爱女儿，而是在害女儿。生活中常有一些女孩，其实并不排斥劳动，有时候甚至还会主动提出帮父母做家务。在这种时候，家长不要打击她的积极性，也不要怕她做不好，而是要鼓励她去做。例如，让女儿分担扫地、洗碗、擦桌子等家务，等女儿做的时间长了，热爱劳动的好习惯也就慢慢养成了。

方法二：女儿干得出色，要及时表扬

家长让女儿帮忙做家务时，要多鼓励、多赞美，这样会激发女儿劳动的积极性。家长不要只看女儿的劳动结果，而要看重女儿对劳动的积极态度。当女孩认真做完一件家务时，我们要及时地予以肯定。还可以让爷爷奶奶一起来参观女孩的劳动成果，参观完毕后要表扬她。受到鼓励的女孩得到心理暗示，就会在以后的生活中继续帮助爸爸妈妈做家务了。这种刺激与激励的方法更容易让孩子养成热爱劳动的好习惯。

方法三：增加劳动的趣味性

要想培养女孩的某种习惯，就要让孩子对它产生兴趣，这样才能取得很好的效果。例如，在女孩劳动的时候，可以采取竞赛的形式，这样既可以培养孩子的竞争心理，还可以使劳动变得富有情趣。再比如，女孩都喜欢家里来客人，当客人来到的时候，家长可以让她去拿果盘和瓜子。通过这样的方式，可以调动女儿劳动的积极性，从而让她慢慢养成热爱劳动的好习惯。

当然，劳动内容要适合孩子的年龄特点，不能太复杂，时间也不能太长，否则会使女孩过度疲劳，影响劳动效果，甚至产生厌恶劳动的情绪。

教育专家给女孩父母的育女方案

教育家孙云晓说："成功的教育从培养好习惯开始"，而热爱劳动的习惯是其中非常关键的一环。培养女孩热爱劳动的习惯，我们应该注意以下几点：

1. 让女孩明白为什么让她做家务：因为劳动是生活需要，也是一种美德。
2. 劳动内容要适合孩子的年龄特点，不能太复杂。
3. 父母不能因为女孩做不好或者自己看不惯，就一手包办。
4. 千万不要用金钱刺激女孩的劳动欲望。

第64招

错了要承担
——培养女孩知错就改的习惯

一位母亲曾苦恼地写下自己的疑虑：

我的女儿现在4岁多，上幼儿园中班，她平时比较活泼好动，自尊心也比较强，总是像个男孩子那样淘气、做事不计后果，我们总爱说她。可说轻了，她根本不放在心上；说重了，她又泪眼汪汪地看着你说："妈妈，我以后再也不这样了。"可过后她还做同样的事情，说同样的话。

有一次，女儿从幼儿园带回来一本书，对我说那是她的好朋友送给她的。可第二天我才知道，她的好朋友那天根本没去幼儿园，而且那本书也不是别人送的，是她从幼儿园小朋友们捐的书中偷偷塞在书包里拿回来的，因为幼儿园规定这些书是不准带回家看的。我很生气，但我忍住了怒火，没有打骂孩子，而是给她不停地讲道理，女儿也明白这样做不对。谁知，过了几天，她又把这本书偷偷塞进书包带回了家，还说是自己的好朋友送的。女儿这样我真的很担心，我能感觉出来，她一直想做一个好孩子，但她这样知错不改，我该怎么办呢？

四五岁的小女孩正处在自我意识萌芽的阶段，她们还没有判断的标准和能力，也不能准确定位自己未曾做过的事是好还是坏，自然"犯错误"就成了她们的"家常便饭"。如果小女孩在错误被发现之后，从父母那里得到的是严厉的批评、打骂或嘲弄，那么下次为了避免自己得到惩罚，她一定会选择说谎，这也是女孩知错不改的主要原因。当然，除此之外，小女孩"知错不改"的原因还有很多，例如，她们做错事，但不知道错在哪儿，于是一错再错；或者小女孩个性比较强，即使一时做错事也拒绝立马承认，或者她们纯粹是为了吸引大人的注意，故意重复犯错。

其实，无论小女孩出于什么原因不愿意知错就改，这种坏习惯对她的生活都会产生不良影响。因此，作为父母，我们必须帮助和引导女孩改正这种坏毛病，养成知错就改的好习惯。

方法一：以身作则，给女孩树立“知错就改”的好形象

父母是孩子行为的镜子，你做什么、说什么，她就会跟着做什么、说什么。所以，我们要培养女孩知错就改的好习惯，就要以身作则，给女孩树立良好的“知错就改”的好爸爸和好妈妈形象。

下面这位妈妈的转变就很值得学习。

我有两个孩子：大儿子今年上高二，小女儿读小学三年级。因为以前我对儿子的学习成绩不太在意，导致现在他虽然很懂事，学习也很努力，但由于基础没打好，学习成绩不太理想。所以经过我反复总结经验后，对女儿的教育我从她很小的时候就开始着手。但有一次，女儿的学习成绩不太理想，数学和语文都刚刚及格，当时我觉得自己在女儿身上花费了很多心血，她还这样不争气，一怒之下，我扇了她一巴掌。

可打完我就后悔了，我知道打孩子是不对的，也觉得自己额外给女儿布置作业增加了她的压力。所以我主动给女儿道歉：“女儿，妈妈对不起你，妈妈做错了！”从此之后，我再也没打过女儿，也没有再给她布置过额外的家庭作业。没想到女儿不但学习成绩提高了很多，也变得懂事了很多，而且她做错事，还会主动认错并改正。

方法二：父母要以宽容、谅解的态度接受女孩的道歉

“对不起，我错了！我以后会改正的！”当女孩主动向你承认错误并道歉的时候，你会选择怎么应对呢？或许大多数父母会原谅女孩的错误，但也有很多父母“死揪着不放”，认为孩子犯错是一件不可原谅的事情，尤其是当她犯了一个很严重的错误，像打人、偷东西之类的，然后就开始对孩子进行批评、惩罚，甚至打骂。

世界上没有一个不会犯错的孩子，而且每个孩子犯错的背后都有着一定的原因。如果你始终不肯站在孩子的立场去想一想，而是盲目地选择对她的教育方式，那她怎么可能会听你的话知错就改呢？

所以，作为父母，我们应该以一颗宽容、谅解的心去接受女儿的道歉，并且事先要安抚一下她内疚、不安的情绪，告诉她：“好女儿，你能主动承认错误，并下定决心改正，我很欣慰！”

错了要承担——培养女孩知错就改的习惯

与其强迫女孩承认自己的过错，不如静下心分析女孩撒谎的原因。

父母的间接引导永远比正面批评有效果。

方法三：父母要及时纠正女孩的错误

很多父母在女孩犯错之后，并没有及时对其进行教育和纠正，结果女孩下一次还会犯同样的错误。所以，当女孩做错事时，父母应及时纠正她，告诉她有错就要改，很多错误会造成难以挽回的严重后果，但只要她及时改正，就可以得到人们的谅解。

有一位爸爸的育女经验是这样的：

别看我的女儿是个女孩，可是个难缠的霸道丫头，每次带她到外边玩的时候，不是推倒小弟弟，就是一脚踢哭比她大的小姐姐。我和爱人总是在不停地应付女儿闯的祸，可这个脾气倔强的小丫头竟然连个“对不起”都不说，更别说让她改正自己的错误了。

记得有一次，我带女儿到同事家做客。一开始女儿和同事的女儿玩得挺好，可两人玩着玩着，就吵了起来。女儿一把将小妹妹推倒，结果同事的女儿就大哭起来。我一看，马上拉过女儿要她向小妹妹道歉，结果女儿把头一扬就是不说话。我觉得不能继续再娇惯女儿的这种坏毛病了，就把她带到同事家的阳台上，然后说：“妈妈把你带到这里，你作为大姐姐，应该多照顾妹妹一些，怎么能为玩具打她呢？那样做是不对的，你必须向小妹妹道歉！”女儿被我说得有些惭愧，因为以前我都没有这样说过她，所以她也觉得自己做得有些不对。接着，我又鼓励女儿去给小妹妹道歉，做一个知错就改的好孩子。终于在我的及时教育下，女儿去道歉了，并且得到了同事的夸奖，为此女儿除了有些不好意思，还有些自豪。通过这件事让我明白，教育孩子知错就改，决不能做“事后诸葛亮”，一定要及时纠正她的错误，并帮助她改正。

教育专家给女孩父母的育女方案

著名的心理学家李子勋认为，父母处理孩子的破坏行为或错误，最好遵守两个原则：第一，要孩子自己承担责任；第二，要帮助孩子从错误中获益。父母们要想做到以上这两个原则，李子勋给出的方法是：

1. 当女孩犯错时，父母绝对不能在言语中伤害孩子，甚至用一些“侮辱性词语”。

2. 父母要在孩子改变的过程中给予及时的鼓励和表扬，让孩子觉得即使自己做错了事，但爸爸妈妈仍旧爱着自己。

多动才健康
——培养女孩经常运动的好习惯

常言道：“生命在于运动。”我们要想维护女孩的身体健康，强健她的体魄，除了要给她提供合理且充足的营养之外，更要重视女孩的运动和锻炼。运动和锻炼是女孩的活力之源、健康之本。一个真爱孩子的父母，一定会把女孩培养成一个善于运动和善于锻炼的“运动健儿”。

一天，女儿佩佩回家对妈妈说：“妈，我不想上学了，我在学校很孤独，一个朋友都没有。下课的时候大家都在一起玩，我什么也不会，就自己一个人坐在教室里。”妈妈对她说：“那你就主动参与到同学们的活动里去啊！”女儿说：“可我什么都不会，怎么和大家一起玩？同学们一下课都在玩篮球、羽毛球、乒乓球，她们嫌我打得不好，都不和我玩！”此时，妈妈才感觉到自己一直以来只关心女儿的学习，从来没有让她到外面去运动过，导致女儿成了运动的“门外汉”。

运动不是天生的吗？怎么还会成为“门外汉”呢？没错，简单的动动胳膊、动动腿谁都会，但很多运动项目都需要技巧和力量。一个不常运动的孩子，她没有足够的技巧和力量去和那些经常运动的孩子进行对抗，而一旦在初次的运动过程中，不常运动的孩子受到打击或者挫折，她就会产生一种“技不如人”的自卑感，进而越来越不爱运动。

因此，我们必须培养女孩经常运动的好习惯，因为运动会让她更健康、更有活力、更热爱生活。

那么，父母具体可通过哪些方法引导我们的女孩爱上运动呢？

方法一：鼓励女孩参与自己感兴趣的运动项目

有一位父亲这样讲述自己的育女经验：

春节前夕，我带着9岁的女儿洋洋去度假村玩。在度假村的广场上，洋洋看到很多年龄和她差不多的孩子都穿着轮滑鞋在广场上自由地滑行，还有一些女孩不时地做一些花样动作，引来一阵阵掌声和欢呼声。

我见女儿看得很入迷，于是便问她想不想像她们一样学轮滑，女儿马上高兴地点点头。于是，第二天，我就带着女儿报了那个轮滑训练班。刚开始，女儿还兴奋地去学习，可当她发现自己穿上鞋后连站都站不稳，而且还老是摔跤后，就有些想打退堂鼓。这时，我就鼓励她说："每一个初学者都和你一样，那些技术高的小朋友也是从你现在这个阶段挺过来的，只要你咬紧牙关熬过去，就能像他们一样自由自在地在广场上滑行了。妈妈相信你，更支持你！别人能做的，我女儿一定也能做到！"

在摔倒很多次后，女儿终于能够穿着轮滑鞋自由地运动了。等到夏天来临的时候，女儿已经可以在我们小区广场上自由地轮滑了。而且由于女儿掌握了这种"新本领"，她很快成为自己朋友圈里的"小名人"了，原本内向、自信心不足的她也逐渐变得开朗了很多。

很多女孩为什么不愿意外出运动呢？无非就是她们觉得体育锻炼是一件非常枯燥、乏味、令人劳累的事情，所以很多时候她们宁愿想出各种各样的理由待在房间或教室里，也不愿挪动一下自己的身体。

因此，我们必须首先提起女孩对运动的兴趣，为她选择一项她"心仪"的运动项目，然后在她灰心或想要放弃时不断地鼓励和支持她，让她坚持运动。等到女孩娴熟地掌握这项运动的技巧时，你会发现她真的爱上了运动！

方法二：让女孩不要忽视日常生活中的锻炼

锻炼身体，不一定非要到运动场或者专门的训练班里，鼓励女孩在日常生活中注意锻炼自己的身体，也能让她受到很好的锻炼。

例如，早晨起来让她揉揉眼、搓搓脸；躺在床上伸个大懒腰，活动活动腰部；两手交叉向下压；早起去外边跑跑步；步行上下学；等等。

另外，父母也要给女孩做好运动的榜样，最好能和女儿一起运动，比如晚饭之后，不要马上坐在电视机前看电视或是继续白天未完成的工作。这时，你可以和女儿一起外出散散步，运动一下。在这个过程中，父母不但也能达到"运动身体保健康"的目的，还能加深和女儿之间的亲子关系，让家庭变得更温暖、更和谐。

方法三：组织女孩与伙伴们一起互动

聪聪是个小胖墩儿，妈妈本想教她借助运动减肥，可是这小丫头就是一点儿都不喜欢运动，每次运动都需要爸爸妈妈催她好几次，而运动没有五分钟，她就嚷嚷着“累”，然后要回家。看着女儿越来越胖的身体，她的父母非常担忧。

一次偶然的机会，聪聪的爸爸结识了一个业余网球教练，而那位教练也在为女儿不爱运动发愁。于是，两个爸爸一商量，如果让两个小女孩一块儿运动，说不定她们凑在一起反而会有积极性。几天后，聪聪的爸爸以“带你去玩”为由，带女儿去参加了一下网球训练，同时还叫上了教练的女儿。

事情果然如两位爸爸期望的那样，两个女孩很投缘，凑在一起玩得很开心。后来，两位爸爸为了让她们运动得更有积极性，就鼓励她们叫上自己的伙伴一起参与进来。一段时间后，聪聪爸爸惊喜地发现，女儿不但成功地减轻了体重，身体变得健康强壮起来，而且运动技能和运动积极性都大幅提高了。

运动需要耐性，而小孩子缺少的恰恰就是耐性。但如果她是和其他小朋友一起运动，这种运动的积极性就会保持得长久一些。所以，要想女儿爱上运动，并始终保持运动的激情，父母最好找几个小伙伴和女儿一起运动。

教育专家给女孩父母的育女方案

被称为“中国教育风云人物”的孙云晓研究员表示：运动是人的天性，它能造就女孩的健康体魄，更能提高女孩的体商（BQ）。为此，他给父母们的指导意见是：

1. 重视女孩的体质健康，培养一个德、智、体、美全面发展的孩子。
2. 把运动看成女孩的天性，重视她的体育锻炼。
3. 让女孩养成良好的运动习惯，想方设法让她爱上运动，

第66招 睡出聪明和美丽
——培养女孩规律睡眠的好习惯

一位母亲曾这样忧虑地说起自己女儿的情况：

我女儿今年上高一，她属于那种勤奋型的学生，从小学到初中，成绩一直处于中上游，中考后她顺利进入一所重点高中。但升入高中后，她听说学生中间流行什么“两小时法”有助于学习，便开始积极尝试。所谓的“两小时法”就是每天一回到家什么也不干，先睡觉，然后再接着起来吃晚饭，晚饭后开始写作业，一直到晚上十二点左右，才开始再次睡觉。等两个小时候再起来复习或预习功课，大概两个小时后，再次进入梦乡。现在女儿正在积极地试行这一方法。但这种违背自然规律的休息方式，肯定是不正确的。每天清晨，孩子都是睡眼惺忪地被闹铃惊醒，然后无精打采地吃早饭、上学。

女儿这种不规律的睡眠习惯，不但影响了她的生活，连我们的生活也受到了影响。因为每天晚上只要女儿的闹铃一响，我们也会跟着惊醒，而且我发现女儿每次睡觉都是穿着外衣躺着，根本不可能得到充分的休息。我曾多次劝阻她，但这孩子就是不听，再加上学习压力比较大，她根本无法安心休息。我真怕长此以往下去，会造成女儿的生物钟紊乱，影响她正常的成长发育。

事实上，很多女孩都有类似的情况发生，而造成女孩睡眠不规律的原因主要是学习负担过重。如平时老师布置的家庭作业太多，为了按时交作业，孩子就每天晚上“加班”，以至于很晚才睡。还有的小女孩们被好看的电视、漫画吸引，不肯上床睡觉。这些都可能是导致女孩睡眠不规律的诱因。

睡眠不规律会对我们的女孩造成哪些不良影响呢？科学家们通过多年的研究实验，早已给我们得出了结论：首先睡眠不好影响人体健康，致使人体免疫力降低，进而诱发各种疾病；其次睡眠不足的人，精神、情绪容易受到影响，易感疲劳、烦闷、暴躁，还会导致人的智力下降；最后，睡眠有问题的人会诱发更多安全事故发生。而对于女孩来说，睡眠不足很容易让她的皮肤受到损伤，失去她原有的美丽神采。

因此，作为父母，我们必须培养女孩规律睡眠的好习惯，这不但是对她的身体负责，更是对她的生活负责。那么培养女儿规律睡眠的好习惯，父母应该怎么做呢？

方法一：保证女孩的睡眠时间，提高睡眠质量

小孩子的神经系统发育不健全，易于兴奋，也易于疲劳。生活中，我们时常看到有些小女孩晚上很兴奋，怎么哄她都不去睡觉。因此，父母们必须保证让女孩按时睡觉，并保证她们有充足的睡眠时间，这样她们才会保持充沛的精力，变得更加健康活泼。

有一位妈妈讲述了自己的育女经验：

我的小女儿今年刚刚 6 岁，这个小家伙从早到晚都闲不住，也不知道她哪里来的那么多精力，每天都要闹到很晚才休息，而且临睡前还喜欢吃一些糖果和饼干。最近这一段时间她一直嚷嚷着牙疼，我想她是生了“虫牙”。我知道小孩子睡眠不好的话肯定会影响她的生长发育，我不能让她从小就养成这种坏习惯。所以我决定想办法提高女儿的睡眠质量。

首先，我专门给女儿准备了一间卧室，因为以前她一直跟我睡一起，每天睡觉时或多或少会受我们的影响。现在她有了自己的卧室，可以安静地休息了。其次，我严禁女儿睡前吃糖果、饼干这些能引起她兴奋的食物，并且给她买了儿童适用的牙刷，让她每天睡前刷牙。再次，我把女儿的房间布置得非常温馨，并且用她喜欢的蓝色粉刷了墙壁，里面还摆放了她最喜欢的玩具和图书，我和爱人每天都会给女儿讲一个“睡前故事”。刚开始，小丫头不情愿一个人睡，可是看着自己漂亮的小房间和可爱的小床，她心动了。从那之后，女儿逐渐地恢复了正常的休息时间，一些睡觉的坏习惯也消失了。

方法二：给女孩一个睡眠“定时器”

现在很多女孩子因为学习压力过大或者生活中一些事情的侵扰，晚上常常很难进入梦乡，失眠的现象比较严重。结果第二天起来，不是顶着“熊猫眼”去上学，就是在课堂上打瞌睡，严重影响着她们的生活、学习和身体健康。

父母如何帮助女孩解决失眠这种状况呢？“定时睡觉”就是一个不错的方法。比如，你可以给女儿买一个定时器，每天晚上定好孩子入睡的时间。例如，8 点钟定时器响的

时候，就是在提示女孩要进入睡眠状态了。第二天早上，也要给她定好起床的时间。这样在孩子的潜意识中就有了这样一种规律：我每天晚上 8 点睡觉，7 点起床。久而久之，她就会按照这种“强行”的睡眠规则去休息。

当然，面对失眠的女孩，我们还需要其他的方法，如音乐疗法、饮食疗法等。其实，最终目的都是一样的，那就是治好女孩的失眠，让她有一个良好的睡眠状态。

方法三：对于贪睡的孩子，需要找到其行为的原因

夏美今年读小学五年级，身体很健康，学习成绩也不错，人也非常懂事、乖巧。然而最近夏美的妈妈却发现一个让她很担心的情况，女儿不知从什么时候开始变得爱睡懒觉了。常常是快要到上学时间了才急急忙忙地穿衣刷牙，有时连早饭都来不及吃。夏美的妈妈决定先找出女儿变得爱睡懒觉的原因，然后再想办法解决。

通过对女儿言行举止的细心观察，夏美的妈妈终于找到了原因，原来是女儿最近参加了学校的校训队，体力消耗大，再加上学习压力比较大，导致女儿因疲劳过度而睡懒觉。原因明了后，做妈妈的就开始忙起来了，她首先和夏美的学校进行联系，探讨孩子集训的适当安排；然后在女儿每天的饮食上也下了功夫，多为孩子补充营养；为了解决女儿的起床晚问题，妈妈给她买了一个小闹钟；同时，妈妈还和女儿一起探讨学习方法，以求提高学习效率，节省时间用来休息。就这样，在妈妈的帮助下，夏美很快就改掉了爱睡懒觉的坏毛病。

从夏美的例子我们可以看出，克服孩子睡懒觉的关键就是要找到孩子睡懒觉的原因，原因找到后，根据女孩的实际情况有针对性地从多方面来引导，问题才能解决。

教育专家给女孩父母的育女方案

教育专家王金战老师认为提高孩子的学习质量，就应先提高其睡眠质量，他自己这方面的教育经验是：

1. 每天必须保证孩子有 8 个小时的睡眠时间。
2. 要让孩子养成每天午休的习惯，尽量为其创造适合午睡的环境。
3. 对于学习压力大的孩子，周末允许她适当休息。

第67招

不做“邋遢女”——培养女孩讲卫生的好习惯

詹姆士·杜布森博士是美国一位著名的教育家，也是“爱家”的创建者和会长。“爱家”是一家教育机构，致力于家庭的保护和发展。每个月，他都会收到数以万计的电子邮件和信函。有一次，他收到了一个叫做伊丽莎白·克里斯廷·海斯的9岁女孩写来的一封信，名字叫做《女孩比男孩好》，非常有趣。

1. 女孩闭着嘴巴吃东西。

2. 女孩不挖鼻孔。

3. 女孩的头发梳得更漂亮。

4. 女孩没有那么多的体味。

5. 女孩不会把房间弄脏。

6. 女孩看上去比男孩漂亮。

7. 女孩用的除臭剂比男孩多。

10. 女孩打喷嚏时会用手捂住嘴。

11. 女孩不会把头发弄得一团糟。

12. 女孩修面的次数比男孩多。

……

这位小姑娘列举了31条之多，其中有一半是在讲女孩比男孩更干净整洁、更讲卫生。确实如此，与邋遢、不爱洗澡、不爱讲卫生的男孩相比，女孩更干净漂亮。然而，干净整洁、注重仪表虽然是女孩的优点，但是并非每个女孩都能做到。有一位母亲曾这样描述自己的女儿：

我女儿今年9岁，长得漂亮，学习也好，但是就是不爱干净。每天早晨，她既不刷牙也不梳头，吃完饭顶着一团乱发就去上学。家里买了水果，她常常洗也不洗就往嘴里送。有时候，我们让她洗手洗脸，她在水龙头下冲两下就算完事了，有时连手背都没有沾到水。现在我和她爸都非常发愁，一个小女孩不爱干净哪行啊？人家会怎么看我们做父母的呢？更让我们担心的是，由于女儿不爱干净，她常常闹肚子，而且长了蛀牙，我们真不知道怎么办才好！

这位母亲的担心并不是多余的，我们都有这样的感受：一个女孩，无论她长相如何，只要干干净净、衣装整齐地出现在大家面前，很快就会博得大家的好感。而一个女孩即使长得再漂亮，但是邋里邋遢、衣装不整，也肯定不会获得大家的喜爱。人们甚至还会产生这样的想法：这个女孩这样邋遢，一定缺少家教。所以，女孩注重干净整洁，不仅关系到她自己的精神面貌、人际交往，还关系到父母的“面子”。此外，不讲卫生还会影响孩子的身体健康，那些不讲卫生的孩子更容易患感冒、长蛀牙、肚子疼……所以，我们在女儿很小的时候，就要去引导她们，让她们慢慢养成好习惯。

方法一：父母要以身作则

可以说，每个父母都希望自己的女儿干干净净、人见人爱。有些父母为了培养女儿干净整洁的好习惯，常常教训女儿：

“饭前要洗手，怎么又忘了？”

“刷牙了没有？不刷牙不准吃饭。”

“该洗澡了，快去洗澡！”

“把你的屋子收拾一下，乱死了！”

这种批评式的教育方式非常不好，它们不仅很难起到教育作用，还会引起孩子的反感。其实对父母来说，最好的教育方式就是以身作则。如果父母在生活中总是干干净净、注重自己的仪表，女儿通过耳濡目染，也会形成干净整洁的好习惯。反之，如果父母非常邋遢，女儿也就“见怪不怪”了，再脏再乱的环境都能忍受下去。所以，父母要想培养女儿干净整洁的好习惯，自己首先要以身作则，做到干净整洁，给女儿树立一个良好的榜样。

方法二：让干净整洁成为女儿的一种“习惯”

丹雪今年 6 岁，是一个干净整洁、讲究卫生的小姑娘。每天早晨起床，她不用妈妈提醒，自己就去刷牙洗脸，然后把头发梳得好好的。吃东西的时候，她会把手洗得干干净净的。她自己的衣服、玩具也总是收拾得整整齐齐的，一用就能找到。丹雪能够养成这样的好习惯，和妈妈的教育是分不开的。在她3岁的时候，妈妈就给她买了“小白兔儿童牙膏”，让她和自己一起洗脸、刷牙、梳头。等她长大一些，妈妈开始教她叠衣服、收拾玩具，并告诉她把这些东西放在哪里。慢慢地，丹雪养成了干净整洁的好习惯，不用妈妈提醒就能做得非常出色。

心理学家研究证明，孩子在12岁之前可塑性是非常强的，如果父母能够抓住这个时机培养孩子的好习惯，将会使孩子终身受益。在培养孩子干净整洁、讲卫生方面，父母应该从小抓起，让她们尝试着刷牙、洗脸、梳头，并告诉她们饭前便后要洗手。等孩子长大一点儿，再教他们叠衣服、收拾屋子。

刚开始时，孩子可能不愿意学，也可能做不好，在这种情况下，父母不要批评孩子，也不要表现出不耐烦，而要耐心地去教导她们。等孩子慢慢养成了干净整洁的好习惯，不用父母的提醒，他们就能做得非常出色了。

方法三：严格按“规定”执行

为了培养女儿干净整洁的好习惯，很多家庭都会制订相应的“规矩”，例如，早起要刷牙洗脸、饭前要洗手等。但是很多女孩并没有养成干净整洁的好习惯，这和父母的“执行不力”有很大关系。

场景一：爸爸买了女儿最爱吃的天津麻花，女儿抓起来就要吃。爸爸说：“我不是告诉过你吗，吃东西前要先洗手。”女儿急匆匆地跑到洗手间，用水龙头冲了两下就跑了回来。爸爸说：“你没洗干净，再去洗洗。”女儿仍是“故技重演”。最后爸爸无可奈何地说：“真拿你没办法，就这样吧。”

场景二：7岁的毛毛把屋子弄得乱糟糟的。妈妈生气地说：“快把你的屋子收拾一下，太乱了！”毛毛说：“妈妈，我要写作业了，要不然就完不成了。”妈妈没办法，只好开始动手为女儿收拾屋子。

从上面这两个事例可以看出，由于父母的娇惯和放纵，最终让女儿打破了自己所订立的规矩。而这些规矩一旦被打破，也就失去了对女儿的约束力，最后也无法培养出女儿干净整洁的好习惯。所以，当我们定下这些“规矩”之后，一定要让女儿严格执行，不能有丝毫的妥协和退让。

由于女儿年纪小，有时候会耍赖、发脾气、哭闹，出现这种情况的时候，父母不要责备她们，但要给她们一个坚定的暗示：不按规矩执行是不行的。例如：女儿想吃苹果却不想洗手，被妈妈拒绝后又哭又闹，这时候妈妈可以心平气和地对她说："洗完手才可以吃苹果，不洗手就吃苹果是不卫生的。"妈妈用这种描述性的语言和女儿说话，既不会引起女儿的反感，同时也给了她们一个暗示：必须按规矩去执行。渐渐地，女儿会明白这些规矩是不能打破的，就会严格地去执行，最终会养成干净整洁的好习惯的。

教育专家给女孩父母的育女方案

李中莹先生认为，家庭教育中，很多父母特别注意孩子的不良行为而忽略了他们的良好行为。因此，要想改正女孩不讲卫生的坏习惯，父母们可以按照李中莹先生训练孩子良好行为的步骤尝试一下：

1. 写下你希望的孩子良好行为的目标，如穿戴整洁等，但一定要用正面语言写。

2. 列出一张嘉许方式的表单。

3. 列出一些父母不能够迁就、放任孩子的不良行为。

第68招 不当“小马虎”——培养女孩细心的好习惯

12岁的梦菡是个不折不扣的“马虎大王”。有很多次，她出门都忘了带钥匙，结果只能站在门口等妈妈下班。她在生活上也没有条理，常常把自己的书刊、衣服到处乱放，等到用的时候又焦急地问妈妈：“妈妈，我的校服放哪儿了？我们今天升国旗要穿的。”

前两天，她更是闹了一个大笑话，她让妈妈带她到动物园拍照，结果到了动物园后，她突然大叫起来：“坏了！我把相机丢家里了！”这件事情让妈妈哭笑不得。妈妈常常感叹：我家这个“马虎大王”什么时候能够细心起来啊！

在人们的传统观念中，女孩比男孩敏感，做事也更细心一些。很多细致活儿，例如织毛衣、剪纸等，男孩怎么学也学不会，而女孩一学就会。但是近年来，越来越多的女孩出现了粗心大意、马马虎虎的毛病，就像上文中的梦菡一样。

对于女孩来说，粗心大意的危害性是不言而喻的，也让父母感到十分头疼，因为它不仅让女孩在生活上丢三落四、没有头绪，更会影响到她们的学习，让她们平时的努力付之东流。

静蕾今年9岁，是一个学习用功的小女孩。但是每次考试，她考的分数都非常低，甚至排在班里的后几名。有一次期末考试，她语文只考了68分，数学更是没有及格。爸爸看了看她的试卷，发现这些错题根本不是她不会，而是因为她马虎而写错的。例如，她常常忘记点小数点，在汉字上，她也常常忘写一笔，让这些答案变得“缺胳膊少腿”。

从上面两个事例可以看出，粗心大意、行事粗糙非常不利于女孩的发展，所以，我们父母要耐心教导，让女儿养成做事细心的好习惯。

不当“小马虎”——培养女孩细心的好习惯

当女儿“马虎”时，父母不要斥责女儿或者给女儿起外号讽刺她。

当女儿“马虎”时对女儿耐心指导，让她在生活中慢慢改掉马虎的坏习惯，养成细心的好习惯。

方法一：不要随便给女儿贴上“马虎”的标签

当女儿出现“马虎”现象时，父母不要着急，更不要斥责女儿或者给女儿起外号讽刺她（如称呼女儿为“马虎大王”等）。出现这种情况的时候，应该对女儿耐心指导，让她在生活中慢慢改掉马虎的坏习惯，养成细心的好习惯。

一个小女孩曾经在日记中这样写道：

我现在最怕的事就是爸爸妈妈叫我“马虎大王”了。前一段时间，我确实做什么事都粗心，还闹出了不少笑话。爸爸妈妈为了让我改正缺点，老是在我耳边说：“你怎么这么粗心啊！”“以后不要再粗心大意了！”爸爸妈妈一直这样说，已经让我产生焦虑感了。每做一件事，我都会担心出错，结果越担心越是错误百出。

心理学家研究表明，如果某种信息重复进入一个人的大脑，就会对他的潜意识造成很大的影响。在生活中，我们都有这样的经验：当孩子拿着杯子玩耍时，我们一再告诫他：“别把杯子摔坏了！”结果孩子还是把杯子摔坏了。潜意识是无法对负面信息进行分辨的，我们告诉孩子“别把杯子摔碎了”，其实是在告诉他的潜意识：“把杯子摔碎！”

同样的道理，我们一再告诫女儿不要“做事马虎”，她的潜意识会接收到这样的信息：“做事要马虎。”结果女儿越来越马虎了。所以，即使女儿有粗心的毛病，我们也不要给她们贴上“粗心”的标签，否则是在强化这种信息。当然，我们可以正面地告诉女儿：“做事细心些。”让女儿常常接收到这种正面的信息，做事马虎的毛病是会有所改观的。

方法二：多让女儿做一些“细致活儿”

无论是细心的习惯还是粗心的习惯，都不是一朝一夕养成的，而是日积月累的结果。所以，我们要想培养女儿细心的习惯，可以多让她们做一些“细致活儿”，如拼图、绘画、练习写毛笔字、系鞋带、剥毛豆、做针线活等，以此来提高她们的细致程度和注意力。当然，在女儿圆满完成任务的时候，我们要给予她们一定的表扬，这样可以提高她们的积极性。

方法三：培养女儿井然有序的生活、学习习惯

在晓晓5岁的时候，妈妈给她买了一个小皮箱，并对她说："现在晓晓长大了，以后要学着自己保管物品了。"晓晓像小大人儿一样点了点头。在以后的日子里，妈妈经常教晓晓怎么收拾屋子、怎么管理自己的物品。在妈妈的帮助下，晓晓养成了井然有序的生活习惯，每件物品都放得有条不紊，要用的时候一下子就能找到。

在晓晓上小学后，妈妈和女儿一起制订了"学习计划"，什么时候写作业，什么时候检查作业，什么时候预习功课……都安排得井井有条。由于在学习方面用功以及细心，晓晓的成绩一直在班中名列前茅。

前面我们讲过，培养女孩细心的习惯不是一朝一夕就能成功的，所以我们要从小事抓起，从一点一滴抓起。如果女孩在生活、学习方面都能够井然有序地进行，那么粗心大意、马马虎虎的行为就会大大减少了。

教育专家给女孩父母的育女方案

家里有个"马大哈"，不仅让父母操心，也会影响女孩自身的学习和生活。父母们要想改变女孩的这种坏习惯，可以参考著名教育专家孙云晓提出的5个步骤：

1. 提高认识，或者说，引导孩子对养成细心的习惯产生兴趣。

2. 明确行为规范，让孩子对养成细心习惯的具体标准清清楚楚。

3. 坚持不懈的行为训练，让孩子由被动到主动再到自动，养成细心的好习惯。

4. 及时评估和奖惩，让孩子在成功的体验中养成良好的习惯。

5. 形成良好的环境和风气，让家庭生活和学校环境乃至社会风气成为孩子养成良好习惯的支持力量。

第69招　节俭最光荣
——教女儿养成节俭的好习惯

场景一：曼曼是个爱美的小姑娘，每次看到漂亮衣服都吵着闹着让妈妈买给自己。有一次，她看中了一件红色上衣。但是妈妈对她说："你身上的运动衣才穿了十几天，怎么又要买新的啊？"她有些不屑地说："现在什么年代了，谁还把衣服穿烂了再买新的！"

场景二：在冰冰上四年级的时候，爸爸把她的学籍转到了一所私立小学，班里的同学家境都比较富裕。也许就是从这个时候开始，冰冰对名牌产生了兴趣，穿的衣服、鞋子都要"耐克""阿迪达斯""李宁"等品牌服饰。有时候，妈妈不给她买，她就会振振有词地对妈妈说："别的同学都穿名牌，我不穿怎么去见同学，太没面子了！"

上面这几个事例都是在生活中经常发生的。现在的孩子生活在富足的年代，没有经历过苦日子，不知道勤俭节约的重要性。而一些女孩父母对孩子也是十分娇惯，既不让孩子干任何家务，孩子要买什么东西，也是千方百计地去满足。在这些父母的心目中，这样做是在爱孩子，殊不知，是在害自己的孩子。

古人曾经说过："勤能补拙，省能补贫""俭，德之共也；侈，恶之大也""历览前贤国与家，成由勤俭败由奢"。可见，勤俭节约是中华民族的传统美德，它不仅关系到一个人的家庭幸福，还关系到一个人的品德修养。一个勤俭的人，可以通过自己的勤奋、节俭、克己持家，逐渐走向小康生活；而一个懒惰、奢侈的人，不仅不能过上幸福的生活，甚至还会品德败坏。现在社会上一些女孩"傍大款""做二奶"，就是因为她们过惯了懒惰、奢侈的生活，最后只能利用自己的肉体去换取物质生活。

也许有父母会说，现在的生活富足了，我们没必要再提倡勤俭节约了。这样想是错误的，在任何时候，都有提倡勤俭节约的必要。更何况，现在的孩子吃喝都靠父母，更没有懒惰、奢侈的理由。

勤俭节约可以说是我们的“传家宝”，我们上一辈人正是靠这个“传家宝”摆脱贫困、走向富足的。现在，我们非常有必要把这个“传家宝”传给我们的女儿。要想培养她们勤俭的美德，父母应该舍得让女儿劳动，并且让她们知道赚钱的不易。这样，就能让她们认识到勤俭节约的重要性了。

方法一：让勤俭的意识在女儿心中“扎根”

一位妈妈曾经这样谈起自己的育女经验：

我7岁的女儿没有经历过苦日子，也不知道勤俭节约的重要性。她在家里很少做家务，在花钱方面更是大手大脚。虽然我们的家境还算可以，但是我决心改变这种情况，因为我认为懒惰、奢侈是一种非常不好的习惯，可能会贻害一个人的一生。在以后的日子里，我给女儿讲了很多古人勤俭节约的故事，让她知道勤俭节约是一种美德。在生活中，我也经常有意识地称赞那些勤俭节约的行为，批评那些懒惰、奢侈的行为。慢慢地，女儿意识到了懒惰、奢侈的坏处，不仅人变得勤快多了，花钱时也不大手大脚了。

方法二：用生活中的小事来培养女儿勤俭节约的好习惯

培养女儿勤俭节约的好习惯，可以让女儿从节省一张纸、节约一度电，帮父母扫扫地、擦擦桌子这些小事开始。这些事情虽小，但是时间长了，孩子就会慢慢养成习惯，从而养成勤俭节约的好品质。

值得我们注意的是，现在很多父母舍不得让女儿干活，更不忍心在花钱方面限制女儿，认为让女儿受些苦、受些累便是对不住她们。其实，这样想是不对的，我们现在让孩子受些苦、受些累，总比她们长大后受苦受累要好。所以，我们应该让女儿勤做家务，在花钱方面也不要过分娇惯她们。

方法三：让女儿体验赚钱的艰难

绮彤的父母是做餐馆生意的，家里比较有钱，所以花起钱来大手大脚。她的爸爸妈妈常常给她讲赚钱多么不容易，但是绮彤根本听不进去，照样大手大脚地花钱。她的爸爸决定改变这种情况。

一年暑假，爸爸对绮彤说："爸爸的餐馆里正缺一名小工，你去给爸爸帮几天忙怎么样？爸爸按其他工人的工资标准给你开工资，每天50元。"绮彤一想到能够赚到钱，非常爽快地答应了。但是这些钱并没有绮彤想象的那样好赚，她第一天几乎跑断了腿、累弯了腰，才赚到区区50元，还不够买一件衣服。

有了这次"打工"经验，绮彤知道了赚钱的辛苦，再也不像以前那样胡乱花钱了。

苦口婆心地告诉孩子要节俭、不要乱花钱，远不如让孩子体验一下赚钱的艰辛和不易。当孩子知道挣1元钱要付出多少辛苦、多少汗水时，才真正会对钱有一个概念。当孩子知道父母的钱来之不易时，才会厉行节俭，再也不胡乱花钱了。至于如何让孩子体验到赚钱的艰辛，可以让孩子在寒暑假"打打工"（父母可以做孩子们的"雇主"），还可以带孩子们到工厂参观等。

教育专家给女孩父母的育女方案

女孩子花钱大手大脚，父母应该怎么做呢？教育专家王金战给出的建议是：

1. 多肯定和鼓励孩子，从各方面入手培养她的自信心。
2. 必要时可让孩子了解父母工作的艰辛，让她学会体谅父母，节省花销。
3. 让孩子帮忙做家庭理财，安排每个月的家庭支出。
4. 树立孩子正确的人生观、价值观，让她把时间多用在学习上。
5. 培养孩子延迟满足的能力，让她学会珍惜眼前拥有的。

第70招 杜绝虎头蛇尾
——培养女孩做事有始有终的好习惯

我女儿今年12岁，高挑的身材，是个天生练舞蹈的好材料。女儿对练舞蹈也很感兴趣，吵着闹着让我给她报舞蹈班。但报名后，女儿练了一个星期就不想练了，带着哭腔儿对我说："爸爸，我不想去了，那儿天天都要压腿，我现在一走路就腿疼。"看着女儿可怜的样子，我非常心疼，便对她说："既然你不想去了，那就算了吧。"

过了一段时间，我又给女儿报了一个绘画班，心想画画又不用花费很大的力气，女儿应该能够坚持下去。可是这次女儿坚持的时间更短，只去了5天就不去了，她对我说："爸爸，咱家离学校太远了，为了不迟到我每天6点钟就要起床，我天天都睡不醒。"

随后，我又让女儿学钢琴、参加奥数班……女儿没有一个能够坚持下来的，并且还找出各种不参加的理由。

现在我非常担心，如果女儿总是这样没有恒心和毅力，她长大了怎么参加工作呢？又怎么能够在工作岗位上取得成绩呢？

这是一位父亲在网络上写下的博文，表述了自己心中的忧虑。其实，这种担忧是可以理解的，因为一个没有恒心和毅力的人，做什么事稍稍遇到困难就会半途而废，最终很可能落得一事无成。而那些取得伟大成就的人都具备恒心和毅力。所以，父母要想让女儿在今后取得一定的成绩，必须趁早培养她们的恒心和毅力。

和上一代人相比，现在的孩子普遍缺乏恒心和毅力。为什么现在的孩子失去了恒心和毅力呢？这和父母的娇惯有很大的关系。

女儿好半天没有算出一道数学题，妈妈看时间有些晚了，对女儿说："别算了，还是明天再说吧。"

女儿练习芭蕾舞，每天回来都脚尖疼，爸爸看见了有些心疼地说："吃得消吗？

要是吃不消就别练了。”

女儿答应和爸爸一起晨练，但是冬天天气冷，女儿不想起床，爸爸说：“那就多睡会儿吧，外面确实挺冷的。”

由于父母的娇惯，孩子变得吃不了苦了，遇到困难的时候，想到的不是迎难而上，而是知难而退。久而久之，孩子的恒心和毅力渐渐被消磨掉了。所以，要想培养女儿的恒心和毅力，父母首先要做的事就是不娇惯女儿。

方法一：带女儿多参加体育锻炼

体育锻炼不仅能够强健人的体魄，也能培养人的恒心和毅力，因为它的核心精神是拼搏、竞争、坚持不懈、永不放弃。而这几方面，是一个有恒心和毅力的人必须具备的。所以，我们可以让女儿长期坚持某项体育活动（如晨练等），一年四季都不间断，这对培养女儿的恒心和毅力很有帮助。

方法二：教女儿做事情要有始有终

一位妈妈谈到了自己的育女经验：

女儿上五年级的时候，学校兴趣班报名。女儿告诉我们，她想报篮球班。当时我和老公都非常支持她，但是也有一些担心：篮球班又跑又跳的，文弱的女儿能吃得了苦吗?

果然，没过两个星期，女儿就开始向我诉苦：“妈妈，我不想学篮球了，每次上课都太累了，我现在浑身都疼，而且学篮球还容易受伤。”女儿把胳膊伸给我看，那里果然有一块瘀青。

我微笑着对女儿说：“妈妈知道学篮球很累，但是如果你现在就选择退出，那就证明你是一个失败者。妈妈希望你是个坚持不懈、永不向困难低头的孩子。”女儿点了点头，没有再提不学篮球的事。

从那以后，我常常对女儿提出鼓励，并且买回来一个篮球，让老公和她一起练，我做他们的裁判员。由于我的鼓励以及长时间的练习，女儿对篮球产生了浓厚的兴趣，再也不说“累人”这样的话了。

后来，女儿还十分感激地对我说：“妈妈，当时多亏你鼓励我不要退出，否则我就没有这么有趣的爱好了。”

女孩的年纪小，在遇到困难时难免会选择退却。我们父母要严格要求她们，让她们做每件事都要有始有终，而不是半途而废。当然，严格要求并不等于强制女孩做某件事，我们可以在她们遇到困难的时候给她们鼓励，还可以给她们分析一下遇到困难的原因。等女孩能够游刃有余地处理这件事了，她就不会觉得难了，并且会有始有终地做下去。

方法三：让女儿学会承担责任

6 岁的雪儿和爷爷住在一起。由于爷爷年岁大了，腿脚不灵便，每次下楼都要有人搀扶。有一次，雪儿对爷爷说：“以后爸爸妈妈不在家时就让我搀您下楼吧。”爷爷听后非常高兴，不住地夸赞雪儿孝顺。

但是雪儿只坚持了半个月就有些不耐烦了，和妈妈说：“我以后不想搀爷爷下楼了，他每次出去都要 1 个小时才回来，太浪费我的时间了。而且爷爷还特别喜欢在下午 5 点钟出去，那时正是我看动画片的时间。”妈妈拍拍女儿的肩膀说：“妈妈知道搀爷爷下楼很累，也很费时间，但是你已经答应了爷爷，你要对自己的话负责任啊。再说爷爷很爱你的，你也要关心、照顾一下爷爷啊。至于爷爷喜欢在 5 点钟下楼，妈妈可以和爷爷谈谈，让他把时间错开。”

雪儿想了想，最后点了点头。从那以后，雪儿每天都搀扶爷爷下楼，到现在已经坚持了两年了。

家庭教育专家蔡笑晚老师在《我的事业是父亲》一书中曾经说过：“做什么事情都必须让孩子负责任。不用负责任的事情，不可能有恒心和毅力去完成它。因为反正没有责任，对他来说就不存在紧迫感。”确实是这样，如果孩子没有责任心，他们就不会全力以赴地做某件事，遇到困难的时候也更容易退缩。所以，我们要让女儿学会承担责任，从而培养她们的恒心和毅力。

教育专家给女孩父母的育女方案

女孩做事很容易半途而废，因此锻炼她们的耐心和毅力就显得尤为重要。

英国著名的教育专家伊丽莎白·哈特利·布鲁尔给父母们提供的这方面的教育方法是：

1. 当女孩遇到困难一筹莫展时，父母不要轻视她，更不要告诉她答案，而是正确引导她，让她自己找寻答案，并获得信心。

2. 一旦女孩显现出兴趣减弱的征兆，父母就要向她赶紧表明她自己的兴趣，让孩子给你讲述自己取得的成果或者遇到的问题。

3. 帮助女孩确定目标，并协助她制订科学有效的计划，让她按照计划朝着目标前进。

第71招 不厌食、不挑食 ——培养女孩健康饮食的好习惯

蓉蓉被爸爸称为“属猫”的，因为她吃饭实在是太少了。蓉蓉现在已经14岁了，但是每次只吃半碗饭，还没有一个五六岁的小男孩吃得多。每次吃饭，爸爸妈妈都会劝她：“多吃一点儿，多吃一点儿。”蓉蓉也想多吃一点儿，但才吃几口，就感觉饱饱的，无论如何也吃不下了。由于饭吃得少，蓉蓉长得瘦瘦的，身体也非常不好，经常小病不断。

一日三餐对孩子的生长发育、健康成长有着至关重要的作用。但是有些女孩总是挑食，不好好吃饭，她们像蓉蓉一样，长得像瘦弱的“豆芽菜”一样，让人看上去十分担心。她们的健康状况也很不好，常常是小病不断，不是咳嗽就是发烧，成了医院里的常客。所以，父母要改变这种现状，让她们爱上食物，健健康康地成长。

其实，女孩不爱吃饭也是有一定原因的，总结起来大概有以下几点：

第一，喜欢吃零食。有些女孩在吃饭前总是吃一大堆的零食，结果等到了吃饭时间就已经饱了。

第二，不爱运动。有些女孩不喜欢运动，一坐就是大半天，结果影响了食物的消化，等到吃饭的时候完全没有胃口。

第三，父母做的饭菜不可口。有些父母做的饭菜不对女儿的胃口或者厨艺方面有些不足，从而使女儿不爱吃饭。

第四，吃了太多的甜食和生冷食物。小女孩一般喜欢甜腻的食物，如巧克力、冰激凌等。这些食物热量高，会影响孩子的食欲。另外，有些小女孩喜欢喝冷饮，尤其是在夏天，她们常常把橘子汁、果汁等饮品代替水来喝。这些冷饮不仅热量高，而且伤害肠胃，从而引起食欲下降。当然，其他一些生冷食物也会造成这样的不良后果。

第五，有一些疾病也会引起食欲下降，如肠胃疾病、上火、体内缺锌等。如果女孩长时间食欲不振，父母应该带女孩到医院检查一下。

另外，除了上面几点外，女孩不爱吃饭还有其他的原因。父母在生活中应该注意观察，找出其中的原因来，然后再对症下药。

从上面可以看出，女孩不爱吃饭的原因很多，父母一定要找出原因，区别对待。下面几个方法可以让女孩产生食欲，不再厌食。父母可以挑选适合自己的方法，从而让女儿胃口大开。

方法一：不“强迫”女儿进食

琳琳今年3岁，正是长身体的时候。妈妈为了让她健康成长，每顿饭都做得非常丰盛。每次吃饭，妈妈会给女儿盛一大碗，并且接二连三地给女儿夹菜，强迫她全部吃完。此外，为了让女儿多吃饭，爸爸妈妈用尽了各种招数，有时候夸她听话，有时候承诺给她买东西，有时候爸爸妈妈轮流喂她……但是妈妈的“良苦用心”并没有起到作用，琳琳常常把吃饭当作吃药一样，一小碗饭吃1个小时才能吃完。

美国著名心理学家杰明·斯巴克曾经说过：“为什么有那么多孩子吃不下东西？主要原因是喜欢逼孩子吃饭的父母太多。”确实是这样，现在的父母为了孩子健康成长，除了规定孩子每天吃什么外，还规定孩子每餐吃多少，如果孩子无法“完成任务”，父母就不肯罢休，不断要求孩子把饭吃完。吃是人的一种天性，应该顺其自然才对，父母这样的做法大大损害了孩子的食欲，使之对吃饭失去了兴趣。所以，我们不要“强迫”女儿进食，更不能用买玩具、口头表扬这样的方法哄她们吃饭。我们应该把吃饭的“主动权”还给她们，她们喜欢吃什么，每餐想吃多少，都由她们自己决定，这样，孩子厌食的现象就会慢慢消失。

方法二：营造快乐的就餐氛围

有些父母平时非常忙，没有时间和女儿沟通、交流，便把吃饭的时间当做了交流时间。其实这样做也是可以的，但是有些父母聊着聊着，便开始数落女儿的不是或者给女儿上起了政治课，从而引起女儿的反感，连饭也不想吃了。我们在和女儿就餐时应该营造一种快乐的氛围，如和女儿轻松地聊聊天、谈谈心，甚至给女儿讲一两个小笑话，让女儿轻松愉快地就餐。女儿的心情好了，饭量自然也就增长了。

方法三：让女儿多运动

小彤是一个不爱运动的小女孩。因为平时不爱动，她每次吃饭也吃得非常少。为了让她多吃饭，爸爸常常带她去打球、游泳、玩捉迷藏的游戏……小彤的运动量大了，饭也吃得多了些。此外，小彤的妈妈最近常常带女儿到菜市场买菜，让女儿和自己一起做饭。这样做不仅增加了小彤的运动量，而且饭是她自己做出来的，她吃着自然觉得香了。

和男孩相比，小女孩安静、不好动，饭量自然也小。所以，爸爸妈妈应该增加她们的运动量（当然，运动量要适中，也不要在饭前运动），从而刺激她们的饥饿感，让她们胃口大开。另外，也可以像小彤的妈妈一样，带着女儿一起做饭，这样不仅增加了她们的运动量，而且能够让女儿养成爱劳动的好习惯。

教育专家给女孩父母的育女方案

美国著名儿科医生、心理学家本杰明·斯巴克针对患有“厌食症”的孩子给父母总结了一套经验，可归纳为：

1. 父母在孩子的吃饭问题上要保持平和的态度。
2. 如果孩子已经出现了厌食症，父母要用耐心、恒心对待。
3. 不能说这个有营养要多吃，那个没营养要少吃。
4. 让孩子自己吃饭，不要喂。
5. 不要和孩子在吃饭的问题上谈条件。

第九章

提高女孩的学习能力，为女儿插一双知识的翅膀

关键词：学习、热情、竞争意识、记忆、注意力、学习目标、短期目标、预习、复习、合理安排、劳逸结合、作文、读书、观察力、外语、语言环境、数学、偏科、课外阅读、阅读时间

女孩在学习方面有着自己的优势，但同时也有着劣势，很多事实会让父母们发现：女孩喜欢语文胜过数学；她们的英语成绩总是比物理、化学成绩要好很多。那是不是就代表女孩在学习方面也只能是“半边天”呢？当然不是，很多教育专家表示，女孩体内藏着巨大的学习潜能：

只要点燃她的学习热情，她就会爱上学习；

只要教会她提高记忆的方法，她就会变成百科全书；

只要帮助她建立好习惯，她就会提高学习效率；

……

父母们应该如何帮助女孩取得高分呢？你可以从本章寻找答案。

第72招 激发女孩的学习兴趣，使她真正爱上学习

小诗诗今年7岁，是一个活泼可爱的小女孩。但是她一点儿也不喜欢学习。妈妈给她买来好多童话书，她连看也不看一眼。每天放学回来，她第一件要做的事情就是看动画片。妈妈催她很多次，她才极不情愿地去写作业。为了女儿能够认真地把作业写好，妈妈把其他事都放到一旁，专门陪在女儿身边监督她写作业。有妈妈在身旁监督，小诗诗会装作很认真的样子写一会儿，但是等妈妈“放松警惕”的时候，她就开始摆弄自己的小刀、铅笔和文具盒了。因为没有学习兴趣。因此，诗诗的学习成绩非常差，常常排在班里的倒数几名。妈妈常常无可奈何地说：“人们都说女孩爱学习，可我女儿为什么就不喜欢学呢？”

和男孩相比，女孩安静、听话、有耐心，也更热爱学习。但是也并非每个女孩都这样，有些女孩不仅不爱学习，甚至像和学习“结了仇”一般，她们宁可无聊地摆弄自己的铅笔和橡皮，也不愿意安心地写作业，就像上文中的诗诗一样。

为什么会出现这样的情况呢？这和她们没有学习兴趣有关。爱因斯坦说过：“兴趣是最好的老师。”如果没有学习兴趣，她们会把学习当成一件苦差事，躲避还来不及，哪还会安下心来学习呢？

所以，我们要试着培养女儿的学习兴趣，让她们认识到学习的意义。只有这样，她们才会爱上学习，才会主动去学习。

所有的兴趣都是培养起来的，学习兴趣也是一样。那么，我们应该怎样培养女儿的学习兴趣呢？

方法一：不强迫女儿学习

很多孩子产生厌学情绪都是由于父母教育不当引起的。很多父母为了孩子能够多

学知识，完全不顾及孩子的感受，定时间、定任务地强迫他们学习。这样做是不对的。孩子的年纪还小，不知道学习的重要性，如果父母强迫他们学习，很可能让他们产生厌学情绪，甚至会把学习当成一件苦差事。如果这样的想法一旦形成，便很难再唤起他们学习的兴趣。所以，我们千万不要用强迫的方式来让女儿学习。

当然，不强迫女儿学习并不等同于放任自流，而是要引导女儿学习。在引导女儿学习方面，我们可以从以下三个方面入手。

第一，尊重女儿的兴趣，多给她们一些自由宽松的时间，让她们自己去选择感兴趣、喜欢的东西；

第二，每次学习时间不宜过长，学习任务也不要太重，否则会给女儿很大的压力；

第三，当女儿取得进步的时候要适度表扬，这样可以提高她们学习的积极性。

方法二：将女儿原有的兴趣和知识学习结合起来

莹莹今年8岁，上小学三年级。今年，莹莹开始学习怎样写日记，但是总觉得没有东西可写，每次都是东拼西凑，应付了事。有一天，她正对着作文本发愁，妈妈对她说："你不是喜欢读郑渊洁的《皮皮鲁和鲁西西》吗？你可以在日记里面写一篇读后感啊。"莹莹听从了妈妈的建议，很快就把一篇日记写了出来。从那以后，每当莹莹觉得没有东西可写的时候，妈妈都会让她写她最熟悉和最感兴趣的事情。经过妈妈一段时间的提示，莹莹再也不为写日记而头疼了。

我们都有这样一种经验：如果我们对某事物了解、充满兴趣的话，我们就愿意接触与之相关的事物。例如，某个电视剧热播的时候，我们就愿意读原著小说。同样的道理，孩子们也是愿意接触和学习他们原本就熟悉、有兴趣的东西。但是并非每个科目都是她们熟悉和了解的。所以，我们父母要将孩子原有的兴趣和知识学习结合起来，培养和激发她们新的兴趣。

例如，孩子要学习自然、生物，父母可以告诉他们在这些书上可以找出他们关心的"下雨为什么会打雷""小猫睡觉为什么会打呼噜"的答案。这些都是孩子们以前有兴趣和关心的东西，当它们和新学的知识发生了联系，孩子们自然就愿意学习了。

方法三：让女儿在学习中享受到快乐

阿雪在三年级开始学习英语，但是她对英语一点儿兴趣也没有，一看到那些小蝌蚪一样的字母就头疼。有一天，妈妈看到她在学习“shopping（购物）”这一章，就对她说：“女儿，咱俩用英语做个游戏好不好，由你来当商店的老板，妈妈做你的顾客。”阿雪非常爽快地答应了。

两个人开始用英语进行交流，当遇到女儿不懂的地方，妈妈就让她反复练习。结果女儿玩了1个多小时，仍是意犹未尽，那一章的内容也基本掌握了。从那以后，妈妈经常用英语和女儿做游戏，阿雪不仅非常喜欢，而且再也不讨厌学习英语了，英语成绩也显著提高了。

对于孩子来说，她们学习的目的不是为了获取知识，而是为了从中得到快乐。所以，我们要让女儿在学习中获得快乐，这样才能激发她们学习的兴趣。至于如何让女儿从学习中获得快乐，手段也是多样的，例如，将游戏导入学习中，和女儿进行互动，在女儿取得进步时提出表扬，开展家庭竞赛，倾听并和孩子讨论学习情况等。

教育专家给女孩父母的育女方案

被公认为华人界功力最高的NLP（身心语言程序学）导师，并著有《亲子关系全面技巧》一书的李中莹先生认为，孩子在学业上表现不够敏捷，甚至不喜欢读书、上学，最重要的原因是他们觉得没有“乐趣”。那如何让孩子们在学习中感到乐趣呢？他认为最有效的方法就是在孩子的学习中加入下列“养分”：

神秘、新奇、节奏快、变化快、意想不到、挑战、比赛、证明有能力、可以帮助人、可以得到肯定。

第73招 学会预习
——培养女孩的自学能力

有句古话说得好：“凡事预则立，不预则废。”这句话强调不管做什么事，都要事先做好充分的准备。学习课程知识，课前的预习，既是一种心理准备，也是对具体内容的准备。甚至可以说，预习不预习直接关系学习效果的优劣。

有的孩子，预习功课走马观花，流于形式，不动脑子。这样根本达不到应有的效果；而有的孩子，则完全省去了预习这个环节。

一位母亲说出了她的困惑：

我知道预习对女儿的重要性，但是作为家长，该怎么引导女儿呢？特别是部分知识女儿自己觉得已经“懂”了，事先还需要预习吗？会不会反而抹杀了女儿上课时的兴趣？但是我又觉得，趁现在知识比较浅显易懂，培养好孩子预习的习惯，以后应该能相对轻松些。

其实，有这种困惑的家长并不少，那么，上课前，要不要帮助女孩预习，又该如何预习才能具有良好的效果呢？

首先，父母应该给孩子讲清楚，课前预习是必要的，预习是预先自己学习，这是培养、提高学习能力的重要环节，也是提高学习质量的重要环节。

其次，父母还要向女孩说清课前预习的基本要求：认真阅读教材，了解教材内容，思考内容重点，发现学习难点，做好听讲的准备。在认真阅读材料的过程中，有不认识的字或不懂的词语，必须查工具书争取自己学会。

比如，对于数学、物理、化学等理科课程中的定义、定理和例题，要重点思考，看是否明白；对于语文、历史、地理和外语等文科课程中的基本概念、基本观点、基本知识要看能否读懂。遇到不明白的内容，让女孩用铅笔画出来，准备课堂上听老师讲解。对于重点课程，可以指导女孩准备一个预习本，记下重点和难点。

那么，在预习时，父母们具体可以运用哪些指导方法呢？

方法一：通过识字、写字、朗读来开展预习

一位母亲在总结自己的教育经验时说：

以前，我要求女儿主要通过读课文的形式来预习语文课。因为我觉得“书读百遍，其义自见”，读课文三遍，就算是预习。后来，我发现这样的做法不妥。这样做既没有指导性，又缺乏层次，虽然做起来很简单，读就是了，但重复机械地读，只会丧失课文在女儿眼中的美感。后来，我做了新的尝试：让女儿通过识字、写字、朗读，来开展预习。

具体步骤是：

1. 读生字表里的生字，看拼音读准字音，借助读音和结构分析字形，读读句子想想字义。

2. 把生字再放到课文里面去读，读通句子，读顺课文；字不离词，词不离句，句不离文，让女儿在语境中理解、朗读文章。

3. 把不理解的地方做个标记，联系课文插图，多读几遍。

4. 把课文读流利，读通顺，用停顿、缓急的语速去读。

这位母亲的经验就是：读通课文，在读的时候把自然段标出来，然后让孩子给你说说这篇课文讲的是一个什么样的故事，你可以做出很感兴趣的样子。孩子回答出来后，可以问问她：“哦，这里面一定有一个很好听的故事，我想知道到底是怎么回事，你给妈妈讲讲好不好？”如果她说得太长的话，提醒她用简单的话说，锻炼她总结的能力。如果孩子能讲出来，那么就说明孩子知道课文大意了。

然后让孩子细读课文，看看哪个词不懂，督促她查字典解决，可以让她把通过查字典弄懂的词义记在一个本上，然后跟她说，明天上课的时候说给同学听，同学一定会很佩服你。这样孩子会很有成就感，从而更乐于做这件事。

方法二：寓教于乐，提高女儿预习知识的兴趣

一位父亲在他的育女博客中写道：

每天我都会帮助女儿预习第二天的课程。起初，我为她耐心地讲解，但后来我发

现女儿常常分神。于是，我准备改变自己的方法，提高女儿对预习知识的兴趣。

比如，我在帮助女儿预习数学时，会经常使用一些卡片，如小猫、小狗、大象等，用这些可爱的小动物卡片，来教她认数、计算；在帮她预习英语课时，会利用电脑播放一些简单的英文对话。寓教于乐，让女儿自己动脑思考，这样她的兴趣上来了，学习效率也提高了不少。

这位父亲的做法是智慧的。寓教于乐，不仅调动了女儿学习的积极性，而且还可以培养女儿的自学能力，父母们不妨一试。

方法三：培养女孩具备自学的能力

所谓自学，就是让女孩根据一定的学习内容，有目的地带着问题独立思考，进行自主的学习，以利于新知识与他们头脑中原有的知识联为一体。

培养女孩的自学能力，父母必须重视学习方法指导，教女孩掌握自学方法，养成女孩自学的习惯。比如，你可以问问她课文中有什么不懂的没有，如果有就记下来，没有的话，让她看看书后的思考题，试着通过读课文自己解决。当女孩解决问题后，要给予表扬，没有读懂就安慰女孩："没关系，明天上课的时候听听同学们和老师是怎么说的。"

这样，女孩会充分认识到提出问题、分析问题的重要性，逐步学到一些解决问题的方法，从而全面提高自身的自学能力。

教育专家给女孩父母的育女方案

"高考战神"王金战老师认为只有预习功课了才能在听课时有的放矢，他的教育方法可归纳为：

1. 让孩子每门功课都用5分钟的时间，把第二天老师要讲的内容快速地看一遍。

2. 让孩子弄清楚老师第二天要讲的内容哪些是自己熟悉的，哪些是陌生的。

3. 让孩子把自己不懂的问题记下来，上课时多注意听老师讲解。

第74招 重视复习
——把知识掌握得更牢固

复习是整个学习过程中一个非常重要的环节，它能够检测出已被遗忘的东西，巩固所学知识，加深对知识的理解、运用。

有关专家指出，孩子对于刚学过的东西，总是一开始忘得快，过一段时间就逐渐减慢。所以学习时，必须要注意这个规律，及时复习。

每天，7岁的女儿新潮在学校都会学到一些新东西，妈妈就要求新潮回来先复习当天所学的内容，复习之后再做作业。并且告诉女儿，每天晚上睡觉前想一想："我今天都学了什么？"然后在头脑里把这些东西过一遍。妈妈还用问话的方式帮助女儿复习，如"今天的语文课都学了什么"等。女儿回答后，再进一步询问。女儿说学了三个生字，妈妈就问："这三个字是怎么写的，写给妈妈看好吗？"女儿如果不会写，妈妈就鼓励她再去看看书，然后写出来。

这位妈妈是智慧的，她明白复习的重要性。确实如此，如果孩子学习新知识后不及时复习，就会很容易忘记。而把许多内容集中到很短的时间内一起复习，效果也会不好。

那么，家长如何指导不同年龄段的女孩进行复习呢？我们经过实践探索，总结出一些方法，供家长们参考。

方法一：要查漏补缺，保持知识的完整性

一位父亲这样描述自己的教育经历：

每个学期我都会帮女儿准备一个错题本，让女儿把本学期每次作业、测验中的错题找出来，把错题都记录到错题本上，然后共同分析出错的原因。每次考试前先复习这些曾经出错和容易出错的内容，再把正确的答案写出来，提醒女儿别再犯同样的错误。

重视复习——把知识掌握得更牢固

女孩不理解复习的重要性，但父母在这方面不可以放松。

让女孩把复习当成一种学习习惯，其学习能力才能进一步提高。

实际上，孩子出错的原因多是粗心、马虎。帮助孩子分析出错原因，有利于让孩子认识到粗心、马虎的危害，从而下决心改正。这样，帮助女孩总结经验教训是个很好的方法。

“错题本”不仅是让孩子克服马虎习惯的好办法，同时也是一种复习的方法。通过修改错误、找出正确答案这个过程，孩子们脑中的知识会得以巩固。

此外，父母们还可以在晚上临睡前，让女儿把课堂上学过的知识讲述一遍，这也是帮助女孩巩固知识、查漏补缺的好方法。

方法二：紧扣课本，巩固基础

复习并不是把课本抛在脑后，一味地让孩子做题，而应以课本为主，抓住基础知识。比如，语文课复习中要抓住课本中最基础的字、词、句、段、篇，按课本的基本要求，准确熟练地读写生字、词，理解、背诵课文、句子，默写相关重点内容；数学课则要抓住课本中的例题，准确熟练地掌握所学的定义、法则和公式；英语则要熟练掌握、运用单词、语法和句型等。

一位母亲针对如何辅导女儿复习这个话题，在自己的育女论坛上发表了如下看法：

我的女儿语文成绩很不好，我想这是因为女儿不重视复习所导致的。于是，我准备重点培养女孩的复习能力，比如，鼓励女孩自制生字卡片，在正面写生字，反面加上拼音，并组两个常用词语；每天晚上睡觉前，我让女儿拿这些字卡读一读；每一课学完，我还及时帮助女儿对所学的生字进行听写，使女儿不但能认识，还能熟练地写出来并组词，周末再把一周的生字、词总的复习一次，这样就比较巩固了。

平时，我还鼓励女儿注意观察生活，多读优美的文章，做一些摘抄，经常写写日记……我的努力没有白费，女孩的语文成绩提高很快，这学期期末考试，她的语文成绩是全班第一。

方法三：分散复习与交叉复习

这里为大家介绍两种科学的复习技巧，即分散复习和交叉复习。根据情况，将二者结合使用，学习效率一定会大为提高。

什么是分散复习？这种复习方法是指把需要复习的资料，分散在几个相隔不太长的时间内，每次复习一定的内容，到记熟为止。心理学家曾做过一个实验，结果表明：分散复习要比长时间的集中复习效果好。对于女孩来说，其身心发育的特点也要求采用分散复习的方式。所以，您不妨让女孩每次复习20分钟。中间休息之后再复习，这样孩子就不会疲劳，复习的效果也会更好。

当同时面临几门课程的复习任务时，分散复习显然不太适合了，这时最好采用交叉复习的方式，即10分钟复习语文，休息后换成数学，再之后又变成别的什么。这样复习的好处是不会使孩子产生厌倦心理。

方法四：复习方式一定要灵活

复习，不能只给女孩布置几本书或几道题就放手不管，而是要尽可能根据女孩的实际情况随时做出调整。如果发现某一部分的内容女孩已掌握了，您就可以让女孩跳过这一段，复习后面的内容。如果孩子已经做了几道这方面的题目仍然出错，就需要您指导孩子加强对这一部分的复习。

另外，根据复习时间的长短，您也要指导孩子采用不同的复习策略。如果时间很宽裕，您可以让孩子从头至尾将书过一遍；如果时间紧迫，平均分配时间显然不合适，就得重点复习薄弱环节，有时只研读平日整理的错题库也能达到理想的效果。

当然，无论用什么样的方法，都需要坚持下去，这样才能帮助女孩养成良好的复习习惯，才能为女孩取得好成绩奠定基础。其实，如果能够养成习惯，女孩每次都能用心复习，对内容很熟悉的话，每次花费的时间也不会太多。天长日久，她就可以自由飞翔了。

教育专家给女孩父母的育女方案

复习是学生学习的重要环节，也是提高孩子学习成绩最恰当的学习方法。“高考战神”王金战老师认为父母需要科学而有效地引导孩子学会复习，具体做法归结如下：

1. 相信孩子有能力处理好学习的事情。

2. 加强孩子的自我管理训练，帮助孩子学习合理分配时间和精力。

第75招 加强训练——提高女孩的记忆力

我们人类的一切活动，从简单的认识到复杂的学习、劳动，都离不开记忆。记忆是一种比较复杂的心理过程，是过去经验在人脑中的反映，它包括识记、保持和再现几个环节。记忆是知识的宝库，有了记忆，智力才能不断发展，知识才能不断积累。在智力发展最重要的幼儿时期，记忆具有重大的意义，幼儿记忆的发展对其今后学习文化科学知识有直接的作用。

有关专家经过长期观察研究发现，女孩在记忆上常显示出如下的特点：

1. 记得快、忘得快。女孩记忆的范围和记忆保持的时间，是随着年龄的增长而扩大和延长的。比如，女孩学会一首儿歌或一个故事很快，但如果不复习也会很快就忘了。

2. 记忆缺乏目的性。她们只对形象鲜明的对象和感兴趣的事物才能记住。比如，妈妈委托女儿做某件事，她会用重复妈妈说的话的简单方法，来记住这件事。

3. 记忆方法缺乏灵活性。女孩由于受知识和经验的限制，不会对事物的内容进行分析，只会对事物的表面进行机械识记。比如，爸爸和女儿同时遇到一个初次见面的人，爸爸记住的是这个人的相貌特征，女儿记住的可能是这个人的衣着颜色等。

4. 记忆缺乏精确性。女孩记忆的精确性也是随着年龄的增长而提高的。比如，女儿听了一个故事，她只记住感兴趣的某个细节，而整个故事的情节却记不住，或者把其他故事的情节也混在一起。

那么，针对这些特点，父母该怎样提高女孩的记忆力呢？下面给父母们介绍几种提高女孩记忆力的方法。

方法一：创造安静的环境，女孩才不会分心

记忆时只要聚精会神、专心致志，排除杂念和外界干扰，大脑皮层就会留下深刻

的记忆痕迹而不易遗忘。如果精神涣散，一心二用，就会大大降低记忆效率。

有些女孩喜欢一边看电视、听MP3，一边学习，这是很不好的习惯，在此种情景下学习的知识很快就会忘记。这是因为大脑工作时只允许一个中枢处于兴奋状态，如果同时有几个兴奋点，必定会令人心不在焉或三心二意，结果会大大降低记忆效果。

所以，父母们要帮助女孩纠正不良的学习习惯，同时，还要为女孩创造一个安静、舒适的环境，在这种环境下女孩学习会更专心，不容易被其他事情干扰或打断。

方法二：引导女孩多回忆，内容越精细越好

我们平时接触了很多人，耳闻目睹了很多事物，但因为很少去回忆，所以很多的东西又模糊或淡忘了。常回忆，并尽可能精细地回忆，是锻炼记忆的好方法。

一位母亲在她的育女博文中写道：

我平时很注意锻炼女儿的记忆力。比如，带女儿见了一位阿姨，回来就让女儿回忆一下她衣服的款式、颜色，发型和头发的颜色，手袋的款式、面料等；带女儿看了一部电影，就让她回忆一下里面有什么人物，发生了什么事，结局怎样，仔细回忆每一个镜头，越精细越好。通过这种有意识的锻炼，我欣喜地发现女儿的记忆力有了很大的提高。

俄国大文学家托尔斯泰说过：“我每天做两种操，一是早操，一是记忆力操，每天早上背书和外语单词，以检查和培养自己的记忆力”。托尔斯泰的“记忆力操”实际上就是反复“回忆——复习”。因此，父母只要有计划地引导女孩多回忆，她的记忆力就一定会不断增强。

方法三：保证女孩的营养，提高其大脑的工作效率

很多女孩记忆不好，其实和自身的饮食有关系。虽然现在孩子的生活条件好了，但并不一定代表所吃的东西有利于自身的健康。

那么，吃什么东西能够有益大脑，并且增强孩子记忆力呢？这也是许多父母关心的问题。营养学专家说，一些健脑食品，其实是我们平时常见的物美价廉之物。如蛋黄、大豆、瘦肉、牛奶、鱼、动物内脏（心、脑、肝、肾）及胡萝卜和谷类等。这些食物不

仅含有丰富的营养，而且容易消化，对增强孩子的记忆力有积极的作用。

下面，就为大家列举几种食物。

1. 牛奶。富含蛋白质、钙及大脑必需的维生素 B1、氨基酸。当你的女孩用脑过度或失眠时，一杯热牛奶有助消除大脑疲劳感。

2. 鸡蛋。孩子从小适当吃鸡蛋，有益于发展记忆力；特别是蛋黄，蛋黄中含有蛋黄素、蛋钙等脑细胞所必需的营养物质，可增强大脑活力。

3. 鱼类。可以向大脑提供优质蛋白质和钙。大大激发大脑能量、提高情绪和大脑功能。淡水鱼所含的脂肪酸多为不饱和脂肪酸，能最快地提高孩子的脑力。

4. 花生。花生等坚果富含卵磷脂，常食能延缓脑功能衰退、增强记忆。

5. 小米。临床观察发现，吃小米有益于脑的保健。

6. 玉米。玉米胚中富含谷氨酸，这种物质能促进脑细胞代谢，具有健脑的作用。

总之，记忆力可以通过训练得到提高。只要父母帮助女孩对记忆产生兴趣，并且在女孩产生兴趣后给她指点一些记忆的方法和窍门，同时帮助她保持对记忆的兴趣，就足够了。如果能坚持这样做下去，女孩的记忆力就能达到我们预期的水平。

教育专家给女孩父母的育女方案

卡尔·威特认为开发孩子的记忆力切忌机械地训练，而应该采取一些灵活有趣的办法，否则不会有任何效果，而且根据“用进废退”的原理，早期教育会使孩子记忆力发展的时间大大提前。他的经验是这样的：

1. 在孩子婴儿时期，每天重复输入相同的词汇，不断地刺激孩子大脑里的词汇库，这可促使孩子的记忆力得到迅速发展。

2. 为了让孩子记住神话和《圣经》中的故事，他把有关内容编写在纸牌上，最初用故事的方法教孩子记住这些知识，而后用游戏的方式教。

3. 为了让孩子记住历史事件，他多在孩子读过之后，用戏剧形式将该事件演出，这样孩子很容易就记住复杂的历史事件了。

第76招 数学——谁说女子不如男

有的父母反映自己的女儿学习很用功，可是数学成绩总是不太好，有的父母被传统观念误导，面对女儿的数学成绩，总是摇着头说："数学就是女孩子的弱项，我已经不指望女儿的数学成绩能考多好了。"女孩一听父母把自己的数学判了"死刑"，于是也理所当然地认为自己数学成绩不好没什么可意外的。

其实，女孩子在数学方面表现出的弱势，是完全可以通过后天的培养弥补的。只要父母不断增强女儿在数学方面的自信，加强对孩子逻辑思维能力的训练，引导、开发孩子在数学方面的能力，那么女孩在数学方面的成绩一定不会差到哪里去。

一位教数学的老师认为女孩数学成绩不高，原因可能有二：

首先是学习态度问题。有的女孩学习态度不明确，说不清楚是进取还是退缩，是坚持还是放弃，她们勤奋学习的决心经常动摇，投入学习的精力非常有限，思维通常也是被动的，所以学习成绩总是徘徊不前。反之，有的女孩学习目的明确，学习动力很强，她们拥有坚忍不拔的意志、刻苦钻研的精神和自主学习的意识，总是想方设法解决学习中遇到的困难，主动向同学、老师求教，具有良好的自我认知能力。

其次，是学习方法问题。有的女孩根本就不琢磨学习方法，只是被动地跟着老师走，上课记笔记，下课写作业，机械应付，效果平平；有的女孩今天试这种方法、明天试那种方法，"病急乱投医"，不认真领会学习数学的实质，更不会将多种学习方法融入自己的日常学习中去，没有养成良好的学习习惯。

可见，正确的学习态度和科学的学习方法是学好数学的两大基石。

那么，如何帮助你的女儿学好数学呢？

方法一：引导女孩欣赏数学之美，增强女孩的审美能力

数学美是自然美的客观反映，数学美的三个特征是简单美、和谐美和奇异美。我们要以数学美学教育的四个层次——美观、美好、美妙、完美，来积极引导女孩欣赏数学美。

一位数学家说过：

数学上许多的东西，只有感到其美，才能对它感兴趣。例如，一元二次方程的求根公式：$x_1, x_2 = [-b \pm \sqrt{(b^2 - 4ac)}]/2a$，这一公式无论从哪一方面看，都不对称、不和谐，也不美观。但当我们了解它后，就会感到它的美好。正如小说《巴黎圣母院》中的加西莫多，外表丑陋，内心却是美好的。

方法二：让女儿在数学游戏中成长

在时间许可时，父母不妨和女儿一起做做数学游戏，通过那些具有训练目的的游戏，促进女儿在数学、认知、空间理解和想象力等方面的发展。因为在游戏中，女孩可以自由地寻找问题的答案。而且当女孩把“成功”的希望渗透到游戏中时，她不服输的努力就会从游戏扩展到学习中去。

1. 猜数游戏：妈妈心里想好一个数字，让女儿猜并根据妈妈的提示不断调整答案，直到猜对为止。这个游戏可以发展女孩的推理能力，妈妈可以分阶段和女儿玩，如小学中年级前可以猜 20 ~ 100 以内的数。

2. 让女儿用小正方体拼拼搭搭，观察小正方体的分布，数数一共多少块，这种游戏对培养女孩的空间观念大有益处。

3. 妈妈找一个布口袋，里边放各种形体，让女儿蒙上眼睛摸一摸，说说摸出来的是什么，这可以不断加深女孩对形体特征的认识。虽然这个游戏具有挑战性，但女孩们往往乐此不疲。

方法三：培养女孩的逻辑推理能力

女孩计算数学题最不能缺少的就是她的逻辑推理能力。一个逻辑推理能力强的女

孩，往往能够很快地从已知的条件判断出未知的结果。而科学研究也表明，一个孩子的逻辑推理能力越强，他的数学成绩就会越高。

那么，父母们应该如何培养自己女儿的逻辑推理能力呢？一位父亲介绍了他的育女经验。

一天，我给女儿薇薇买了一个小天平。小丫头看到后，马上心血来潮要称一盆水的重量，但是天平的小砝码轻，根本没办法称起一盆水。

于是，我就趁机引导她说："薇薇，一盆水的重量没办法称，但是我们家里还有小的容器，像你刷牙的杯子、吃饭的小碗，你可以把水倒进去称啊。"

女儿看看面前满满的一盆水，又看了一眼小天平和她刚刚拿来的刷牙的小杯子，忽然兴高采烈地对我说："爸爸，我只要称一杯水的重量，然后知道这盆水里有几杯水，就能知道这盆水的重量了。昨天你不是给我讲过'曹冲称象'的故事吗？今天我就让你看看'薇薇称水'。"

接下来，女儿就开始忙活了起来，她先称好了一杯水的重量，然后再把水倒进空的盆子里，就这样一杯接着一杯，最后自豪地走到我面前说："爸爸，这个盆一共可以装 10 杯水，一杯水是 40 克，这盆水一共是 400 克。"

看着眼前这么聪明的女儿，我欣慰地笑了，然后继续引导她说："薇薇真是一个有想法的聪明孩子。那你是不是可以用这种方法算出一袋黄豆的重量呢？"

假如生活中每位父母都能像这位爸爸一样引导女儿去分析、判断、推理和解决问题，那么孩子的逻辑思考能力一定会很棒，并会因此而爱上数学。

总之，培养女孩数学学习兴趣的方法有很多。只要勤于思考，勇于探索，就能让女孩意识到数学的重要性，感受到数学的无穷魅力，把女孩从所谓的枯燥无味中解放出来，进入到其乐无穷的数学净地。只要我们的女孩扎扎实实地掌握数学基础知识，学会聪明地做题，她们就一定能早日进入数学学习的自由王国，体验到"山重水复疑无路，柳暗花明又一村"的境界。

教育专家给女孩父母的育女方案

小卡尔 5 岁的时候在其他学科上都表现得很出色，唯独数学很弱，连乘法口诀都不会，为了让他爱上数学，他的父亲卡尔·威特采纳了一位数学教授的教学技巧，竟然神奇地让孩子喜爱上了数学，这些技巧是这样的：

1. 首先让孩子对数学产生兴趣，例如，把豆子和纽扣等装入纸盒里，父子两人各抓一把，数数看谁的多；或者吃葡萄时，数数它们的种子等。

2. 经常和孩子玩“掷骰子”之类的游戏，投掷两次后，谁的点数相加后分数小，谁就有机会再掷一次，然后把分数记下，三次为一局，但每次玩游戏不要超过 15 分钟，否则孩子就易产生疲劳感。

3. 为了使孩子将数学知识运用于实际，卡尔·威特经常和孩子做模仿商店买卖情景的游戏，并且采用长短、数量、分量等方式计算物品，用真正的金钱和孩子进行交易。

第77招　外语——引导女孩发挥自身的优势

科学研究表明，学龄前女孩在外语学习方面具有相当大的潜力，她们的大脑中主管语言活动的区域处于不断的发展变化中，不仅具备学习外语的能力，而且在语音辨别、语音模仿等方面还具有明显的优势。尽管与成人相比，女孩在学习的目的性、坚持性、理解力等方面都还处于较低的水平，但是，不可否认，她们在外语学习方面比男孩具有更大的优势。

但遗憾的是，虽然很多家长意识到了女孩的潜能，意识到了学习外语的重要性，却没有采用科学的学习模式和学习方法。只是一味地要求女孩背诵单词、学习语法、强记句式和做习题等，这样就出现了大批口语能力差、听力差的孩子，等孩子再大一点，还得回过头来找外教练口语、练听力，甚至连发音都要从头矫正。

那么，女孩应当如何学习外语呢？这是每个家长都关心的话题。下面，就为大家提供一些帮助女儿学习外语的方法。

方法一：为女孩创造语言环境

语言就是一个“说”的练习，因此我们需要一个说的环境。

我有一位在美国工作的哥哥，他有一儿一女两个孩子，都跟着他待在美国。老大是女儿洋洋，小时候学英文时还在中国，哥哥给他请的是中国的老师，虽然学得很认真，但毕竟不如美式英语地道。等有了儿子麦克，已经到了美国，哥哥根本没有专门请老师教，3岁的麦克已经基本会说日常英语单词了，5岁就能说得很流畅了，到8岁的时候就和姐姐一样，能读英文原版的《哈利·波特》了，这在国内简直是无法想象的。

从上面的例子我们可以看出，语言环境对于外语学习是多么的重要。

所以，学外语就是要在听不懂的环境中让耳朵接受“断磨”，磨到起茧了，自然就能懂得一点点了，从懂得一点点开始，我们就能一步一步地继续向前，从起步就把“聋哑”的顽疾甩开，实现脱口而出说外语的愿望。

方法二：培养女孩对外语的兴趣

父母应当培养女儿学习外语的兴趣，并让她们初步具备进行日常交流的语言应用能力。重点是要帮助孩子积累大量听的经验，在此基础上发展初步的口头表达能力，而字母的背诵、单词的拼写、句式的强记则不应成为学习的主要内容。

比如，你可以用英语发出活动的信号，用英语说女儿的五官，让她马上用手指出该部位，如“nose”，她就会指向鼻子，“eyes”，她就指向眼睛。使用这种方法，女孩不会因为听不懂或不会说而产生焦虑和担心，往往还会积极地参加到活动中去。经过多次的训练，女孩自然地就会听得懂，并且会表达了。在活动过程中，要求的动作越特别、越有趣，女孩活动的兴趣就越高，学习语言的效果也就越好。

当然需要注意的是，在这一点上家长应当保持足够的清醒和耐心，容忍孩子的沉默，接受孩子的延迟模仿行为，不要从一开始就催促或强迫孩子“说呀”“认认这个词”“快写字母”，以免挫伤孩子的学习积极性，把外语学习当成苦差和负担。

方法三：教女孩借助工具学习外语

父母可以借助于录像带、VCD或游戏软件来为女孩提供学习英语的良好工具。在观看动画片的过程中，尽管女孩的注意力集中在有趣的人物、绚丽的色彩和滑稽的情节上，但她在反复观看的过程中，就能熟悉英语的语音，并能自动地将语音与情节逐步地对应起来，这就为其进一步的学习奠定了基础。

在观看时，父母不要反复询问“说什么了”“什么意思”，也不要性急地为孩子讲解，而要鼓励她根据画面来猜测人物对话的含义。在此基础上，父母也可以和孩子一起猜，帮助她逐步将对话和情节结合起来。

方法四：将外语与游戏结合起来

帮助女孩学习外语，应与她们的日常生活和游戏活动结合起来，这就相当于为女孩创设了一个微型的英语环境。

当然，学习的内容必须是女孩感兴趣的、熟悉的，如画画、过家家、吃冷饮和串门等。另外，在整个游戏的过程中，父母需要用简单的英语加上手势来引导女孩参与其中。这样，女孩在学习的过程中，就能充分地调动自己的视觉、听觉和肢体了。

在女孩学习的初期，父母应使用大量的手势、动作和图画来帮助女孩理解活动的目的、要求和方法；随着学习的深入，父母可以逐渐减少辅助方法，促使女孩学会用英语和他人进行沟通。

教育专家给女孩父母的育女方案

卡尔·威特在培养小卡尔学习外语方面有着自己独特的教育经验，非常值得父母们学习：

1．用“耳”学外语，即让孩子多听。

2．与其背不如练，鼓励孩子多和外国人交朋友。

3．用不同的语言去读同一个故事。

4．弄清词源。

5．最有效的办法就是玩各种游戏。

第78招 女孩偏科有病因，父母要对症下药

女孩偏科多出现在初中，特别是刚升入初中的新生身上。对此，家长应正确看待，告知女孩社会需要的是复合型人才，综合素质才是衡量学生的最佳尺度。家长可以从女孩喜欢的学科入手，让女孩了解各门学科之间的关联性，克服对不感兴趣的学科的畏难情绪，还可以针对女孩的自身情况，一起分析偏科的原因。

那么，女孩偏科，在学习中有哪些具体表现呢？

第一种表现：一科较弱，其他都较强。这相对容易解决，但要注意不能盲目对孩子的弱势学科进行补习，过多的补习可能会加剧孩子对该科的厌烦情绪。有时候因为针对性不强，效果可能并不好。重要的是让女孩养成良好的学习习惯，培养女孩对弱势学科的兴趣。可以针对这一科目制订可行的计划，不要急于求成。

第二种表现：文科和理科中一方面突出，另一方面较弱。这就要针对较弱的科目加强学习方法和学习兴趣的研究。对于文科，首先从语文入手，让女孩有充分的时间阅读，培养对语文的兴趣，进而喜欢写作。读得多了，知识面就宽了，写作时才有话可说。而对于数学不好的女孩，要把补充基础作为重点，牢牢掌握基础知识，在确保自己对简单的题目完全掌握后，再逐步提高难度。

第三种表现：一科突出，其他平平。这属于假偏科或暂时性的偏科。从小学到中学，孩子们中间都有一个普遍的现象：喜欢哪个老师，哪门科目就学得好，若是不喜欢，连听课也打不起精神，因此会出现“假偏科”。对这种情况，要积极鼓励女孩学习优势科目，通过优势科目，树立信心，让女孩认识到自己有学习好其他科目的能力，进而逐渐提高对其他科目的兴趣，并逐渐加大对其他科目的学习投入。

具体可以尝试以下办法：

方法一：　要向女孩阐明“偏科”的危害

许多优秀的科学家，除了具有广博的专业知识外，还有相当高的文学修养和艺术修养。比如，爱因斯坦会拉小提琴，马克思也是一位数学天才。

但由于“偏科”，眼下许多孩子会说“ABC”（英语），会理科，但却写不出一篇像样的文章来，甚至给导师写假条都有错别字。父母需要向女孩阐明“偏科”的危害，引导其全面发展。

尤其是中小学阶段，属于基础教育阶段，是为女孩日后成才打下坚实基础的阶段。开设的各门学科都是为了女孩的全面发展而设立的，偏废任何一门课程，都是不可取的。父母要让女孩认识到，要学好数理化，没有坚实的语文功底是不行的，没有结实的身体是不行的，没有艺术细胞和丰富的想象力是不行的。各学科之间是相互联系、相互渗透的。

方法二：用“激励法”激发女孩对“弱势学科”的兴趣

一位妈妈在谈到自己的教育经验时这样说：

我的女儿上初一，她在理科学习方面取得了成绩，而文科成绩却不好。我知道偏科的危害性，于是时常鼓励女儿：“你数学学得这么好，说明你很聪明，那么语文能不能也学得这么好呢？试试看。”

女儿语文不好主要表现在写作方面，我就鼓励女儿坚持写日记，模仿一些名人名篇的布局、结构来写。并且给她购买了一些文学名著，如中国的四大名著、外国的《鲁滨孙漂流记》《格列佛游记》《钢铁是怎样炼成的》等；订阅了一定数量的文学报纸、杂志，如《语文报》《语文世界》《读者》等，还鼓励孩子向报社、杂志社投稿，在网上报名参加一些写作比赛（如 ACTS 全国素质教育比赛）。经过这些训练，女儿学习语文的兴趣逐渐提高了。

方法三：用尊重来恢复女孩的自信心

有的女孩因为老师不经意的批评或举动，而认为老师不喜欢自己，于是就不想学老师教的这门课程。其实，老师的做法并不是想故意伤害谁，父母要耐心开导女儿，以减轻她对此科目的反感。

即使女孩真的不喜欢某个老师，也是正常的，不必强迫她改变看法。只要向女孩强调：不管喜不喜欢，都要尊重别人。尊重是最重要的，不论是科目间的成绩差异，还是女孩对老师的看法，都值得尊重。

另外，每个孩子在能力上有各自的特点，科目成绩有差异是很正常的。本来就没学好的科目，越是遭受打击，就越没有信心学好，在信心上就先败了阵。所以对女孩来说，父母的尊重和信任至关重要。平时多与孩子沟通，多给孩子一些信心和尊重，渐渐地，她就会喜欢上原来不感兴趣的课程。

方法四：热情地辅导女孩的“非优势学科”

家长要有耐心，纠正学习“偏科”不会一蹴而就。家长要热情地辅导女孩的“非优势学科”，善于发现女孩的点滴进步，及时给予肯定和鼓励，激发女孩对该学科的兴趣，增强信心。长期坚持下去，学习“偏科”的问题就会逐渐得到解决。那么，父母如何才能改变女儿某一科偏弱的现状呢？

1. 对语文偏弱的女孩：初中语文学习，兴趣作用很大。所以，首先要培养她对语文的兴趣，让女孩喜欢读书，爱好写作。父母可以先找一些情节性、趣味性强的文章或书籍来让女孩读，以培养女孩对阅读的兴趣。

2. 对数学偏弱的女孩：数学不好的女孩，多半是基础没打好，所以补基础是重中之重，好比盖楼房，地基不牢固，楼房就盖不高。自始至终，女孩都要抓基础题的训练，同时要找准自己真正的弱项在哪里，最弱的地方要重点补，较擅长的部分可适当做点技巧题，以全面提高数学成绩。

3. 对英语偏弱的女孩：如果女孩各科成绩都比较好，唯独英语成绩差，说明孩子智商和学习能力都正常，问题可能出在学习兴趣和态度上。建议家长与女孩的科任老师多沟通，找准女孩英语成绩差的原因，针对具体原因采取对策，对症下药。

做父母的，要肯定孩子在弱势科目上取得的点滴进步，如课堂发言、做读书笔记等。引导孩子主动去接触弱势学科，加强对弱势学科的日常学习。

教育专家给女孩父母的育女方案

实际学习过程中孩子发生“偏科”现象，有时是因为不喜欢某科老师。遇到这种情况，王金战老师给父母们的建议是：

1. 鼓励自己的孩子去发现老师的长处，逐渐让孩子对老师产生敬意和兴趣。

2. 正确引导孩子去学会适应老师的风格，进而积极地投入这个学科的学习中去。

3. 父母在平常的言谈话语中，绝不要随便评价老师，如果真的对老师有看法，可以直接找老师沟通。

第79招 帮女孩制订一个科学的学习计划

敏敏今年13岁，上初中一年级。和小学相比，初中科目多了，学习任务也重了，这让敏敏感觉非常不适应。虽然她每天从早到晚都忙个不停，但是学习效果一点儿也不好。前一段时间期中考试，她比入学初竟然下降了5名。这让敏敏非常苦恼：我这么用功学习，成绩怎么没有上升，还下降了呢？

很多父母都遇到过这样的情况：自己的孩子每天都像陀螺一样转个不停，一刻不歇地学习，但是成绩就是上不去。为什么会出现这样的情况呢？这是因为学习也是一种艺术，需要处理好各个学科之间的关系，也要处理好它和休息、娱乐之间的关系。如果盲目地、杂乱无章地去学习，学习效果肯定很不好。所以，我们非常有必要为孩子制订学习计划（对于大一点儿的孩子，父母可以指导他们自己制订学习计划）。

其实对孩子们来说，学习计划也并不是什么新鲜事。每个新学期，他们（或者他们的父母）都会为自己制订一份，往往是在前几天信心满满，严格按照计划去执行，但是没过一两个星期，那份学习计划就没有了约束力，完全成了一张废纸。

一位母亲曾经这样谈到自己的女儿：

在新学期，我女儿拿着一张纸条兴冲冲地对我说："妈妈你看，这是我给自己制订的学习计划，你看怎么样？"我接过来一看，上面列举得还很清楚，每个时间干什么，上面都有严格的规定。我说："你制订得挺好，但是你一定要按上面的执行啊！"女儿说："那当然了，要不然我还制订学习计划干吗！"

在开始两天，女儿还真是按照学习计划去学习，但是到了第三天，我就看到她在本应预习功课的时间看动画片。我说："你的学习计划里面不是规定六点到六点半是预习功课的时间吗？你怎么看上动画片了？"女儿撒娇说："今天演的是我最爱看的《网球王子》，今天我就看一天，明天就不看了。"第二天，她又准时坐到了电视机前。再过了四五天，她的学习计划就彻底作废了。

帮女孩制订一个科学的学习计划

如果父母不加以提醒和鼓励，那么女孩的学习计划很容易变成一张废纸。

父母应该监督并提醒女儿，让她认真执行学习计划，这样学习计划才是有意义的。

从上面这个事例可以看出，女孩年纪小，自制力差，让她们严格按照学习计划去执行确实是一件很难的事情。所以，我们制订的学习计划一定要有科学性，同时要鼓励她们按照学习计划去执行，这样才能让她们有计划、高效率地去学习。

方法一：为女儿制订科学的学习计划

很多学习计划不能执行下去是因为它们不科学。有些父母为了能让女儿多学知识，就在学习计划里面加大了学习量。还有的父母没有考虑全面，让女儿在她看动画片的时间去学习。这样的学习计划自然得不到女儿的支持，甚至会把它当成一种束缚，从而不愿意去执行。所以，我们在为女儿制订学习计划的时候，一定要让它具有科学性、全面性和可行性，并且得到女儿的认可和支持。我们可以从以下几个方面入手：

第一，学习量要适中，充分为女儿留出休息和娱乐的时间。如果学习量太大，会让女儿产生反感的情绪，从而不愿意执行。

第二，安排好常规学习时间和自由学习的时间。常规学习主要用来完成老师留的作业，自由学习用来预习或者复习功课。

第三，要突出重点，在薄弱的科目上多下功夫，不要分给每个学科相同的时间。

第四，注意效果，及时调整。学习计划一旦制订，并不是丝毫不动的，而是要根据学习效果，进行相应的调整。

第五，安排好长计划和短计划。在每个学期，要有一个大目标，然后再把这个大目标分解，每个月做什么、每周做什么、每天做什么。这样做，女儿不仅不会感到学习量太重，而且会体会到前进的快感，从而愿意执行学习计划。

方法二：让女儿在学习计划的执行中体验到进步

婷婷是个贪玩的小女孩，学习成绩一直不理想。尤其是她的数学成绩，常常排在班里的后几名。有一天妈妈对她说："宝贝女儿，妈妈给你制订一个学习计划，好不好？以后你每天多学 20 分钟数学。"婷婷嘟着嘴不乐意。妈妈说："你先执行一个月，如果你的成绩比以前好了，咱们接着执行，如果还和以前一样，你就不用执行了。"婷婷勉强答应了。在以后的日子里，妈妈每天给女儿补习 20 分钟的数学，一直坚持了一个多月。接着，在学校的月考中，婷婷的数学成绩一下子提高了15名。尝到了进步的喜悦，婷婷再也不“痛恨”学习计划了，并让妈妈把其他的学科也加入学习计划当中。

当孩子在学习计划中品尝到进步的喜悦时，她们才更愿意去执行。如果长时间她们都感觉不到自己有所进步，就会对执行学习计划失去兴趣。所以，在开始制订学习计划的时候，学习任务不要太重，也不要对她们提出过高的要求，这样，她们会感到自己每天都在进步，从而也更愿意去执行学习计划。

方法三：对自制力差的女孩进行监督

有些女孩自制力非常差，如果没有父母的督促，她们连作业都无法写完，更不要说去执行学习计划了。对于这样的女孩，父母应该多提醒她们，并且培养她们的自制力，让她们按照学习计划去执行。

在提醒她们的时候，父母不要用批评、嘲讽、气愤的语气，而要心平气和地和她们说话。例如，女孩本应在写作业的时间看电视，父母可以对她说：“现在7点钟了。”尽管父母没有把“写作业”三个字说出来，但是女孩能够理解父母是在催促自己，而且这样的“催促”不会引起女孩的反感。如果女孩仍然坐在电视机前不动，父母可以过一会儿再提示她们一次：“现在已经七点半了。”对于那些提醒、催促仍然不起作用的女孩，父母可以“放任”她们两天，让她们写不完作业去挨老师的批评。有了挨批评的教训，她们就会认真地按照学习计划去执行了。

教育专家给女孩父母的育女方案

很多父母总是困惑：“为什么我家的孩子学习很努力，但成绩就是上不去呢？”对于这个问题教育专家王金战老师给出的方法是：

1. 对孩子的学习方法和学习时间进行调整。例如，对预习、上课、复习三个环节，可根据孩子的实际情况做出科学的调整。

2. 父母要调整自己的心态，应持着一种平和、冷静、理智的心态，去观察和发现孩子在学习中遇到的问题，进而帮助孩子找到一条更适合她发展、学习的路。

第 80 招

养成好习惯，女孩学习更高效

孩子学习成绩的好坏，与其是否具有良好的学习习惯有着密切的关系。我国教育家叶圣陶先生曾经说过：“什么是教育？一句话，教育就是培养良好的习惯。”国外教育家研究发现，一个孩子学习的好坏，20% 和智力因素有关，80% 和非智力因素有关。而在兴趣、信心、意志和习惯等非智力因素里面，习惯又占据着重要的位置。考试，尤其是中考、高考这样的大型考试，是对学生平时学习情况的一个彻底考查，这其中就包括了对学生学习习惯的考查。如果孩子在平时不注重培养良好的学习习惯，这些缺陷在考试中会非常明显地暴露出来，就如下文中的岚岚一样。

岚岚是一个聪明、伶俐的小女孩，学习也非常用功，但是每次考试都不理想，有时候甚至连卷子都答不完。岚岚的老师感觉非常奇怪，后来经过家访才知道了其中的原因：岚岚喜欢一边吃东西一边写作业，每次写作业都拖拖拉拉的，花费的时间很长。由于养成了习惯，她在考试时也是磨磨蹭蹭的，最后自然无法将考卷全部答完了。

教育家研究发现，小学阶段是培养孩子良好学习习惯的最佳阶段。所以，为了我们的女儿能够取得优异的学习成绩，我们一定要从早抓起，培养女儿良好的学习习惯。

可是，学习上的好习惯有很多，我们应该重点培养哪几个呢？

方法一：培养女儿学习细心的好习惯

认真、细心直接关系着女孩的学习成绩。一个做事粗心大意、马马虎虎的女孩肯定不会取得好的成绩。所以我们一定要注意培养女孩认真、细心的学习习惯。

一位优秀的妈妈曾经这样谈起自己的育女经验：

我女儿今年 7 岁，上小学二年级，是一个马虎大王。她常常看错题，书上明明写的是“169”，她却看成了“196”。有时候她在演算纸上算出来的是“6”，写在卷子上的却是“0”。更可气的是，她有时候连老师留的作业都忘记了。后来我给她提出了几点要求，让她努力去完成。

第一，把老师留的作业一项一项地记在一个小本子上，写完一项在上面画一个对号。这样既不会出现忘记的情况，写起来也更有条理性。

第二，看书、写作业的时候不要三心二意，看书就是看书，写作业就是写作业。

第三，写作业时多看两遍题，把题目弄懂后再下笔，不要匆匆扫过一遍就开始写。

第四，写完作业后自己检查一遍。以前都是我给女儿检查作业，这就养成了女儿的依赖性，从此以后我都让女儿自己检查。女儿按照我的要求坚持了一段时间，现在已经细心很多了，学习成绩也有了很大的提高。

方法二：培养女儿善于发现学习问题的好习惯

孩子在小时候往往有很多稀奇古怪的问题，但是等上学后，特别是随着年级的增高，这些问题反而越来越少了。这是一种非常不好的情况，孩子不思考、不提问，而是全盘接受老师讲授的内容，就不能加深对知识的理解，更不能培养出创新的精神。所以，我们要培养女儿善于发现问题的好习惯。

我国著名教育专家李镇西老师就非常注重培养自己的女儿发现问题的好习惯。李老师不仅鼓励女儿向老师提问，有一段时间，甚至“逼”着女儿每天必须到办公室向老师请教一个问题。李老师还为女儿总结出一系列深入思考问题、发现新问题的方法，在这里写出来供大家进行参考：

1. 当老师讲解一道题时，想一想是不是还有其他的解法。

2. 如果不按照老师分析的情况去做，是不是可以用另一种思路？

3. 可不可以让老师的讲解方法更完善？能不能为老师的讲解再增加一个理由？

4. 书上说的绝对正确吗？可不可以找到一些特例？

有很多女孩不善于提问是因为胆子小，怕自己提出的问题没有价值被老师笑话。我们应该让女儿认识到发现问题的重要性，同时鼓励她们多向父母、老师提问题。

方法三：让女儿养成“知错就改”的好习惯

安安今年12岁，是一个学习成绩非常优异的小女孩。据安安介绍，她有一本“高分宝典”，那其实就是一本错题集。每当遇到错题的时候，她会分析自己为什么出错，错在了哪里，然后再找同类型的习题重复练习，直到弄懂了为止。最后，她再把错题抄在一个本子上。等到考试的时候，她会把所有错题再重新复习一遍，这样，就可以避免在考试中犯相同的错误。

很多父母都遇到过这样的情况：孩子在一个问题上犯错了，父母或者老师对他进行了纠正，可是下次遇到同类问题时他还会犯错，并且是一错再错。

出现这样的情况，一方面是由于该类习题对孩子来说是一个难点，另一方面是孩子没有真正弄清自己出错的原因。所以，我们应该培养孩子“知错就改”的好习惯，当他们遇到自己容易出错的问题时，鼓励他们反复练习，直到弄明白为止。如果孩子的时间较为充裕，就让他们动手编一本习题集，并且经常翻一翻、看一看。这样，孩子就不会在一个问题上“重蹈覆辙”了。

教育专家给女孩父母的育女方案

教育专家王金战老师在其著作中引用了这样6个帮助孩子养成学习好习惯的秘诀：

1. 要有目标。
2. 要从小事做起。
3. 要开好头，不要开坏头。
4. 咬牙坚持。
5. 创造好环境。
6. 不为自己找借口。

第十章
架起亲子沟通的桥梁，做女孩无话不谈的好朋友

关键词：沟通、方法、技巧、开放式、理解、宽容、尊重、换位思考、批评、赏罚分明、拒绝、激励、赏识、惩罚、同情心、自然惩罚法、苛责、夸奖、闪光点、倾听、非语言沟通

为什么女孩不愿向你敞开心门？

为什么女孩不愿向你伸出“和解”的手？

为什么女孩总是和你作对？

这一切归根结底都是作为父母的你没有掌握好与孩子有效沟通的方法，那什么样的沟通才会拉近父母与孩子间的心灵距离呢？

尊重、理解，增进亲子关系的秘诀；

赞美，夸出一个好女孩；

激励，每天让女孩进步多一点；

……

第81招 与女儿交流，方法和技巧要掌握

外面下了大雪，妈妈对可可说：“你上学时多穿件衣服，今天天气太冷了。”可可摇着头说：“不，我不喜欢穿羽绒服，那样太笨重了。”妈妈听到女儿犟嘴，有些不高兴地说：“你这孩子怎么这么不听话，听我的，把羽绒服穿上！”可可也有些生气了：“不穿！就不穿！”背上书包撒腿就跑了。

像可可的妈妈一样，很多父母提到和女儿沟通，都会皱起眉头：

“我家那小丫头太刁蛮了，我说轻了她不听，说重了又会哭哭啼啼闹个不停。”

“沟通对我女儿来说起不了什么作用，她常常是左耳朵进、右耳朵出。”

“昨天女儿又和我吵架了，我让她饭后再吃薯片，她竟然张口就对我说‘妈妈，你真烦人’，当时就把我气得够呛。”

“人们都说青春期的女孩难管，我算是领教了。现在我都有些不想管女儿了，因为我的话她不仅不听，还会和我对着干。”

我们讲过，女孩是非常脆弱敏感的。和女孩沟通，如果不讲究技巧和方法的话，不仅不能达到沟通的目的，很可能还会伤害到女孩的心。所以，父母一定要掌握和女孩沟通的方法和技巧。

很多父母抱怨无法和女儿进行有效的沟通，还有些父母抱怨自己的女儿不爱说话。其实，和女儿进行沟通是很简单的。在和女儿谈话的时候，要根据不同的情况选择不同的方式，这样，就能取得良好的沟通效果了。

方法一：多提开放式问题，引导女儿和自己交谈

很多父母抱怨女儿不愿意和自己交流，其实很可能是因为我们没有用对谈话的方式。我们来看这样一个例子：

女儿告诉爸爸：“爸爸，我们学校明天要举行运动会。”第二天，女儿从学校回来，爸爸问女儿：“宝贝女儿，今天举行运动会了吗？”女儿说：“举行了。”说完，放下书包就回自己的房间了。

其实，这位爸爸正是没有用对沟通方式，才让自己和女儿的沟通一下子冷了场，如果他能用下面的方式和女儿的沟通，那么沟通就会进行得非常顺利了。

女儿告诉爸爸学校要举行运动会。第二天女儿放学，爸爸放下手头的工作问女儿：“今天举行的运动会精彩吗？”女儿兴高采烈地说：“太精彩了。爸爸你知道吗，我们班还得了全校第二名呢。”爸爸接着说：“看来你很高兴啊。下一届运动会你有没有兴趣参加呢？” 女儿说：“当然有了，现在我就开始练习跳远呢。”

在和女儿谈话时，父母应该多提一些开放性的问题，既可以引起女儿谈话的欲望，还可以锻炼女儿的思维能力。此外，在和女儿谈话时，父母应该全神贯注地倾听，不要心不在焉地应付她们，因为这样会让她们觉得自己没有受到尊重，从而打消了谈话的兴致。另外，我们还可以用“哦”“嗯”“原来是这样”“太好了”“看来你很高兴（伤心）”等简单的词句来回应女儿的感受，从而增加女儿谈话的兴趣。

方法二：用提问代替指责和说教

为了让女儿做某件事，很多父母常常会无休无止地唠叨女儿，如果女儿仍不按自己的建议做，便会指责和打骂女儿。其实这样做的效果并不好，一方面很难让女儿听话，另一方面即使女儿被迫接受了自己的建议，也是“口服心不服”，会伤害母女（父女）关系。在这种情况下，父母可以用提问的方式代替指责和说教。

妈妈带女儿去看望姥姥，女儿玩得高兴，时间很晚了仍不想回去。

妈妈：这么晚了你还不想回家，你说下次妈妈还愿意带你来看姥姥吗？

女儿：不愿意。

妈妈：那你说怎么办？

女儿：和妈妈一起回家。

在上面的例子中，妈妈用提问的方式让女儿的思维跟着自己的问题走，并最终让女儿听从了自己的建议，我们不得不佩服这位母亲的高明之处。相反，如果这位母亲一味地指责女儿，很可能不会取得这么好的效果。当然，如果女儿拒绝回答自己的问题，父母可以再问一遍，或者对女儿说："你还没有回答我的提问呢，请你赶快回答。"

方法三：肯定地命令女儿

场景一：女儿拿着茶杯满屋跑，妈妈生气地说："不要拿着茶杯乱跑，你会把茶杯摔坏的！"女儿一边跑一边说："没事，我会拿稳的。"结果女儿刚说完，茶杯就掉在地上摔碎了。

场景二：女儿拿着茶杯满屋跑，妈妈对女儿说："宝贝女儿，把茶杯拿稳一点儿。"女儿怕把茶杯摔坏，马上不乱跑了。

对比以上两个场景，不难发现，虽然同是命令，但是肯定的命令比否定的命令更能让孩子接受，从而认识到自己的错误。所以，父母在和女儿沟通的时候，可以试着用一些肯定的语气来命令女儿，而不是用否定的语气来指责她。

教育专家给女孩父母的育女方案

"知心姐姐"卢勤认为，要想教育好孩子，必须掌握与孩子沟通的技巧。她总结出了九大沟通妙招：

1. 坐下来听——让孩子倾诉。
2. 学会放权——让孩子决定。
3. 蹲下来看——和孩子平视。
4. 相互尊重——与孩子商量。
5. 能者为师——向孩子学习。
6. 巧妙地表达——给孩子写信。
7. 留点面子——替孩子着想。
8. 认识社会——放孩子出去。
9. 说声对不起——向孩子道歉。

第 82 招 增进关系的秘诀：尊重、理解、宽容

上小学四年级的向彤，和妈妈的关系很不好，母女俩常常发生争吵。有一次，向彤和妈妈去理发厅理发，向彤看中了一款发型，但妈妈坚决不同意："这个发型不适合你，只有成年女孩才理这样的发型。"妈妈为向彤选择了另一款，但向彤又坚决不同意："我才不理成这样，难看死了。"母女俩僵持不下，最后向彤"哼"了一声说："你喜欢你自己理吧，我不理了。"然后"砰"的一声摔门走了，只留下气得发抖的妈妈。

很多父母都发现，和女孩沟通相处确实不是一件容易的事。打骂她们不行，对她们冷漠不行，批评严重了也不行，甚至对她们百依百顺都不行……有些父母竭尽全力和女儿搞好关系，到头来却仍得不到女儿的认同——"爸爸妈妈和我有代沟"。

那么，女孩心目中最理想的父母是什么样的呢？某家报刊曾经做过一次调查，结果发现，几乎 80%的女孩把票投给了这几个选项：

尊重我，让我平等地参与家庭生活；

理解我，做我的知心朋友；

宽容我，允许我犯错误；

赞赏我，在我取得成绩的时候对我提出表扬；

信任我，不做我的监工；

说话算数，不轻诺寡信。

从上面这几条要求来看，女孩非常渴望得到父母的呵护和关爱，但她们同时又希望父母把她们当成独立的个体来看待，给她们一定的自由和空间。其实，我们只要稍加用心，对女儿多些关爱和理解，这些要求还是很容易办到的。

尊重、理解和宽容能够让父母和女儿的关系迅速升温，但是，怎样做才是尊重、理解和宽容女儿呢？

方法一：尊重女儿，不把自己的想法和意愿强加给女儿

一位女孩的父亲在谈到自己的育女经验的时候，这样写道：

在前几年，女儿和我的关系很冷淡。尽管我竭尽全力想和女儿搞好关系，但是女儿却总是对我敬而远之。后来，我终于找到了女儿不愿意接近我的原因：我常常把自己的意愿强加给女儿。例如，做游戏时，我常常会告诉她：“这样做，别那样做！”做其他的事也是如此。女儿的年纪虽小，但是她也有自己的想法，由于她的想法在我这里总是得不到实现，她自然对我敬而远之了。

找出这个原因后，我不再做女儿的“指挥官”，而是尊重女儿的想法和意愿。如果觉得女儿的做法行不通，我也不会生硬地阻止她，而是给她提出合理的建议：“爸爸觉得这样做不合适，倒不如……”女儿一般还是很听话的，会吸取、采纳我的建议。

可见，和女孩交流，最重要的还是尊重，一定要尊重孩子的想法和意愿，父母不能把自己的意愿和想法强加给孩子，否则只会适得其反。

方法二：用“理解”跨越和女儿之间的“代沟”

在网络上流传着这样一则小笑话：一个小女孩问爸爸：“爸爸，你听过《菊花台》（周杰伦的歌曲）吗？”爸爸摇了摇头说：“没喝过，不知道什么味道。”

这虽然是一则小笑话，但却生动地描绘了父母和孩子之间的“代沟”。很多父母竭尽全力地想和女儿搞好关系，但却不能得到女儿的认同，就是因为他们和女儿之间存在着“代沟”。他们都抱怨，自己根本不能和女儿说到一起：自己喜欢的东西女儿根本没有兴趣，而女儿感兴趣的东西自己又不了解。

虽然相差二十几岁，但是父母和女儿之间的“代沟”并非鸿沟，很多父母都轻易地跨越了过去，这其中重要的就是要理解孩子，多站在孩子的角度上去思考问题。

下面是一位母亲的育女经验：

我和女儿有着不同的兴趣和爱好。我喜欢听京戏，而女儿喜欢听周杰伦和南拳妈妈；我喜欢读书看报，而女儿喜欢唱歌跳舞。总之，我们的兴趣和爱好完全不同，连一点儿交集都没有。开始的时候，我拼命地把自己的兴趣、爱好“推销”给女儿，但是不仅没有取得成功，还被女儿嘲笑为“跟不上时代”。从那以后，我开始向女儿学习，

和她一起听周杰伦，一起唱歌跳舞。渐渐地，我们谈论的话题多起来，关系也更加亲密。尤其让我高兴的是，我们成为知心朋友后，女儿也开始向我学习了，前些天，她还主动和我学习唱京戏呢。

很多父母总想说服女儿，把自己的兴趣、爱好以及行为方式全盘“推销”给她们。其实这样做是不对的，我们不能让女儿适应自己，而是应该主动去适应她们。只有这样，才能得到女儿的青睐，和女儿的关系也会更加亲密。

方法三：换位思考给女儿上“宽容”课

白晴和老公刚刚搬了新家，看着刚刚装修好的房子，两个人心里别提有多高兴。有一个周末两个人有事外出，只好留下5岁的女儿一个人在家。等办完事回来，两个人都傻了眼：原本洁白的墙壁上，被女儿涂鸦得乱七八糟。女儿却不知道自己犯了错误，兴冲冲地扑到两个人的怀里，有些得意地说：“爸爸妈妈，你们看我画得好看不好看？”

白晴的老公早就想发火了，他刚想开口骂女儿，却见白晴用眼神阻止自己。白晴抚摸着女儿的头，亲切地说：“宝贝画得真好看。不过，如果你白嫩的小脸上被人写上字、画上画，你还会高兴吗？”

女儿想了一会儿，点了点头说：“是啊，要是我脸上被人写了字、画了画，我一定会很难过的。爸爸妈妈，我以后再也不在墙上乱画了。”

事后，白晴对老公说：“女儿还是个四五岁的孩子，她只知道在墙上写字画画好玩，还不知道把新装修的墙壁弄脏会多么让人心疼。所以，你朝她发火只会让她觉得害怕，解决不了什么问题。还不如给她讲些道理，让她以后别再犯同样的错误。”

那些经常埋怨孩子的父母或许应该向这位妈妈学习学习。很多时候，我们都会抓住孩子的错误不放，轻则说教批评，重则嘲讽打骂。其实对孩子来讲，有些错误并不能完完全全归咎于他们，孩子这个年龄段的特点决定了他们常常会犯下这样的错误，这是很正常的。所以，我们父母要学会站在孩子的角度上思考问题，理解并宽容自己的孩子。

教育专家给女孩父母的育女方案

知心姐姐卢勤认为父母在面对“小大人”一样的孩子时，要表现出对孩子的尊重和信任，一般来说，可归纳为以下几点：

1. 父母要把孩子当成真正的人，而不是物，允许她有自己的行为方式、独立人格和隐私。

2. 孩子是未成年人，有时有夸大一些事情或其他的一些坏习惯，父母要试着站在她的立场去理解、尊重她。

3. 孩子是一个独立的人，不论年龄大小，父母都不能替她安排好一切，要相信孩子的能力。

第83招 批评女孩有讲究，如何说女孩才会听

和小男孩相比，小女孩更乖巧、听话，也很少会惹父母生气。但是当女儿犯错的时候，父母却普遍遇到一个教育的难题：批评轻了，女儿根本听不进去；批评重了，又怕伤害女儿的自尊，女儿哭哭啼啼地闹个不停。很多父母都没有掌握好批评女孩的方法和技巧，结果不仅没有起到很好的教育效果，还让批评“变了味”。

6 岁的梅梅常常是一边写作业一边看电视。每次遇到这种情况，爸爸都会说：“先写作业，等写完作业再看电视。”梅梅嘴上虽然答应，但是依旧我行我素，完全把爸爸的话当成耳旁风。

有一次，爸爸生气了，把电视关掉后狠狠地批评女儿：“你这孩子怎么回事，我都说了好多次了，你怎么就是不听？”爸爸的话还没有说完，小梅就哭了。这一下爸爸慌了神，赶紧把电视机打开：“你看吧，爸爸不管你了。”梅梅不说话，仍是哭个不停。爸爸掏出 10 元钱，塞到梅梅手里：“乖女儿不要哭，到小卖部买支你最喜欢吃的冰激凌好不好？”这下梅梅才止住了哭声。

从那以后，梅梅仍是一边写作业一边看电视，而爸爸再也不敢管她了。

这个故事中的爸爸批评女儿的方式是绝对错误的，他不仅没有让女儿改正错误，甚至还让女儿产生了一种误解：一边看电视一边写作业不仅是正确的，而且还会得到爸爸的奖励（爸爸批评她之后给她买了冰激凌）。如果都这样教育孩子的话，就大错特错了。

批评是一把“双刃剑”，用得好，能够起到积极作用；用得不好，反而会起到消极作用。父母在批评女孩的时候，一定要选对方式，并尽量少批评女儿。很多时候，小女孩一被批评就哭哭啼啼，是因为她们敏感、自尊心强，在乎自己在父母心目中的地位。其实，我们完全可以根据女孩的这一心理特征，对她们进行正确的教育和批评。一些教育者认为父母应该用七分鼓励、三分批评，这是有一定道理的，可以适当借鉴。只有这样，才能让批评发挥功效，更有利于女儿改正错误、健康成长。

方法一：父母一定要赏罚分明

我们批评女儿，是为了让她们改正错误，明白一定的道理。但是在很多时候，女儿一哭鼻子，爸爸妈妈就不忍心批评她们了，还会用买食物、买玩具等方法哄她们不要哭。其实这样做是非常错误的，它容易让女儿产生一种误解：自己做的是正确的，要不然爸爸妈妈怎么会“奖励”自己呢？结果那些错误不仅得不到改正，还会被继续扩大。

如何避免这种弊端呢？这就需要父母一定要做到赏罚分明，当某种规矩一旦制订，就一定要严格地执行下去，该赏的时候一定要赏，该罚的时候一定要罚，否则以后的规矩也会被女儿打破，从而无法对女儿产生约束力。

方法二：给批评加一件“表扬”的外衣

6岁的云晓非常喜欢吃零食，她常常在吃饭前吃一大堆的薯片、巧克力豆、栗子羹等，结果在吃饭的时候就不想吃饭了。有一次，妈妈对她说：“我家云晓最近表现越来越出色了，如果在吃饭前不再吃零食，那就更好了。”结果云晓吃零食的次数真的少多了。

云晓妈妈的这种做法无疑是很明智的。我们可以尝试云晓妈妈的这种做法，在批评女儿的过程中，可以先表扬她们的优点，再委婉地指出她们的缺点。这样做，既不会让女儿产生逆反心理，还会让她们在心情愉悦的情况下接受批评，然后认真地去改正。

方法三：批评女儿时要给她们“留面子”

凌雪今年上一年级，和小姨特别亲近。有一次，小姨来家里做客，妈妈在厨房里做饭，凌雪就和小姨在卧室里聊天。妈妈想到卧室拿东西，她听见凌雪对小姨说：“小姨，现在我的学习成绩可好了，上次语文考试我还考了100分呢。”妈妈意识到凌雪在说谎，因为上次语文考试她只得了70分，根本不是100分。妈妈没有进屋“揭露”女儿的谎言，而是在小姨走后，给女儿写了一张纸条：希望凌雪能够做一个诚实的小姑娘，因为小姨不喜欢撒谎的孩子。

凌雪看到这个纸条后非常惭愧，每次看到妈妈都欲言又止的样子。妈妈看得出来，凌雪是怕妈妈把她说谎的事告诉大家，尤其怕小姨也知道这件事。过了些日子，凌雪发现妈妈没有和任何人说起这件事，心中对妈妈充满了感激，并且改掉了说谎的毛病。

女孩的自尊心非常强，所以在批评她们的时候一定要给她们“留面子”。尤其在人多的情况下，父母最好不要批评、揭穿她们，因为这样会深深伤害她们的自尊心。如果女儿犯的错误不太严重，父母不用全盘说出来，只要稍稍点一下就可以。这样做，既可以保护女孩的自尊心，还会让她们对父母充满感激，从而努力地去改正自己的错误和不足。

教育专家给女孩父母的育女方案

卡尔·威特在教育孩子的过程中时常采用夸奖和鼓励的方法，但有时也会和大多数父母一样批评孩子，不过，他的批评方式总是让孩子心服口服：

1. 教育孩子的过程中，一直特别仔细地观察孩子所做的事，尽量去理解孩子。

2. 如果就某件事需要批评孩子的时候，一定要在弄清真相后再做评价。

3. 真心关心和帮助孩子，而不是采取责骂和打骂的方式。

第84招 拒绝女孩有学问，要让她知其所以然

一位母亲给教育专家打电话讲述了自己的育女困惑：

我女儿各方面表现一直不错，学习成绩也非常优异。可是自从上了高中后，见到班里的同学玩MP5播放器，就缠着我要买，说是学英语用。我就给她买了一个，结果她的考试成绩立马就降下来了。我发现原来女儿把网络小说下载到MP5里面，整天都在看小说，所以我一气之下就把MP5给没收了。

女儿当然不接受，开始和我反抗，一开始是不吃饭，接着又扬言不给她MP5就不做作业、不学习。最初我也以为这孩子只是说说，结果发现她回家真的不学习了。我非常着急，本来女儿的成绩就在下降，这样下去怎么得了。可如果一旦为了让她学习就答应她的条件，把MP5还给她，这样下去还有什么教育效果呢？况且给她MP5她肯定又去看网络小说了。所以在给她还是不给她这个问题上，我非常矛盾，真不知怎么办才好。

上述事例中的母亲收回女儿的MP5不能解决根本问题，如果只是还给女儿MP5，也不能解决问题。其实这样的事情完全没必要和孩子搞得这么紧张，甚至有些“水火不容”。

那这位母亲应该怎么做呢？教育专家给她的建议是，当她发现女儿用MP5看网络小说导致成绩下降时，要试着平心静气地和女儿约法三章：有MP5可以，但要合理使用，要把它用在学习上；看网络小说或听音乐要限制时间，切忌沉迷；如果女儿做到以上两点，成绩也提高上去了，那么MP5就可以由她继续保管，否则就由父母保管。

总之，父母不要事事顺着自己的女儿，对她的某些无理要求一定要敢于拒绝。适当约束女孩、拒绝女孩，对她的健康成长是有益的。当然，拒绝孩子也是有学问的，你不能在伤害女孩自尊心的基础上去拒绝她，要不然很容易让她对你产生怨恨。拒绝孩子，你就要让她知其所以然，这样不但能提升父母在女儿心目中的威信，同时也会使她懂得更多生活和做人的道理。

那么有哪些建议可以供父母们参考呢？

方法一：对无理取闹的女孩说“不”

很多时候小女孩会利用撒娇、任性等手段来达到自己的某种要求，例如，不想上学、赖床、想要最新款的玩具……这些要求有些是“无伤大雅”父母能够满足的，但有些就显得有些无理取闹了。如果遇到小女孩提出无理要求时，父母切忌百依百顺，一定要坚定地表示自己的拒绝态度。

一个不曾经受失望和痛苦的女孩子，她的受挫能力是很低的，而且父母对女孩的一些不良行为如果不能及时加以制止，那很有可能会让孩子形成多种不良习惯。因此，作为父母，有时一定要对无理取闹的女孩说“不”。

浓浓的妈妈平时很少对孩子生气，但这天却忍不住打了女儿浓浓。事情是这样的，浓浓非要在周三的时候让妈妈带她去动物园，但周三妈妈还要上班，她也要上学。妈妈答应她周末再去，但是小丫头死活不同意，哭着闹着非要周三这一天去。早上妈妈叫她吃饭，她也懒得答应。等到在一旁的爸爸厉声喊她时，她才不耐烦地喊道：“管我干吗？”妈妈一听很生气：“叫你吃饭就吃饭，怎么不能管你了！”

浓浓气呼呼地从客厅又跑到自己的房间。过了一会儿，她的房间里传来“乒乒乓乓”的响声。浓浓出来之后，妈妈打开门一看，女儿的房间一片狼藉，原来这丫头把书桌上的东西都扔在了地上。此时妈妈真的生气了，动手揍了女儿一顿。

这位妈妈虽然坚决地拒绝了女儿，但她的做法也是不对的。我们拒绝女儿的要求时，应该平静、理智地给孩子分析原因，不能一看女孩无理取闹就骂她一顿、打她一顿，这种教育方式是非常不可取的。

方法二：真诚地告诉女孩拒绝的理由

很多时候，父母习惯用“谎言”作为拒绝女孩的理由，例如，当女儿站在儿童服装店门口，非常渴望地看着那件粉色的裙子，父母就会说：“怎么办，今天没带这么多钱，我们改天再来吧。”结果改天再也没来，或者来了也假装忘记了这件事情。

最离谱的是还有很多父母为了拒绝孩子的要求，编造更奇怪的谎言："看到没，那个老板是坏人，你要是一直站在他的店门前不走，就会被他抓走卖掉。"像这类吓唬小孩子的话在女孩的幼年时期或许奏效，但这对孩子的身心健康是无益的。

其实，父母拒绝女孩的要求，完全没必要利用谎言、吓唬等这些虚伪的手段，你只需要真诚地告诉她自己拒绝她的理由，例如，她已经有了一件粉色的裙子，这件不值得去买。这样去帮助女孩树立正确的消费观，那么长大后，她也会成长为一个理智消费的人。

方法三：父母制定的"规矩"不能轻易打破

很多家庭为了更好地规范孩子的日常行为和习惯，就给她制定了一定的"规矩"，例如，出门不能要求买这买那、每天晚上按时睡觉、看电视时间不能超过 1 个小时……这些家庭制定的"规矩"，不但要求孩子要严格遵守，父母也要严格执行，不能孩子一哭一闹，就立马心软了，然后放弃原则，答应女孩的要求。因此，父母一定要做好女孩的"监督者"，不要把为孩子制定的"规矩"轻易打破。

教育专家给女孩父母的育女方案

很多时候，父母不知道怎么去拒绝孩子的无理要求，害怕"拒绝"会伤害到孩子。如何巧妙地解决父母的这一难题？王金战老师给各位父母支了招：

1. 做事之前先与孩子定规矩。
2. 转移兴趣，引导孩子做一些有意义的事情。
3. 孩子提出不合理要求，要懂得对孩子说"不"。
4. 规矩不能随便破坏，说"不"就要坚持到底。

第85招　父母激励多一分，女孩进步多一点

小女孩不但敏感、脆弱，还有着极强的自尊心，很多时候她们比男孩更在意父母的肯定或否定、表扬或批评，或许正因如此，很多时候，父母一句话的否定和批评就能影响女孩的一生。

有一次，欣悦读完了一本有些艰涩难懂的书，这让她觉得很有成就感，于是内心欢喜的她就开始在家里大声唱了起来。

此时，坐在沙发上看报纸的爸爸皱着眉头说："悦悦，你又大声嚷什么！不就读完一本很平常的书嘛，用得着你这么开心吗？"

欣悦为了得到爸爸的肯定，马上兴奋地说："爸爸，你不知道这本书对我来说有多难懂，可现在我竟然完全把它读完了！"

"显摆什么！你以为全天下就你有这个本事啊！你这是希望我表扬你吗？你太骄傲自大了！"

从那以后，大家发现欣悦脸上的自信笑容不见了，而且再做其他事，她也没有以前的积极性和热情了。

从这个事例中我们可以看出，消极评价对女孩来说是多么大的打击，它会像"攻城略地"的大炮一样，把女孩身上的自信、乐观、热情和上进心等一个一个地给摧毁掉，然后将自卑、消极、懦弱等灌输在孩子幼小的心灵中。

所以说，我们绝不要轻易地去否定女孩的进步和成就感，而是要不断地激励她，为她注入更多的自信。那么有哪些方法可以帮助父母们呢？

方法一：鼓励女孩积极进取

有这样一个故事：

一天，心理学家把自己的小女儿叫到跟前说："明天你就要上学了，今天爸爸教给你一个诀窍。"小女孩好奇地问："是什么诀窍啊？"心理学家颇为神秘地说："上课举手！"小女孩不解地问："为什么要举手啊？如果老师提问的问题我不会怎么办啊？"她的爸爸笑着说："没关系！你可以下课之后弄明白或者认真听老师讲课，让老师给你解答问题。放学回来，也可以问爸爸啊！"小女孩虽然对于爸爸的建议似懂非懂，但她很听话，每次上课老师提问她都举手，而且为了能够回答出老师提出的问题，上课她十分注意听讲，每天晚上还自觉地温习功课。久而久之，老师对这个不断举手的小女孩，自然留下了很深刻的印象，所以当老师再提问题时或者女孩想发问时，老师总是不自觉地优先让她开口。于是，小女孩学习起来就更加努力了。在这种主动进取精神的熏陶下，小女孩的学习成绩、自我肯定意识都大大提高，甚至在许多其他方面的成长，也超越了其他同学。

小女孩之所以能够取得这么好的成就，和她父亲当初对她的鼓励以及提供的方法是分不开的。因此，父母应多鼓励女孩的进取心，这样她才能越来越进步。

方法二：父母要学会赏识女孩

每个女孩体内都蕴藏着无限的潜能，而孩子潜能的开发与父母对她的鼓励和赏识是分不开的。曾经美国哈佛大学一群著名教授、科学家去一所中学进行测验，他们发现有 72 名同学智力超群，于是哈佛大学的专家们说，这些孩子都是天才，将来一定会出类拔萃。

在被点名的 72 名学生中，有的成绩优秀，但有的却表现一般。可十年之后，人们发现这 72 位学生果然出类拔萃，全部成为成功人士。当世人在惊叹哈佛的鉴定准确时，研究人员却说，这 72 位学生只是在名册上随便选的，并没有做什么科学鉴定。

那么这 72 位学生为什么会表现优异走向成功呢？原因就在于哈佛的教授和科学家们对这些学生极大的赏识，给予了学生极大的信心。另外，教师、父母及周围的人相信哈佛的鉴定，对这些孩子投入了特殊的关切。

因此，父母要是期望女儿成才、成功，不需要采用什么特殊的对待，只要你对女孩表现出内心深处的关切，用你渗透出热情的言谈举止去影响她就可以了。

父母激励多一分，女孩进步多一点

消极的评价就像“攻城略地”的大炮一样，把女孩的自信、乐观、热情等全部摧毁掉。

父母们正确的做法就是不断激励女孩，为她注入更多的自信。

方法三：告诉你的女儿："下次你会做得更好！"

有一位母亲在自己的日记中这样写道：

我的女儿是一名品学兼优的好学生，但在一次体育考试中，她却考了最后一名。这对她是一次非常大的打击，她显得很难过。很长时间过去了，女儿还是没从这次失败中走出来。

所以，我问她："女儿，你还在为那件事情难过吗？"

"是啊，太丢人了，我竟然跑了最后一名。"

"那你有没有想过其中的原因呢？前两天我问过你的体育老师，她说你是同龄孩子中跑得最快的，这场比赛对你不公平。等你个子再高一点的时候，你一定跑得比他们快。"说完这些，我又鼓励她说："妈妈相信你下次会做得更好！"

经过我的一番分析和鼓励，女儿脸上又展露了笑容，又重新建立了自信心。

肯定和鼓励对于自卑的女孩是最好的"良药"，当她遭受挫折时，父母鼓励的眼神、肯定的话语、支持的态度，就是她们重新奋斗的力量来源。所以，不要吝啬你的鼓励，告诉失意的女儿——"下次你会做得更好！"

教育专家给女孩父母的育女方案

关于"如何激励孩子"这个问题，教育专家王金战给出的建议是：

1. 不要用批评和指责阻碍孩子进步的脚步。

2. 为孩子创造一个上进的氛围。

3. 对孩子的要求适度地满足，切忌无限满足孩子的要求。

第 86 招 惩罚不是关键，改变才是目的

生活中，我们常常会听到有些父母这样说：

“女儿犯错误时，我就罚她面壁思过，并不许她吃饭。”

“女儿不听话，我就打她。”

“女儿做错事，我就禁止她外出玩耍或者采用罚站的方式惩罚她。”

“女儿任性、无理取闹时，我就狠狠骂她一顿，然后罚她做家务一个星期。”

……

内科医师曾有一句名言：“首要原则不要伤害病人。”当女孩做错事、说错话时，父母在约束孩子的言行举止方面，绝不要对她们的身心造成伤害。因为“惩罚不是教育的关键，改变才是目的”。

有这样一个故事：

一天，一位女老师要去给那些有过失的女生上第一次课，她很担心。所以当她走上讲台的时候，一不留神就被绊了一下，很难看地摔倒了，课堂里的女学生们顿时哄堂大笑。但这位女老师并没有惩罚那些嘲笑她的学生，而是慢慢站起来，直起身子，说：“我给你们的第一个教训：一个人会摔倒趴下，但她依然可以再次站起来。”此时，教室里寂静无声，女孩子们接受了这个教训。

这位女老师是一位真正的训导者，所有的父母也都应该像她这样，当女孩有错时，不是用威胁和惩罚来影响她的行为，而要学会使用智慧的力量。

不过，生活中还是有很多父母喜欢用各种各样的方式去惩罚孩子，但惩罚不当很容易让女孩们对父母产生怨恨，而当她们的心中充满对父母的愤怒和怨恨的时候，是根本不可能把父母训诫的话听进去的。因此，当作为父母的你不得不因为某些事情训诫自己的女儿时，任何可能会导致女孩愤怒的行为都应该避免，而那些会增强孩子自信、自

尊以及尊重他人的方法应该大力提倡。

方法一：不要惩罚女儿的失败

场景一：阳阳是一个很懂事的小女孩，有一天，她看到妈妈工作特别辛苦，于是决定主动帮妈妈洗碗。可是因为放了洗洁精的碗比较滑，所以阳阳一不小心就把碗摔碎了。妈妈听到声音，马上走进厨房看着她说：“你这孩子怎么回事，整天就知道给我添乱！出去出去，以后别进厨房了！”

场景二：阿茶的学习成绩一直很不错，可有一次期中考试没有发挥好，班级排名下降了很多，爸爸生气地对她说：“平时就知道整天抱着电视看，这次成绩考不好，活该！从今往后不准再看电视了！”

女孩子本就敏感、脆弱，尤其是当她某些事情做得不好或失败的时候，她的心情会非常的糟糕，心里会感到十分自卑、自责和后悔。这时候，也是她们最需要父母理解、安慰和支持的时候，如果父母给她的只是一顿打骂或其他的惩罚，那么她的心中会留下永远的阴影，并且很难再去尝试、去努力。

因此，作为父母，你可以去惩罚她的懒惰、逃避、依赖和不负责任等不良行为，但不要惩罚她的失败。

方法二：用“同情心”化解女孩的错误及不良情绪

一位母亲讲述了下面的事例：

一天，我的女儿从学校回到家，一进家门就开始大声嚷嚷：“我讨厌我的老师，她竟然当着全班同学的面冲我大声叫嚷，说我扰乱课堂秩序，然后还惩罚我，让我整节课都站在走廊里。我再也不去学校了。”女儿的怒气也使我失去了平静，这个丫头平时上课注意力就不集中，老师给我反映很多次了。所以我不假思索地脱口说道：“你是学生本来就应该遵守课堂纪律，上课不能乱讲话，你不知道吗？如果你犯错，你就应该受到惩罚，我希望你现在已经受到了教训。”谁知，女儿听完我说的话，开始生我的气了。

假如事例中的妈妈没有说上面那些话，而是对女儿说：“站在走廊里多尴尬啊！当着全班的面批评你也很让人丢脸！怪不得你要生气，没有人喜欢遭到那样的对待。”

那么小女孩可能在得到妈妈的同情之后，愤怒的心情就会平复很多，同时她能感到妈妈对她的理解和爱。接下来，妈妈再用恰当的方法指出女儿的错误，并鼓励她改正，那么教育效果就大不一样了。

方法三：自然惩罚法

18世纪法国著名的教育家卢梭提出了这样一种教育方法，即“自然教育法”。所谓“自然教育法”，就是自然后果惩罚法，可理解为当女孩在行为上发生过失或者犯了错误时，父母不必给她过多的批评，而是让女孩自己承受行为过失或者错误直接造成的后果，使她在承受后果的同时感受到不愉快甚至是痛苦的心理惩罚，从而使女孩引起自我悔恨，自觉弥补过失，纠正错误。

当然，自然惩罚法并不是对每一个女孩的每一种行为都适用。通常来说，当女孩的那些过失后果不会损害她自身的身心健康时，父母才可以运用这种方法让她尝受到这种后果带来的惩罚。例如，当女孩偏食时，父母可以偶尔让她尝尝挨饿的滋味；当她臭美不多穿衣时，让她尝尝受冻的滋味；等等。反之，如果父母使用这种教育方法会给女孩带来心理上的折磨，那么父母最好不要用。

教育专家给女孩父母的育女方案

儿童心理学家海姆·G·吉诺特曾发出这样的疑问：“如果打孩子这么有效，为什么对它有如此不安的感觉呢？”所以，他认为：

1. 我们不应该把体罚作为对孩子的挑衅或者我们自己的愤怒情绪的回应，而是应该向孩子展示我们的聪明才智，为愤怒的情绪找一个更文明的发泄渠道。

2. 体罚的最大副作用就是它可能会阻碍孩子道德良心的发展，轻易地消除孩子的内疚，因此父母应学会用更好的方法对孩子的行为进行一定的限制。

第87招 呵责不如赞美——好女儿都是夸出来的

有一次，美国著名心理学家罗森塔尔到某个普通中学考察，一位老师问他："先生，您能帮我挑出班里那些智力超常的学生吗？"

罗森塔尔非常痛快地就答应了下来，然后在学生中间指点起来："你、你，还有你……"那些被点到的学生从此受到老师的关怀以及同学的羡慕，逐渐树立起了自信心，学习成绩逐步提高，成了班里的佼佼者。

一年后，罗森塔尔再次造访这所学校，问那位老师："那几个孩子的情况怎么样？"老师说："实在是好极了。"接着这个老师又有些疑惑地问心理学家："先生，我感到非常吃惊，在你来之前，那几个孩子只是普通的学生，可经你一点，他们一个个都变了。请问您有什么诀窍判断得如此准确呢？"

罗森塔尔微笑着说："我没有任何诀窍，只是随便点点而已。"

这就是一直被大家称道的"罗森塔尔效应"，它告诉我们一个深刻的道理：对一个孩子进行肯定的评价，能够帮他们树立起自信心和自豪感，从而取得很快的进步。和男孩相比，女孩更敏感、脆弱，更在意父母的评价，自尊心也更强。父母一句肯定或者鼓励的话，常常让她们高兴老半天，并下决心取得更大的进步；而父母一句否定或者批评的话，常常会打击她们的自信心，甚至产生自暴自弃的想法。

我们来看看下面这个小故事，这是一个大学生的家教日记：

暑假，我找了一份家教，教一个准备升小学二年级的小女孩。

这个小女孩的学习成绩非常差，每次我提问，即使是一些很简单的问题，她也会不假思索地说："老师，我不会，您再给我讲讲吧。"后来我问她："这些题目你还没看，怎么就知道自己不会呢？"她有些沮丧地说："我太笨了。"我有些好奇地问她："你为什么觉得自己笨呢？这是谁告诉你的？"她低下头说："爸爸妈妈经常这样说，他们说我反应慢，是个天生的笨蛋。"

我很吃惊，其实我觉得她并不笨，她能背好多儿歌，甚至有一段很长的儿歌，她也能一字不错地背下来。现在我知道她的学习为什么这么差了：是父母说过的偏激的话对她产生了消极的影响，从而让她失去了进取的信心。

在以后的日子里，我把教学重点放在恢复孩子的自信心上。每次她说“我不会”的时候，我会鼓励她：“你再想想，老师相信你能把这道题做出来。”当她迟疑着说出一部分答案时，我便表现出非常惊喜的样子：“你真是太聪明了，这道题就应该这样思考。”同时再引导她说出全部的答案。慢慢地，这个小女孩逐渐找回了自信心，敢于思考问题了，也重新爱上了学习。

这两个月里，我带她把所有的课本都温习了两遍，课本里面几乎再也找不出她不会的问题。她的父母对我的教学成绩非常满意，他们认为我能够把这样一个“笨”孩子教到这个程度真不容易。我告诉他们，并不是他们的女儿笨，而是他们对女儿的一再否定让女儿变“笨”的。这时候，他们醒悟了过来。

从这个事例，我们可以看出，肯定、鼓励孩子比否定孩子所产生的力量更大，也更能够促进孩子取得进步。所以，我们父母一定要多多肯定和鼓励自己的女儿。和男孩相比，女孩是脆弱敏感的，所以她们需要更多的鼓励和肯定。父母一个鼓励的眼神、一句肯定的话，都是自信的种子。但是，中国父母比较含蓄，一般不愿意表扬自己的孩子，更怕他们以后会变得骄傲。其实这是不对的，我们千万不要吝啬自己的赞美，这对女孩的成长非常重要。当然，过犹不及，表扬女儿也要有一个“度”，如果表扬太多了，也会起到消极的作用。

方法一：不要总是拿女儿和别的孩子进行比较

某家报刊曾经做过一次调查，问孩子们“最不满意父母的做法是什么”，其中有一项便是“老拿我和别的孩子进行比较”。在现实生活中，很多父母出于攀比的心态，总是拿自己的孩子和别人的孩子进行对比，如果自己的孩子占据优势，则心中欢喜；如果自己的孩子被对方比了下去，则闷闷不乐，回家骂孩子不争气。这样的做法很不好，不但会给孩子形成很大的压力，还会伤害到孩子的自尊心。所以，我们不要总是拿女儿和别的孩子进行比较。

呵责不如赞美——好女儿都是夸出来的

在女孩遭受挫折的时候，父母一味地批评她，会非常打击她的自信心。

当女孩受到挫折时，父母应该给予鼓励和支持，帮助她从失败的阴影中走出来。

方法二：鼓励女儿的闪光点

凡蕾的妈妈是某报社的主编，她希望自己的女儿能够成为一个“小小文学家”。有一次，凡蕾写了一篇日记让妈妈看，妈妈看完后对女儿说：“真是太棒了，妈妈在这个年纪可没有你写得好。”女儿受到鼓励后很高兴，更爱读书、写作文了。在以后的日子里，妈妈常常对女儿提出鼓励，并且给她一些很好的建议。在凡蕾 14 岁的时候，她就出版了自己的第一本小说。

一位教育家曾经说过：你要想让孩子在哪方面做得好，就在哪方面常常鼓励她。这句话非常有道理，我们的肯定和鼓励会变成女儿前进道路上的动力，从而让她们的优点逐渐放大。

方法三：在女儿受挫折的时候给女儿鼓励和支持

小蕊是班里的学习委员，学习成绩向来数一数二，但是最近一次考试却考得非常糟糕。小蕊难过极了，她从来没有受过这样的打击，好多天都没有从这次考试的失败中走出来。

有一天，爸爸看到女儿愁眉不展地坐在书桌前，拍了拍她的肩膀说：“女儿，还在为那次考试难过吗？”

“是啊，我是班里的学习委员，但是却考了全班的倒数几名，真是太丢人了。”

“你不要那样想，每个人都有失败的时候，只要好好总结失败的经验，就离成功不远了，”爸爸抚摸着女儿的头说，“爸爸相信你下次一定能够取得好成绩。”

“爸爸，我一定努力学习，把第一名的宝座抢回来。”女儿终于舒展了眉头，充满自信地对爸爸说。

在女孩受挫折的时候，是她们最需要鼓励和帮助的时候。在这种情况下，如果父母再对她提出批评，会非常打击她的自信心，让女孩越来越不相信自己。所以，当女儿遭受挫折时，父母应该给予鼓励和支持，帮助她尽快地从失败的阴影中走出来。

教育专家给女孩父母的育女方案

美国著名的儿童心理学家海姆·G·吉诺特认为称赞包含两部分：我们对孩子说的话以及孩子听了我们的话后在心里跟自己说的话。因此，他认为称赞采用的较好方法应是：

1. 表达中要充满欣喜和赞赏。

2. 言辞中要传达对孩子的努力的承认、尊重和理解。

倾听女孩的心声，做女孩的知己

曾有一部加拿大影片，讲述的是一对实际生活中沟通有障碍的母女，在一次偶然的机会下，妈妈变成了和女儿一样大的13岁少女，以自己的新身份重新融入了女儿的生活及内心世界，并利用13岁少女的视角去重新审视和了解自己女儿的生活、学习、交际圈等，最后当她重新变为妈妈的时候，母女俩终于和好如初，成为知心好友。现实中，我们虽然不能像影片中的母亲那样真的变成和女儿年龄一样大的少女，但是我们可以通过倾听女儿的心声，走进女孩的内心世界。

有一位成年女孩曾回忆道：

我的父母虽然比我大二十多岁，但是他们是我人生中最亲密最重要的朋友。我记得很小的时候，无论爸爸妈妈多忙，他们都会停下手中的事情，坐下来倾听我说话。每当我心情不好或感到沮丧、失望的时候，他们总是友好地拥抱我，并引导我把心中的苦闷向他们倾诉。就这样，父母成了我感情最大的“宣泄口”，我们无话不谈。也正因如此，我一直感到很快乐、很轻松、很幸福，这都是我最好的朋友——父母给予我的。

没错，假如父母成了女孩最知心的朋友，那么一旦女孩在生活中遇到什么问题，父母就可以及时帮助她解决，让她顺利渡过一个又一个的成长难关。那么有哪些好方法可以让父母们走进女孩的内心，成为她的知己呢？

方法一：运用倾听“技巧”，鼓励女孩说出心声

有一位小女孩这样抱怨道：

我真的不太喜欢和我的父母进行沟通或谈话，他们一点儿都不尊重我。每次我想要和他们进行沟通时，他们总是一边听我说话一边做别的事情，眼睛从来不看我，很多时候我真的不确定他们有没有在听我讲话。

像这位小女孩说的现象在现实中的确常常发生，而父母这种不认真倾听女孩谈话的行为直接伤害了孩子的自尊心，进而让她们放弃与父母谈心。那么父母应该如何倾听女儿说话呢？

父母倾听首先姿态要正确，最好做到以下三点：

1. 停下来，即暂时放下正在做的事情，注视女孩，给她表达的时间和空间。

2. 注意看，即仔细观察女儿的表情、动作、语气等。

3. 用心听，即集中注意力专心听女孩讲什么。

除此之外，父母还应表现出听的兴趣，并且在倾听的过程中恰当地表达自己的意见，多引导孩子说出自己的想法。

方法二：在女孩失败时与她谈心

父母要想成为女儿的朋友，除了在日常生活中多观察、多倾听、多引导和多亲近女孩之外，在她伤心、失望和遭遇失败时和她真诚地交流、谈心，则是走进女孩柔弱内心、成为她知心好友的最佳时机。

这是因为遭遇失败的女孩，会显得异常的脆弱，如果这时父母愿意走近她、安慰她、鼓励和支持她，那她和父母的亲密关系就会有实质性的飞跃。

有一位母亲的育女经验是这样的：

前一段时间，女儿参加舞蹈大赛出了丑，由于太紧张忘了动作，而不得不提出退出比赛。遭遇失败的女儿很沮丧，一连好几天，她都不能从失败的阴影中走出来。我觉得应该帮女儿一把，于是便找了个好机会，与女儿谈心。一开始，我假装很随意地问起那件事情：“女儿，你还在为舞蹈大赛的事情难过吗？”

“是的，妈妈，我觉得很丢脸！我在学校里都不敢抬起头走路。”女儿沮丧地说。

“可是，女儿，你不觉得你有勇气参加这次大赛就已经很成功了吗？而且最初你的表现棒极了！人们都会出现失误的，世界上最伟大的舞蹈家也曾经忘记过动作，妈妈相信你通过继续努力，一定会成功的。”我继续开导女儿。

“真的吗？可是现在大家都笑话我。”女儿委屈地说。

我轻轻拍着她的肩膀说：“女儿，那些笑话你的同学，他们的做法是不对的，你不必放在心上。如果他们遭遇这样的事情，可能还不如你呢！你要相信自己，而且笑话别人常常是不自信的表现。你要更努力去证明自己。”

女儿听了我的话突然释怀了，终于从那次失败的阴影中走了出来。

教育专家给女孩父母的育女方案

“知心姐姐”卢勤在“如何倾听孩子说话”这一方面给父母们提供了几点意见：

1. 做出倾听的姿势。例如和孩子平视，身体稍向前倾等。

2. 表现出倾听的兴趣，不要打击孩子沟通的积极性。

3. 用表情和语言将你专注倾听的态度传达给孩子。

第89招 沟通不只靠嘴，“非语言沟通”同样有效

美国著名心理学家艾伯特·梅瑞宾曾经提出过一个著名的公式：沟通的总效果＝7%的语言＋38%的声音＋55%的表情。在这里，声音和表情都是非语言沟通的方式。由此可以看出，非语言信息在沟通过程中起着非常大的作用。

对于敏感而且感性的小女孩来说，她们非常喜欢这种非语言沟通的方式。她们喜欢爸爸妈妈拥抱自己，喜欢爸爸妈妈拉着自己的小手一起去散步，喜欢在睡觉前能够得到爸爸妈妈的吻……甚至很多女孩已经长到了成年，仍然喜欢和妈妈拥抱、亲吻。在教育女孩的过程中，如果父母能够巧妙地运用“非语言沟通方式”，往往能够收到意想不到的效果。

一位妈妈曾经这样谈到了自己的育女经验：

在女儿刚刚学会走路的时候，有一次，她想走到一个斜坡上去。那个斜坡稍稍有些陡，女儿有些害怕，便回头看着我。我当时没有说话，只是朝女儿微微笑了笑。女儿似乎从我的微笑中得到了鼓励和支持，非常勇敢地朝那个斜坡走去，尽管中途摔了两三次跤，但她没哭也没闹，最终走上了那个斜坡。

从那以后，我认识到了非语言沟通的重要性，并且非常注重和女儿的非语言沟通。在女儿取得一定成绩的时候，我会给她一个会心的微笑，鼓励她再接再厉，争取更大的成绩；而当她遇到挫折的时候，我会拍拍她的肩膀或者给她一个拥抱，让她迅速地从失败的阴影中走出来；在闲暇的时候，我会拉着女儿的手，带她一起去散步、去逛街……现在，我感觉我和女儿的关系更亲密了，在很多时候，我不用说话，只用一个眼神，女儿便能够理解我要表达的意思。

从上面这个事例，我们可以看出，巧妙地运用非语言沟通方式，不仅能够加强和女儿的关系，还能够让女儿从自己这里得到鼓励、支持，从而取得更大的进步。所以，父母应该学会和掌握这种沟通方式，并且应用到日常生活之中。

非语言沟通是一种很好的沟通方式，但是父母和女儿之间要讲究默契，这样才能增进双方的感情。如果父母以前很少用这样的方式和女儿沟通，女儿在开始的时候可能无法领会父母的用意。不过，父母不要灰心，慢慢地，就会和女儿形成默契了，感情也会变得更好。

方法一：增加和女儿的身体接触

英国著名教育家斯宾塞在他的名著《斯宾塞的快乐教育》中曾经说过：“如果对自己的孩子多一些拥抱、抚摸，有时甚至是亲昵地拍打几下，孩子在对外交往以及智力、情感上都会更健康。我认为，拥抱、抚摸、牵手，也是教育的一部分。”斯宾塞的话非常有道理，尤其适用于小女孩。如果父母在日常生活中常常和女儿拥抱、抚摸、牵手，可以给她们安全感，也可以让她们感受到浓厚的爱意，从而拉近她们和父母的距离。所以，父母应该增加和女儿的身体接触，把自己的爱意传达给她们。

方法二：时常给女儿留一张充满爱意的便条

小亦的妈妈平时忙于工作，很少有时间和女儿待在一起。但是尽管如此，两个人的关系仍然非常亲密，因为妈妈经常用写便条的方式和女儿交流。每天早上，妈妈会把小亦的午饭做好（妈妈中午不回家），然后给女儿写下便条：“今天午饭是西红柿炒鸡蛋，放在冰箱了，用电锅热一热再吃。”有什么事情交代，妈妈也会给女儿留下便条：“明天你有体育课，记得穿上运动鞋。”甚至发现女儿犯了什么错误，妈妈也会给她写便条：“妈妈希望你做个细心的小姑娘，不要老是丢东西。”每次看到妈妈的便条，小亦都会有一种幸福感，因为她感受到了妈妈对自己的爱。

用便条和女儿进行交流，也是一种不错的沟通方式，因为这是心与心的交流，远非语言所能表达。因为女孩对文字十分敏感，所以非常喜欢这种方式。所以，父母可以经常用这种沟通方式（当女儿犯错的时候也可以用这样的方式和她交流），让女儿感受到父母深深的爱意。

方法三：用默默的行动来感染孩子

甜甜今年15岁，上初中三年级。由于马上就要参加中考，甜甜的学习任务非常重，常常写作业写到晚上九、十点钟。每次甜甜学习到深夜，妈妈都会给她冲一杯牛奶，并把台灯调亮一些。

第二年，甜甜以全班第四名的好成绩考入了一所重点高中。每当回忆起这段中考经历，甜甜都会感动地说："是妈妈默默的爱给了我学习的力量，要是没有妈妈的支持和鼓励，我一个中等生根本不能考出这样的好成绩。"

大爱无言，越是那种默默的爱，越能打动孩子的心，让她深深感动。所以，在女儿需要帮助的时候，我们要永远站在她身边，用默默的行动来鼓励她，感染她。

教育专家给女孩父母的育女方案

沟通不仅仅是用"嘴"这一种方式，人的眼睛、耳朵和动作等都可以成为沟通的方式，对此英国作家伊丽莎白·哈特利·布鲁尔给父母们提供的方法是：

1. 当你的女儿想跟你说点什么的时候：首先用你的眼睛转向她，然后放下手中的家务或工作，把注意力转向她。

2. 观察孩子的面部表情，发现其背后的隐含意义，同时注意她的坐姿或站姿以及她说话的语气。

3. 让孩子感受到你是在认真对待与她的谈话，激起她继续谈话的兴致。

第十一章

我家有女初长成——陪女孩一起度过青春期

关键词：青春期、叛逆、理解、尊重、原则、不良情绪、关注、隐私、早恋、爱情话题、追星、减肥、审美观、网络、网络安全、自我保护、不良诱惑、情景训练、交友、性教育、生死教育

女孩“早恋”怎么办？

女孩交上坏朋友怎么办？

女孩叛逆、盲目减肥和追星怎么办？

……

青春期的女孩好像总是会突然出现各种各样的问题，把父母弄得焦头烂额。因此，如何陪伴女孩一同走过“青春期”，是父母最需要解答的问题。想知道答案的话，就带着你的疑问走进这章吧！

第90招 女孩叛逆不是错，父母理解最关键

当女孩进入青春期后，很多父母都会发现女儿就像变了一个人一样：原来那个文静、可爱、乖巧、活泼的女儿不见了，现在的女儿喜怒无常、情绪多变，动不动就会和父母吵闹起来。有些父母甚至发现，原本那个懂礼貌的小女孩竟然动不动就吐脏字、说脏话，就像电影中的“小太妹”一样。

对于女儿这种突然间的改变，大多数父母都很难接受，有些父母为了找回原来那个乖巧听话的女儿，不断给女儿施压，结果不仅没有达到目的，反而把和女儿的关系闹得更僵。

对于少男少女来说，青春期是一个特殊的时期，出现叛逆、不听话是正常的事，德国著名儿童学家夏洛特·彪勒就曾经把青春期称之为“消极反抗期”。当孩子进入青春期后，由于身心发展日趋成熟，迫切希望谋求自己的独立性。但是他们的身心并没有真正的成熟，所以把谋求自己的独立性表现在反抗老师、父母上面，甚至还会否定以前发展起来的一些良好的本质。他们正是通过这些反抗行为来证明自己已经长大了。所以，青春期是孩子走向成熟的一个过渡阶段，我们应该把孩子青春期的叛逆当作一件正常的事，并对孩子加以正确的引导，让他们真正地成熟起来。

不过，青春期的孩子出现叛逆虽然是正常的，但是这种叛逆性还是给我们和孩子的沟通造成了很大的障碍。一位母亲曾经这样谈起自己青春期的女儿：

在女儿小的时候，我是她最亲近的人。女儿每天都跟在我的屁股后边，就像条尾巴一样。但是自从女儿进入13岁后，她突然变得非常奇怪，不仅不爱和我待在一起了，还常常和我发生矛盾。尤其不能让我容忍的是，现在女儿脾气非常暴躁，动不动就摔门而去。前些天，她不知道和谁学会了说脏话，还常常把脏话挂在嘴上。

对于女儿的这些不良行为，我苦口婆心地给她讲了很多道理，但她根本听不进去，有时候还不耐烦地说：“别说了，妈妈你太烦了。”后来我也火了，每次发现女儿的不

良行为时，都狠狠地骂她一顿，有两次还打了她。但是我的打骂并没有把女儿教育好，我现在发现她常常故意气我，只要看到我生气，她就非常高兴。现在我和女儿的关系非常僵，我常常困惑地想：用什么样的方法才能和女儿很好地沟通呢？但是这个办法我一直没有想出来。

像上面这位母亲一样，很多父母都在寻找和青春期的孩子沟通、交流的方法。心理学家研究发现，青春期是孩子最容易学坏的时期，如果父母不注意教育、引导，孩子很可能走上错误的道路。所以，我们一定要掌握和青春期孩子交流的方法，让他们安全地度过这段危险期，并最终走向成熟。

青春期女孩非常叛逆，让很多父母都非常头疼。那么，父母应该怎样和青春期女孩沟通、相处呢？

方法一：理解尊重女儿，减少指责、批评和唠叨

很多父母看不惯青春期女孩的叛逆，不是没完没了地唠叨，就是指责、打骂，这样反而会激起她们更强烈的反抗。这种做法是不对的。下面是一位母亲写的育女经验，我们来看看她是怎样做的：

在女儿 11 岁时，我预感到女儿将进入青春期了，就找了一些有关女孩青春期的书来读，并把这些书介绍给女儿，让她了解一下自己的生理以及心理变化。当女儿进入青春期后，她确实改变了很多，不仅情绪多变，脾气也变得暴躁。我知道女儿这些改变都是正常的，就坚持这样一个原则：理解、尊重女儿，尽量减少批评和指责，更不要和女儿对着干。

当然，我们也有争吵的时候，每当争吵太激烈时，我都会做出让步："妈妈不和你吵了，你的荷尔蒙又在控制你了。"女儿也看过那些有关青春期的书，听了我的话一下子笑了起来，气也消了。

其实，青春期的孩子也懂得什么是对什么是错，只是体内的荷尔蒙在起作用，没法管得住自己。如果父母对她们理解和宽容，她们反而知道约束自己，不会错得太久。

方法二：找对交流的时机，多与女儿沟通

很多父母和青春期的女儿无法沟通，其实是没有选对时机和方法。在和青春期女孩沟通时，应该做到以下几点：

首先，要了解女儿，并且找好话题切入点。聪明的父母会从女儿感兴趣的话题谈起，在女儿高兴时再向她们提建议。另外，为了更好地交流，父母还可以送女儿一些小礼物或者把自己的担忧、想法写成信放到女儿书桌上。这样，女儿就能够感受到父母的爱，从而接受父母的建议。

其次，要多听少说。在和女儿谈话时，父母不要急于表达自己的意见，更不要没完没了地唠叨女儿，而要做一名观众，听女儿讲话。当女儿说得正确时，父母要及时给予表扬；如果说得不对，父母也不要马上说“你这样做根本不对！”而是等女儿讲完后，用试探的口气说“那样是不是更好呢？”

最后，和女儿成为朋友，多赞美和鼓励她们。和青春期女孩交流、沟通时，父母不要摆架子，而要平等地对待她们，最好能和她们成为无话不谈的朋友。

另外，值得我们注意的是，因为女儿长大了有了强烈的性别意识，有些父亲就故意疏远女儿。其实这样做是不对的，父亲的故意疏远会让女儿产生不被疼爱的感觉，不利于女儿的成长。所以，父亲不要把性别的“紧箍咒”看得太紧，而要自然地对待性别问题。

方法三：坚持原则和底线

一位父亲曾经这样谈到自己的育女经验：

对于我那个正在经历青春期的女儿，我是非常宽容和理解的。她把自己的头发染得五颜六色，还买了一身很怪异的衣服，我都没有批评她，只是把我的想法说了出来，算是给她的建议。但是前两天，她突然染上了说脏话的坏毛病，脏字、脏话一堆堆地从嘴里冒出来，让人听上去非常不舒服。我温和又不失严厉地对女儿说：“说脏话是很不好的行为，女孩子更不能脏话连篇。”女儿有些不服气地说：“我们班的女同学都这样。”我说：“爸爸不管别的女孩子怎样，但是爸爸绝对不允许你说脏话。”我把我的原则摆了出来。女儿看我说得非常严厉，便开始小心谨慎地约束自己，渐渐改掉了说脏话的坏

毛病。

一位教育家曾经说过，对于青春期的孩子要宽严相济，两者结合。这里所说的“宽”是指宽容和理解他们，“严”是指亮出自己的原则和底线，绝对不允许他们越过去。在生活中，我们可以把自己的底线告诉女儿，例如，不可以吐脏字、不可以在外边过夜等，她们知道这是父母的原则和底线，就不会去轻易地触碰。

教育专家给女孩父母的育女方案

青春期的孩子通常会遇到三个方面的问题：第一个问题是逆反，如她们与父母的关系会突然恶化；第二个问题是双向性，她们会一方面藐视权威，一方面又盲目崇拜；第三个问题是追求神秘感。父母如何面对存在以上问题的青春期孩子呢？心理学家李子勋这样回答：

1. 父母要表现出适当的信任，给孩子“当自己家做自己主”的机会。

2. 父母要时常对孩子好奇、保持兴趣，对她多一些关心和尊重。

3. 父母要学会在孩子的面前示弱，让孩子来充当自己的“保护者”。

第 91 招 赶走青春期的不良情绪，帮助女儿健康成长

女孩一进入青春期，烦恼似乎也跟着多了起来。你会发现她们皱起眉头的时间多了，展露笑颜的时间少了。女孩为什么会这样呢？她那些青春期的烦恼又来自哪里呢？曾有教育专家对一所中学的 1 500 名学生做过一项专门的问卷调查。

结果显示，青春期的孩子首要的烦恼是来自学习上的烦恼，而且他们的情绪和心境也会随着学习成绩的好坏而转移；接着就是来自情感上的烦恼，即他们的友情和爱情；第三是亲子关系的烦恼，即孩子与父母的沟通存有障碍；第四是父母关系烦恼，如父母的争吵、离异等都会造成孩子情绪的变化。

如果你的女儿已经进入青春期，并且她的情绪反复无常，总是显得有很多的烦恼，那么你不妨对照上面那些烦恼的来源，看一看你孩子的烦恼和不良情绪是因为什么而引起的，是学习、爱情、家庭还是其他方面，然后再找出恰当的方法对其进行教育和引导。

14 岁的天天原本是一个爱说爱笑、整天都快快乐乐的小女孩，但最近一段时间，妈妈发现天天突然变得沉默寡言。每天晚上吃完饭，她就钻到自己的房间，连最喜欢的电视节目都不看了。

有一次，妈妈给天天收拾房间，看到一张揉成一团的纸，展开一看，上面写满了“我讨厌待在这个家里，我讨厌那样的爸爸妈妈，我好孤独！他们不爱我了！”为什么天天会这样写呢？原来最近爸爸妈妈正在闹离婚，整天在家里吵架，所以天天的情绪才会这么差。

青春期少女的情绪受家庭的影响非常深，因此，面对她们的不良情绪，父母一定要给予正确的引导。下面就给父母们提供一些帮助青春期女孩赶走不良情绪的方法。

方法一：做女孩的朋友，多和她聊聊天

一位优秀的母亲曾经这样谈起自己的育女经验：

我女儿一直是个快乐的孩子，但是自从进入青春期后，她忽然变得孤僻、抑郁起来，每天躲在房间里看书、写作业，很少和我们交流。我觉得这样对孩子的心理健康非常不好，就尽量多找机会和女儿聊天。在开始的时候，女儿并不愿意和我聊天，有时候还表现出非常不耐烦的样子。但是，我并不会因此而生气，而是尽量找女儿喜欢的话题，如周杰伦的歌曲、韩寒和郭敬明的小说等。慢慢地，女儿把我当成了朋友，话也多了起来。有一些比较敏感的话题，例如，她对班里某个男生产生好感等，也愿意和我说了。我感觉这是一个好机会，在谈话时把自己的思想和观念传达给她，引导她形成正确的价值观。我觉得和青春期的女孩相处也并不是一件难事，只要你不摆父母的架子，平等地对待她们，她们一定会把你当成无话不谈的朋友的。

青春期的女孩有一种自己已经长大了的感觉，所以对父母、老师的关心都有或多或少的排斥，有时候甚至还会表现得非常激烈。其实，她们内心是十分愿意得到父母的关心的。所以，我们应该和女儿成为朋友，在她们需要帮助的时候帮助她们。这样，女儿能够真真切切地感到父母的爱意，从此就不会感到孤单寂寞，没人理解自己了。

方法二：妈妈要起到积极的作用

和爸爸相比，妈妈的心思更细腻，也更容易发现问题。另外，妈妈和女儿同为女性，有些敏感话题也更方便一起谈论。所以，妈妈在女儿的青春期应该起到积极作用，充当起女儿的心理“家庭医生”和“情绪宣泄口”。例如，当你发现女儿突然变得悲观、沮丧时，就要通过日常生活的仔细观察和适当地与女儿进行沟通，了解她产生不良情绪的真正原因，然后再想办法和她一起化解出现的问题。

当然，也有很多父母认为，女儿已经长大了，很多情绪都能自我调节，所以当女儿情绪不对劲的时候，直接选择漠视，甚至还会有些父母“火上浇油”对女儿进行打击。这些教育方式都是不对的，青春期对于敏感的女孩来说本来就是一个重要的“关口”，如果父母不能起到积极作用，尤其是妈妈，那很可能给她造成更大的心理压力，让她的不良情绪进一步升级，严重者甚至会选择结束生活。因此，与女儿关系更为亲密的妈妈，

就要起到更积极的作用，帮助女儿重新变得自信、乐观、坚强起来。

方法三：对女儿多加关注，及时发现女儿的不良情绪

妈妈发现女儿叶子这两天特别奇怪，每次吃饭时都不言不语，看上去心事重重的样子；有时候走路也是含胸、驼背，完全没有了以前的精神。因为发现女儿的行为非常奇怪，妈妈对女儿多留了些心思。

有一次，妈妈进叶子的房间拿东西，看到叶子正在照镜子，眼神落在自己的胸部上。妈妈当时就明白女儿为什么烦恼了，原来是女儿的胸部开始发育了，但她却不接受这样的变化，认为胸部鼓鼓的不好看，而且让人难为情。当时妈妈没有说什么，过了两天，妈妈把新买来的文胸拿给女儿，对女儿说："我女儿已经发育成熟了，该使用文胸了。"然后告诉女儿胸部发育是女孩青春期的特征，这会让女儿变得更漂亮、更美丽。有了妈妈的解释，叶子再也不为自己鼓起的胸部烦恼了，人也重新开朗起来。

青春期的女孩烦恼是非常多的：对身体发育的困惑，对异性产生的朦胧的情愫，对繁重学业的忧心，对父母、老师的失望（当然，这些失望很多时候是她们空想出来的）……这些烦恼时刻困扰着她们，让她们既矛盾又痛苦。作为父母，应该对女儿多加关注，及时发现这些困扰着女儿的烦恼，并帮助女儿摆脱这些烦恼。这样，女儿才会快快乐乐地生活，身心健康地成长。

教育专家给女孩父母的育女方案

美国心理博士戈尔曼曾明确地说："真正决定一个人成功与否的关键是情商而非智商。"著名教育专家孙云晓也认为情绪对一个女孩来说起着至关重要的作用，所以他提供了一些帮助女孩管理情绪的方法：

1. 呼吸调节法。当你的孩子不开心时，让她闭上眼睛，深呼吸，然后把气慢慢吐出来；再深呼吸……如此持续几个循环。

2. 语言暗示法。当发觉女孩有不良情绪时，要试着告诉她通过一些积极的言语暗示来调节自己的情绪。

3. 目标转移法。有时女孩会陷入一种消极情绪中而无法自拔，此时，父母最好鼓励她改变一下自己注意的目标，去做自己喜欢做的事情。

第92招 窥探女孩的隐私，不如试着走入其内心

当女孩进入青春期后，她们开始有了自己的小秘密，在父母面前也不像以前那么透明了。还有的女孩把自己的日记上了锁，以应对父母的“检查”。

正因为女儿的这些变化，父母对女儿更加“关注”了：女儿为什么把日记上了锁呢？她不会是有什么小秘密吧？难道她在背着我们谈恋爱？在这种心理的推动下，很多父母都不放过女儿的日记本，也常常因此和女儿产生矛盾。

13岁的小萱有写日记的习惯。每次写完日记，她都把日记本放到自己的抽屉里，然后再把抽屉锁起来。这天她打开抽屉去拿日记本，发现日记本明显被人动过，她当时就明白发生了什么。

小萱非常气愤地对爸爸妈妈说：“你们为什么偷看我的日记？你们不知道这是侵犯我的人权吗？”

妈妈装作不知道的样子，说：“你的抽屉不是上锁了吗？妈妈又没有钥匙，怎么会偷看你的日记呢？”

小萱气恼地说：“看了就是看了！”妈妈看到不承认不行了，就说：“妈妈确实看了你的日记，不过妈妈看你的日记也是关心你啊。”

小萱说：“偷看别人日记是违法行为，你应该向我道歉，并且保证以后再也不偷看我的日记了。”妈妈看见女儿一副不依不饶的样子，也生气了：“你是我女儿，我有权看你的日记，也有权教育好你！”

小萱见妈妈不肯给自己道歉，便和妈妈吵了起来，最后她没有吵过妈妈，只能伤心地哭了起来。第二天，她一下子买了三把锁，同时锁在了抽屉上。

从上面这个事例可以看出，父母这种偷看日记的行为不仅不能让女儿体会到自己的一番苦心，还会让女儿产生反感，认为父母侵犯了自己的隐私，伤害了自己的自尊心。

更为严重的是，父母这样的做法会让女儿产生防范意识，从而在心中上了一把“心锁”，使亲子关系更加隔阂、更加恶化。当女孩进入青春期后，她们的身心发育日趋成熟，有一些小秘密是很正常的事，这也在某种程度上体现了她们的独立意识和自尊意识。所以，我们不应该偷看女儿的日记，而要充分信任和尊重她们。这样，父母才能获得女儿的充分信任，并能够走进女儿的内心世界，从而能更好地交流和沟通。

对于青春期女孩，父母应该多一份理解，给她们一定的自由空间。这样做，是对她们的尊重和信任。得到父母的尊重和信任后，她们就会敞开心扉，让父母走进她们的内心世界。

方法一：不要窥探女儿的隐私

我们每一个成人都希望保有一定的个人空间，也希望保有一定的小秘密，即使对最亲近的人也是如此。同样的道理，我们虽然是女儿最亲近的人，但是女儿长大了，也自然希望保留自己的小秘密。孔子曾经说过：“己所不欲，勿施于人。”既然我们自己也希望保留一定的自由空间，那么就不应该去窥探女儿的隐私。如果我们窥探过女儿的隐私，并被女儿发现了，就应该向女儿道歉，并向女儿保证以后再也不会出现类似的情况了。这样，女儿才不会对父母产生信任危机，也不会在心中上一把“锁”。

方法二：信任自己的女儿

首先，女儿将抽屉、日记本上锁，并不一定代表她们有了什么小秘密，也不一定代表她们在和同学谈恋爱，这只是她们有了独立意识和自尊意识。即使真的怀疑女儿在谈恋爱，我们可以直接去问她（当然，问的时候要用委婉的方式），这样也比窥探女儿的隐私更能让她们接受。其次，我们只有信任自己的女儿，才会获得女儿的充分信任，因为人与人之间的信任是相互的。

一位非常优秀的父亲曾经这样谈起自己的育女经验：

在女儿13岁生日时，我送了女儿一件礼物——一个带锁的笔记本。当时女儿非常高兴，但有点儿不好意思地说：“老爸真了解我。”

我对女儿说：“爸爸送给你一个带锁的笔记本，是因为你长大了，也需要有自己的小秘密了，爸爸理解并支持你想拥有秘密的愿望。”

窥探女孩的隐私，不如试着走入其内心

不尊重女儿，那么父母就不可能得到女儿的信任。

如果我们窥探过女儿的隐私，并被女儿发现了，就应该向女儿道歉。

女儿说：“很多父母都会偷看女儿的日记，爸爸就不想知道我的秘密是什么吗？”我说：“别的父母偷看女儿的日记是因为他们不信任自己的女儿，而我非常相信自己的女儿，爸爸相信你能把自己管好。”

女儿听了这话非常高兴，甚至还喊了两声“老爸万岁”。我顿了顿，接着对女儿说：“不过爸爸给你一个带锁的笔记本并不是想让你把心锁起来，爸爸希望你能经常和我们聊聊天、谈谈心，有什么需要帮助的和爸爸妈妈说一声。爸爸妈妈相信你，你也要相信爸爸妈妈。”女儿点了点头，非常愉快地答应了我的要求。从那以后，我和女儿都对对方保持着充分的信任，相互间不仅没有隔阂，而且关系更加亲密了。

方法三：尊重是打开女孩心扉的“钥匙”

尊重女儿的隐私权，是拉近亲子关系、获得女儿信任的基础。作为父母，我们应该记住这样一个道理：我们越尊重女儿的隐私，女儿和我们的距离也就越近。如果我们总是认为“我们是你的爸爸妈妈，我们有权查看你的日记”，那只会让女儿产生防范意识，和我们的关系越来越远。所以，我们应该在生活中尊重自己的女儿。例如，进女儿房间时，应该先敲门，等到女儿许可后再进去；帮女儿收拾房间或者书包时，也要和女儿说一声；如果想看女儿的日记或者书信，更需要得到女儿的许可。当父母对女儿表现出足够的尊重时，女儿才会对父母产生信任感，和父母的关系也会越来越亲密。

教育专家给女孩父母的育女方案

如果父母看了女儿的日记并发现了一些问题，教育专家王金战建议父母应该这样做：

1. 不要有过度的反应。
2. 保证不让孩子知道。
3. 适可而止。
4. 善于反思自己的行为。
5. 巧妙引出话题，正确引导孩子。

早恋是朵带刺的玫瑰，别让它刺伤你的女儿

当女孩进入青春期后，父母最担心女儿发生的事情莫过于“早恋”了。一位母亲曾经非常忧心地说：

在女儿上初中之前，我和老公在女儿身上从来没有费过太多的心思，她是一个非常优秀的孩子，无论是在学习还是在品德方面，她几乎不用我们管教就能做得很好。但是自从女儿上初中后，我们对女儿突然担心起来。现在电影、电视剧中演的除了爱情还是爱情，她们又在那个年纪，能不受到影响吗？据女儿说，她们学校有很多孩子都在谈恋爱，不仅学习成绩直线下降，还有一个小女孩怀了孕，偷偷地到医院堕了胎。真是太可怕了！我真害怕女儿也会背着我谈恋爱，现在我真有点神经兮兮了！

父母的这些担心不是多余的。因为“早恋”本身就对孩子伤害很大，如耽误学业、伤害感情等，而在恋爱交往中，小女孩更容易成为受害者的角色。现在我们在网络、报纸上常常会看到这样的新闻：某某初中女生因为男朋友提出了分手，最后吞食安眠药自杀。据教育专家调查发现，现在未成年少女怀孕、堕胎的现象非常严重，并且有着逐年递增的趋势。

因为有了这些担心，父母常常向女儿灌输这样的观念：“离男孩远点”“别和班里的男生交往”……还有的父母干脆做起了“FBI”，把女儿监视起来，如果发现女儿有了“早恋”的苗头，就把女儿责骂一通，逼她和那个男生断绝关系。这样做真能起作用吗？答案是否定的。

首先，教育专家指出，在孩子的青春期阶段，有一项发展重点就是培养孩子与异性相处的能力。当他们具备了这种能力，成年后才能很好地处理感情和婚姻的问题。如果父母阻止女儿和男生交往，就无法培养女儿和异性相处的能力，很可能影响到她们今后的婚姻和幸福。

其次，用监视、打骂的方式阻止女儿和男生谈恋爱，不仅不能从根本上解决问题，还会引起女儿的反感。有时候，女儿本来和某个男生只是朋友关系，因为父母的责骂，反而会激起她们的叛逆心理，最后真的和那个男生发展为恋爱关系。

当女儿进入青春期后，身心发展日趋成熟，对异性产生好感是很正常的事。我们应该对她进行“爱情教育”，让她们明白爱情的真正含义。只有这样，才能让她真正地远离早恋。很多父母都担心女儿“早恋”，那么，父母应该用什么方法避免女儿过早地谈恋爱呢？

方法一：坦然与女儿谈论爱情话题

教育专家李镇西老师曾经说过：“我把爱情教育作为人格教育的一部分，因为爱情是一个人美好精神的组成部分，是美好人格的要素。而且，今天的孩子就是明天的妻子或丈夫、母亲或父亲，他们应该懂得爱，并且应该知道怎样去爱。”

受传统思想影响，大多数父母都认为和孩子谈论爱情话题是很不好意思的事情，根本无法说出口。还有些父母认为经常和孩子谈论这样的话题，更会激起孩子对爱情的憧憬和向往。

其实，这样想是不对的，我们都有这样的经验：别人越不想让你知道一件事，你就越会对这件事感兴趣。同样的道理，我们越不和女儿谈论爱情话题，她越会对爱情充满神秘感和向往之情。所以，我们应该坦然地和女儿谈论爱情话题，让女儿知道爱情是一件严肃而神圣的事情，而不是一时的冲动。

方法二：尊重并信任女儿，正确看待女儿和异性朋友的交往

在女孩的青春期阶段，我们应该培养她们与异性相处的能力。所以，我们应该尊重并信任女儿，正确看待她们和异性朋友的交往。其实，对大多数青春期女孩来说，她们和异性朋友相处，首先想到的是友情而不是“谈情说爱”。当然，她们有时分不清什么是友情、什么是爱情，容易把二者混淆。所以，父母应该给予女儿一定的指导，让她们弄清二者的差别，并且把握好和异性朋友交往的方式和尺度。另外值得一提的是，我们不可能每天都守在孩子身边，只有通过尊重和信任的方式让孩子成为自己心灵的监护人，她们才会对自己负责，让自己远离“早恋”。

方法三：用高远的理想激励女儿

很多孩子过早地陷入恋爱，是因为他们没有明确的奋斗目标。所以父母应该用高远的理想激励女儿，当她们有了自己的理想和奋斗目标，就不会陷入“早恋”之中了。

一位父亲曾经这样谈到自己的育女经验：

去年，我女儿升入了中学，也进入了青春期。开学没多长时间，我就发现有一个男生老是打电话找女儿。当时我非常担心，生怕女儿和那个男生坠入爱河。但是我没有责问女儿，而是表现出了充分的信任和尊重。接到那个男生打来的电话时，我会不动声色地对女儿说：“女儿，你同学找你。”然后就走出房间，让女儿一个人接电话。在平时，我经常给女儿上“政治课”，让她明白每一个阶段有一个阶段的任务，而初中阶段最重要的就是学习。有一次，我还对女儿说：“女儿，你想听听老爸的恋爱经过吗？”女儿没想到我会和她说这些事，一下子来了兴趣。我笑着说：“爸爸当时虽然家庭条件不算太好，但是小伙子还是蛮帅气的，所以当时有两三个女生喜欢爸爸，经常给爸爸写情书。但是爸爸当时知道自己的处境，如果自己不努力学习，就不能改变贫穷的命运，会一辈子穷困潦倒。所以，爸爸没有理会她们，把全部的精力都放在了学习上。”顿了顿，我接着说，“你想一想，如果爸爸当时光顾谈恋爱而放松了学习，还会有今天的成绩吗？更不会找到你妈妈这样的好妻子了。”当时女儿没说话，但是很显然，我的话打动了她。过了一段时间，我再也没有接到过那个男生打来的电话了。

教育专家给女孩父母的育女方案

中国的父母应该换一种视角看待孩子的“早恋”，对此，心理学家李子勋认为父母应该从以下几个方面认识这件事：

1. 父母要重新评价对孩子的前期印象，要对青春期的孩子重新定位，不要再认为她在“恋爱”方面还是白纸一张。

2. 父母要意识到孩子有这样的情感活动，但因孩子没经验，所以父母要仔细、谨慎地考虑孩子需不需要指导以及怎么指导。

3. 父母给孩子“恋情”方面的指导时，指导方式应不是强行的，而应是朋友式的或者是旁观者式的。

第 94 招 加入女孩的追星行列，与她一起去追星！

一位母亲充满忧虑地在网络日志中这样写道：

最近我发现 14 岁的女儿出现了一些不可思议的状况：喜欢穿大肥裤子，耳朵上扎了四五个耳朵眼儿；迷恋国外的明星，尤其是韩国的偶像组合，而且每次电视上出现这些明星的画面或新闻时，这孩子就跟疯了似的在家里激动地尖叫起来；平时张嘴闭嘴也都是明星，好像她的生活除了明星就再也没有别的话题。我有时都觉得这孩子是不是“疯了”，是不是应该带她看一看心理医生。在这种情形下，她的学习状况自然很糟糕。

有一段时间我对女儿采取了一些强制措施，例如，把她看的明星杂志、明星贴画都给毁了，还让她把自己蓬乱的长发剪了。可没想到我这些举动引起了女儿更大的反弹，现在她反抗的方式都“明星味”十足了，学习更是一塌糊涂。

很多教育专家认为，孩子开始追星，表明她已经有了社会化倾向，这是成长的表现。因此，面对爱追星的孩子，我们不应该严厉禁止，而是应以尊重为前提，然后引导孩子找到正确的追星方式。

一般来说，青春期的少女心理状况往往比较复杂，出现对明星的迷恋行为是一种正常表现，她们需要某种形式的自我确认，而追星恰恰就满足了这种心理需求。当然，女孩追星过程中也很易出现一些不良状况，如盲目崇拜和模仿等，所以父母最好的方法就是加入女孩的追星行列，与她一起去追星！

如何陪伴着女儿一起追星呢？

方法一：引导女儿理智追星

乐嘉今年刚上高一，在外地出差的爸爸为了和她联系方便，就给她买了一部手机。但是一段时间后，出差回来的爸爸从妈妈那里了解到，女儿的学习成绩下滑了很多，而且每个月的话费突然增多了起来。一开始，爸爸妈妈怀疑女儿是不是早恋了，但他们没有直接去询问女儿，而是通过各方面的了解得知，原来女儿最近迷恋上一个韩国的男子组合，而能上网的“手机”就成了她每日的明星信息来源平台，无论是上课还是下课，她都要在手机网络上“游荡”很久。

爸爸并没有大声斥责女儿的行为，也没有马上收回女儿的手机，而是自己先去网络上全面了解了那个组合，然后专门为女儿制作了精美的明星相册，作为她的礼物。但送上自己这份“特殊”礼物的同时，爸爸也提出了自己的要求，就是希望乐嘉以后学习的时候不用手机上网，而是专心学习功课。

乐嘉见爸爸不但没有反对自己追星，而且支持自己，高兴的同时也很歉疚。从此之后，她真的没有再利用手机查询明星的信息，而是专心学习，她的学习成绩也渐渐提高了上去。

这位爸爸真了不起，他尊重女儿、理解女儿，并且用自己的实际行动引导女儿，让女儿明白追星没有错，但是不能因此影响自己的生活和学习。

方法二：不要全盘否定女孩的“偶像”

有一位14岁的少女这样说起对母亲的不满：

我一直很喜欢一位英国的男歌星，他的歌声真的像天籁那么美，能让我忘记所有的忧愁和烦恼。每天休息的时候，我都喜欢听着他的歌来打发我的闲暇时光。

但是我的妈妈却对此很不理解，甚至还嘲笑我：“那男的长得这么难看，你喜欢个唱歌的也真没出息！”

妈妈的话让我很难过，我只是纯粹喜欢他的歌，怎么就没出息了？而且听英文歌还有利于我的英语学习，妈妈这样侮辱我的偶像，让我非常讨厌她！

由此可见，两代人关于追星的问题，都有着自己的观念。但这种观念上的差异，很容易在孩子与父母之间产生误解，例如，女孩认为周杰伦唱歌很好听，父母却觉得话都听不清的歌简直是噪声。

因此，父母哪怕不喜欢女儿追星或她的偶像，也不要全盘否定她心目中的偶像，否则只会在伤害女儿的同时加深亲子关系的裂痕。

方法三：借助偶像身上的优点教育女儿

偶像也是人，他们的身上也有这样那样的优点和缺点。或许作为父母的你，比自己的女儿有着更敏锐的观察力、辨别力和判断力，知道有些明星的“美好”都是包装出来的。但你的孩子并不知道，喜欢的正是明星身上“美好”的东西。既然如此，为什么不利用女孩子这一心理，让她们多学习明星身上的优点呢？例如，有很多青少年偶像非常努力、奋进、坚强、乐观、阳光……这些优秀的品质和习惯都可以让女孩学习，进而帮助她提升自己。

所以，父母要在和自己女儿共同了解偶像的过程中，去挖掘偶像的榜样作用，然后借助偶像身上的优点教育女孩。

教育专家给女孩父母的育女方案

面对青春期少女爱追星的问题，教育专家王金战给父母们的意见是：

1. 正确看待孩子“追星”。
2. 跟孩子一起“追星”。
3. 防止不健康地“追星”。
4. 把崇拜转化为激励。
5. 让孩子崇拜多方面的“星”。

第95招 教青春期女孩走出盲目减肥的误区

13岁的张静活泼好动，饭量一向很好。可是有一段时间，张静突然不爱吃饭了，每次只吃小半碗饭。对于牛奶、鸡蛋、鱼、肉等食物，更是连碰都不碰。妈妈以为女儿病了，一问之下才知道，原来这些天女儿正在减肥。妈妈说："你不吃饭哪行呢，再说你又不胖，减肥干什么？"张静说："女孩瘦了才好看，我有个朋友比我瘦还在减肥，我哪能不减呢。"妈妈执拗不过她，只能由着她。

两个月后，张静真的苗条了许多，但是却皮肤泛黄、日渐憔悴了，还常常出现头晕、心慌等现象……

对于女孩来讲，她们最忌讳的一个词就是"胖"。为了塑造完美、曼妙的身材，很多女孩日复一日、年复一年地忍饥挨饿，宁可亏待自己的身体也要坚持下去。而那些身材稍胖的女孩，常常会感觉自卑，在那些高挑的女孩面前抬不起头来。

的确，身体过胖会影响美观，也会影响身体健康。但是对于女孩来说（尤其是青春期的女孩），如果盲目地追求苗条，杜绝一切与脂肪有关的食物，很容易造成营养不良，严重的还会引发其他疾病。

据某家报纸报道，有个女孩为了减肥长时间节食，结果在课堂上晕倒。后来经过医生诊断，发现她已经患上了严重的胃病，可能终生都要忍受胃痛的折磨。从这则报道可以看出，女孩减肥常常带有盲目性，父母一定要给她们适当的引导。

减肥对女孩的身体损害非常大，但是很多女孩都想减肥，甚至本来就很瘦但仍然还要减肥。在这种情况下，父母如果想阻止女儿减肥，不要责骂女儿，也不要强迫女儿吃饭，可以采用下面几种方法。

方法一：从小培养女儿正确的审美观

6岁的燕燕看完减肥广告后问妈妈：“妈妈，女孩是不是越瘦越好看呢？”当时女儿和妈妈正在看电视剧《红楼梦》，妈妈便反问女儿：“你看《红楼梦》中的林黛玉很瘦、很苗条，但是总是病恹恹的，你认为这样好吗？”女儿想了想说：“这样不好，太瘦了爱生病。”妈妈点了点头说：“对，太瘦太胖都不好，不瘦不胖才正好。”

在女儿小的时候，父母就应该灌输给她们一个这样的思想：女孩并不是越瘦越美，健康的女孩才是最美丽的。女儿有了这样的思想，长大了才不会盲目地减肥。

方法二：减少减肥广告对女儿的影响

现在的减肥广告铺天盖地，很容易对女孩造成消极的影响。另外，一些媒体也总是鼓吹“越苗条的女孩越美丽”，也会影响到女孩的审美观。所以，父母应该让女儿对这些媒体广告有一个清醒的认识，尽量减少它们对女儿的影响。

方法三：和正在减肥的女儿谈谈心

一天下午放学回来，小洁向爸爸妈妈宣布：“我以后要减肥了，你们晚上不用做我的饭了。”妈妈当时就急了：“你又不胖，减什么肥？你把身体饿坏怎么办？”小洁不服气地说：“我减肥不用你管。”然后背起书包就回屋了。妈妈还想去和女儿争辩，但却被爸爸阻止了。

过了两天后，爸爸带小洁去爬山，结果女儿没走多远就累得气喘吁吁了。爸爸拍拍女儿的肩膀说：“前两天妈妈不让你节食是怕你把身体饿坏，你刚才也看见了，身体太瘦弱根本不好，连爬山都费力。爸爸妈妈不是不允许你减肥，你可以跑跑步、打打球，还可以少吃点儿零食，但是晚餐一定要吃的，因为你需要大量的营养来长身体，我想你不希望自己长成童话中的小矮人吧？”

女儿当时没说什么，但是到了晚上就开始吃晚餐了。

对于青春期节食减肥的女孩，很多父母的第一反应就是训斥，还有的父母会逼着女儿吃饭。这样的做法并不好，因为处在青春期的女孩叛逆性很强，父母的训斥、强迫反而会激起她们的对抗。所以，父母最好的方法是和她们谈谈心、聊聊天，让她们感受到父母的爱，从而自愿地接受父母的建议。

教育专家给女孩父母的育女方案

“减肥”一直是青春期少女比较关注的话题，那如何更科学地减肥呢？教育专家王金战老师给出的建议可归纳为以下几点：

1. 调整孩子的膳食结构，合理安排饮食。

2. 加强体育锻炼，但是运动量不要过大。

3. 切忌让女孩用节食和服用药物的方式进行减肥。

第 96 招 引导女孩正确上网，让网络为己所用

自从计算机得到广泛应用后，人们的工作变得更加方便、快捷了。有些教育家甚至指出，在新世纪不会应用电脑的人，已经可以算作文盲了。但是在电脑越来越普及的现代社会，很多父母都反对自己的孩子上网，我们常常听到一些父母抱怨：

“我家孩子每天就知道玩劲舞团，连作业都顾不得写了。”

“我女儿一有时间就坐在电脑桌前，既不和人说话也不到外边走走，现在人都变得孤僻、古怪了。”

“网络上暴力、色情的东西太多了，孩子天天接触这样的东西哪行啊？”

对于父母来说，他们有一点是更为担心的，那就是怕女儿搞“网恋”，被坏人欺骗。其实，父母的担心不是多余的，青春期女孩正处在幻想、做梦的年纪，对美好的爱情充满了期待和向往。在网络上和陌生人谈恋爱更让她们感到神秘、浪漫，所以，很多女孩受不了诱惑，在网上谈起了恋爱。而一些“色魔”“恶棍”更是抓住青春期女孩的这一心理特点，把罪恶的双手伸向了她们。现在新闻中经常有女孩被网友欺骗甚至被拐卖的新闻，而且大多数的受害者都是天真、幼稚的女中学生。所以，父母防范女儿“网恋”是非常必要的。

既然网络有这么多的弊端和“陷阱”，我们是不是该反对女儿上网呢？答案是否定的。首先我们生活在信息时代，网络是根本躲不开的，如果我们反对女儿上网，则是在让孩子拒绝现代文明，甚至会让她们成为“新时代的文盲”。其次，网络本身是中性的，它起到积极还是消极的作用，完全取决于我们怎样利用它。所以，我们不应该反对女儿上网，而是要正确引导她们，让网络成为她们获取知识和信息的工具，而不是既浪费时间又伤害感情的“陷阱”。

对此，只要父母对女儿进行积极引导，并制订电脑使用规则，就可以让女儿正确上网了。

方法一：制订电脑使用规则

一位母亲曾经这样谈起自己的育女经验：

前年，我13岁的女儿对我说："妈妈，咱家也买一台电脑吧，我们班很多同学都买了电脑，非常好玩。"其实我早就想买一台电脑了，因为我和老公也想学一学。但是我听说很多孩子都沉溺于网络游戏，还因此耽误了学习，便对女儿说："妈妈可以给你买电脑，但是要给你制订一个电脑使用规则，你答应吗？"女儿非常爽快地答应了。

我想了想，给女儿制订了这样一份电脑使用规则：

第一，回家必须先写作业，写完作业才可以上网。

第二，每次上网时间不能超过1小时。

第三，可以听听歌、看看新闻，也可以适当玩些游戏，但是不要沉溺于游戏当中，更不要浏览不健康网站。

我给女儿买来电脑后，把这份"电脑使用规则"贴到了电脑旁边，以提醒女儿。因为女儿事先答应了我的要求，所以尽量按照制订的规则去做。当然，女儿也有控制不住自己的时候，上了1个小时的网仍恋恋不舍，不肯下线。这时候我会提醒她，并把规则念给她听。经过我的提醒，女儿一般会乖乖地关闭电脑。

值得我们注意的是，如果女儿违反规则时，父母不要纵容她，一定要按照规则执行。此外，我们也要充分信任女儿，这样，她们就会自觉地约束自己了。

方法二：引导女儿把网络当成一种学习工具

李镇西老师指出，之所以很多中学生在网络上浪费了大量时间，是因为他们上网没有明确且积极的目的，一切都是盲目的。李老师同时指出，父母应该积极引导孩子，让他们带着任务上网，把网络当成一种学习工具。告诉他们上网不仅可以聊天、玩游戏，还可以看新闻、查资料、收发邮件和制作网页等。当女儿明白了这些之后，她们上网时就不仅仅是聊天或玩游戏了。

方法三：让女儿注意网络安全

因为网络具有虚拟性，所以存在着一定的安全隐患，这也是我们必须提醒女儿的。

一位非常优秀的父亲曾经有过这样的育女经验，非常值得我们借鉴：

有一段时间，女儿沉溺于QQ聊天，每次上网都很是兴奋。我知道，现在的孩子生活非常孤独，需要到网络上去交朋友、去发泄。但是我非常担心女儿交到坏朋友，因为女儿是一个非常单纯的孩子，别人说什么她都相信。

过了两天，我拿了一张报纸对女儿说："雨琦你看，又有女孩被网友骗了。"那张报纸讲了两个女孩去见网友，被网友监禁起来，并强迫她们出卖肉体，直到两个月后警察侦破了这个案子才被解救出来。女儿看过后非常震惊，好半天说不出话来。我趁机说："现在网络上骗子太多了，你一定要多加注意。如果有网友要你的家庭住址、电话号码等信息，你一定不要告诉他。如果有网友约你去见面，你也不要单独去见他，以免上当受骗。另外，你的照片也最好不要发到网上，因为有些网友喜欢恶搞，他说不定把你的照片弄成什么样子呢。"女儿听了我的话不住地点头，对我说："爸爸，我记住了。"

上面这位父亲是一位非常聪明的父亲，他没有利用说教的方式，而是用报纸上那些残酷的事实给女儿上了一课，让女儿加强了防范意识。另外，我们也要告诉女儿不要到网吧上网，因为那里人群嘈杂，更不安全。此外，我们还可以在电脑上安装保护软件，以便过滤那些"黄色、暴力"的内容，让女儿远离伤害。

教育专家给女孩父母的育女方案

女孩子经常在网上"冲浪"，甚至去浏览一些黄色网页，这让女孩的父母们非常担心，对于如何改善这一状况，王金战老师给出的方法是：

1．父母要有耐心，并且要为孩子提供一个温暖、民主、宽松的家庭环境，让她在家里有一种很舒服的感觉。

2．父母要学会从改变自己开始，更要学会跟孩子进行良好的沟通。

3．学会给孩子确立目标，分散她在网络上的注意力。

第97招　培养女孩的自我保护意识，让她远离不良的诱惑

下午放学了，春风等了半天仍然没看见妈妈来接自己。她正等得着急的时候，一个陌生的中年男人走过来对她说：“你是春风吧？我是你妈妈的同事。你妈妈今天有事不能来接你了，让我代她来接你。车在那边，我们上车吧。”春风连想都没想就和陌生男人上了车。

上面这个事例是一位儿童心理学家在一所小学里做的一个试验。他用这样简单的方法，让很多孩子都上了当。在做完这个试验后，这位儿童心理学家指出，现在的孩子自我保护意识非常弱，尤其是一些小女孩，她们对陌生人的话深信不疑，问都不问一下就和陌生人上了车。

也许我们应该为那些上了陌生人的车的孩子庆幸，因为这只是一个试验而已，并没有真正伤害到他们。但是在生活中，这样的案子是非常多的。据报载：

有两个初中女生在晚上回家，遇到两个开车的司机问路。那两个司机把车门打开，示意她们走近一点儿。两个女孩根本没有防范意识，就走了过去。结果两个司机一下子抓住她们，用力往车里拖。其中一个女孩挣脱出来逃掉了，而另一个女孩被拖了进去。后来这个女孩被不法分子辗转带到好多省份，不仅惨遭强暴，最后还被两人残忍地杀害。

生活是美好的，但是生活中也存在着危险和诱惑，尤其对女孩来说，她们更容易成为一些不法分子欺骗和伤害的对象。所以，我们要提高女儿的自我保护意识，让她们远离这些危险和诱惑，快快乐乐地生活。

生活中的危险和诱惑非常多，为了防止女孩受到伤害或上当，父母可以采用下面几个方法，提高女儿的自我保护意识。

如果女孩从小就缺少“安全教育”，那么日后就很容易陷入危险和诱惑的“旋涡”。

父母应该提高她们的防范意识，让她们不要太轻信陌生人的话。

方法一：教育女儿多提高警惕

女孩心地善良，很少对他人具有防范意识。因此，父母应该提高她们的防范意识，让她们不要太轻信陌生人的话，并告诉她们一些自我保护的方法。我们应该告诉女儿：独自在家时不要给陌生人开门；外出时应走安全路线，避开那些偏僻和陌生的地方；晚上最好不要外出，如果外出的话要结伴而行；不接受陌生人提供的饮料或者食品，谨防里面有麻醉药物；不和陌生男人在偏僻的地方单独见面，尤其是陌生男人的家里……把这些告诉女儿，可以提高她们的警惕，让她们远离各种危险的侵害。

方法二：教育女儿远离诱惑

前一段时间，网络上有这样一则新闻：

有一个女孩一直梦想成为明星，她看到网上某个电影公司正在招募演员，便报了名。谁知道这家公司根本不是一个正规的电影公司，它打着招募演员的名义，背地里却从事卖淫活动。这个女孩在公司老板的诱骗下出卖了自己的身体，但却并没有换来自己想要的名气，等她幡然悔悟的时候，一切都已经晚了。

在生活中，诱惑是非常多的。有很多女孩子禁不起诱惑，最后掉入了别人设计的陷阱中，成了别人的猎物。所以，我们要培养女儿坚强的意志力，让她们勇于对诱惑说“不”。这样，她们才能保证自己的安全，快快乐乐地生活。

方法三：和女儿进行情景训练

一位优秀的母亲曾经这样谈起自己的育女经验：

我女儿今年12岁了，眼看都快长成大姑娘了，但是却非常单纯，连一点儿自我保护意识都没有。我觉得这样非常不好，因为生活中充满着危险和诱惑，我应该提高女儿的警惕性才对。于是，没事的时候我就和女儿做起了“情景训练”。例如，我会问她：“女儿，你说要是爸爸妈妈都不在家，有陌生人叫门，你开不开呢？”女儿想了想说：“不开，给陌生人开门太危险了。”我点了点头说：“对，不能开，因为那样太危险了。但是如果叫门的是你认识的人呢？例如爸爸或者妈妈的同事。”女儿想了想说：“这应该开吧，都是认识的人。”我说：“咱们前些天不是在电视上看过了吗？很多小孩都是被熟人绑架的。”女儿说：“那就也不开。”我说：“你可以给认识的人开门，但是开门前先给爸爸或者妈妈打个电话。”除了这个开门问题外，我还和女儿做过其他的“情景训练”，比如遇到坏人怎么办、遇到骗子怎么办等，我感觉，用这种情景训练的方式比单纯说教的方法要好得多，孩子不仅更容易接受，在真的遇到这种情况的时候，也更能想起用什么样的方法来应付。

这种有目的的情景训练对提高女孩的自我保护意识非常有效，父母不妨一试。

教育专家给女孩父母的育女方案

不能抵制诱惑对女孩的一生影响很大，尤其是当她处在独立意识薄弱的情况下时很容易被诱惑，进而做出不当行为，那么父母如何培养女孩抵抗诱惑的能力呢？教育专家王金战老师给出的建议是：

1. 要让女孩学会理解需要与可能的关系，多给她讲道理。

2. 父母应加强对女孩心理素质方面的培养。

3. 父母应学会满足女孩的正当需要。

第98招　鼓励女孩广交友、慎交友、交好友

孔老夫子曰：“益者三友，损者三友。友直、友谅、友多闻，益矣；友便辟、友善柔、友便佞，损矣。”可见，选择什么样的人做朋友对一个人来说是多么重要。

天底下恐怕没有父母不希望自己的孩子交到品学兼优的朋友。但我们不能对自己的女孩“交友”要求太过严格，毕竟世界上并不是只有那些品学兼优的人才是值得结交的朋友，任何一个人身上都有他人值得学习的地方，尤其是对青春期的孩子来说，朋友更是他们生活的重要参与者。如果你不小心伤害了女儿最好的朋友，那么也等于伤害了自己的孩子。

一天，老师给班上的同学布置了一篇作文，题目自拟。13岁的西西写的是一篇《妈妈，那是我的朋友》的文章，内容大概是这样的：

妈妈总希望我结交那些品学兼优的好学生，像会游泳、会弹琴、经常拿各种大奖的同学……有一天，我带朋友到家里玩，当妈妈发现我最好的朋友如燕是一个中等生时，她失望极了。朋友走了之后，妈妈就开始不停地唠叨我，甚至让我和如燕“绝交”，去选择那些“优等生”交朋友，还说和这些成绩平平的女孩子交朋友，会影响我的学习和人生。我心里虽然很清楚妈妈说这些是为我好，但我并不觉得如燕比那些优等生差。虽然她的成绩不好，但她是一个很努力的人。每天我们都会在一起互相鼓励地学习，而且她的手特别巧，那些废弃的布片到了她的手里，很快就能变成一个可爱的布娃娃。我觉得和这样的朋友在一起很快乐、很充实……

女孩有选择自己朋友的权利，当然，作为父母，我们都希望女孩能够广交友、慎交友、交好友。但很多时候女孩带回家的“朋友”经常让我们难以接受，我们不喜欢势利小人，不喜欢恶棍，不喜欢不学无术之徒，不喜欢态度恶劣、言行粗鲁的孩子，但除非她们的行为真的令我们十分担忧，否则在干涉女儿“交友”的选择前，我们最好还是观察一下

女儿那些朋友的优点和吸引力。

另外，我们也可以依照下面这些方法去帮助青春期的女孩“交朋友”。

方法一：多尊重、少挑剔女儿的朋友

场景一：妈妈下班回到家，发现上初二的女儿正和两个同学在家里“大吃大喝”，杯盘狼藉的场面让妈妈看了很心烦。女儿一看妈妈回来了，马上站起来叫了声“妈！”但妈妈阴沉着脸没有回答，女儿的两个同学也赶紧站起来，叫了声：“阿姨，您回来了！”结果，这位妈妈理都没理，径直走进自己的房间，并“砰”的一声狠狠地关上门，半天没出来。女孩和自己的两个同学吓坏了，急急忙忙地溜走了。到了晚上，女孩开始绝食，并且无论父母怎么劝，都不吃饭，情绪也一直很低落。

场景二：乔乔要上卫生间，电话铃声就响了起来，爸爸接的，听到电话里好像要找自己。乔乔就想去接，但是爸爸冲她摆了摆手。电话挂断之后，乔乔问是谁打来的，爸爸满不在乎地说：“是张静，她说要来找你玩，我说你没在家，去你小叔家玩了。”乔乔不解地问：“我不是在家吗？为什么不让我接电话呢？”爸爸却说：“张静学习成绩那么差，整天就知道玩，她会把你带坏的，以后不要和她玩了！”可女儿不满地说：“我觉得张静挺好的，你一会儿说我这个朋友不好，一会儿又说那个朋友太差，人家都有很多朋友，凭什么您就觉得人家不好呢？”

曾经有人在中学里做过一项调查，当调查人员问学生们：“如果你的父母不喜欢你的朋友，你会怎么办？”结果，有 90% 以上的学生表示“会和好朋友继续交往”。可见，父母的阻止并不能起到什么效果。因此，面对青春期女孩的朋友，父母最好多一些尊重，少一些挑剔，并鼓励女孩学习朋友身上好的一面。

方法二：鼓励女孩找一个“互补”的朋友

父母应鼓励女孩选择那些和她成为“互补型”的朋友，这样才是对孩子最好的选择。因为朋友之间应该互相帮助、互相纠正，如果能够让女孩找一个和她性格不同或互补的人交朋友，那对完善女孩的性格来说会起到非常重要的作用。

例如，一个性格内向的女孩子需要一个性格外向一点的同伴；一个受到过分保护和溺爱的女孩子需要和那些性格独立、自主的孩子成为玩伴；一个不成熟的女孩子可以从一个比她大的朋友那里学到长处……

作为父母，我们最终的目的就是鼓励互相学习，让青春期的女孩和那些跟她们性格不同的朋友多接触，以便提升她们自身各方面的能力和修养。

方法三：培养女孩广泛的兴趣，增强她的交友自信

有一位母亲苦恼地在日记中这样写道：

一直以来，我都希望女儿能够结交到很多的好朋友，但是天性比较害羞的她，直到上了初中，也没有几个能玩得来的朋友。虽然我们很关爱她，但这并不能代替“朋友”带给她的乐趣，所以为了让女儿结交到更多的朋友，我送她去少年宫学画画。

没想到，一段时间后，女儿竟带着自己新交的两个好朋友来家里做客。原来，那两个小女孩也是刚学画画，三个小姑娘很投缘，所以一来二去关系就变得非常好。后来，我又鼓励女儿参加学校的运动队，因为她田径非常好，这个“小特长”又让她结交到了很多的好朋友。现在，女儿不再像以前那么孤单了，整个人都变得自信、乐观、热情起来，我想这就是“朋友多”带给她的改变。

与青春期的女孩最贴心的往往不是自己的父母，而是自己的好朋友。但她们又比较害羞、内向，交往能力有限。当出现这种情况时，父母不妨从培养女孩广泛的兴趣开始，在让女孩学到更多知识的同时，帮助她建立起交友的自信，进而结交到更多“志同道合”的朋友。

教育专家给女孩父母的育女方案

伊丽莎白·哈特利·布鲁尔认为“唯有承认并尊重孩子需求的管教方式”，才能让孩子的生活充满条理性、计划性和可预见性，否则他们很可能不会接受，反而会与父母成为“死对头”。对此，他给父母们提出的建议是：

1. 管教孩子要明确，并坚持优先原则，规则要简单、明了。

2. 管教孩子要坚定，同时也要友好和体贴。

3. 管教孩子要公平、一致，不要让孩子产生怨恨情绪。

第99招 不要忽视性教育——开诚布公地与女儿谈性

“性”已经不再是青春期少女被禁止的话题，现在十几岁的青春少女希望可以学习性的知识，因为她们正被性的问题所烦扰，并为此感到困惑，她们希望能够得到更现实的、亲身的答案。而且在实际生活中、文学作品中、电影里以及电视里，性的禁忌和避讳正在日益被打破，这就更助长了女孩们对性知识的渴求。

但是我们很多父母却不知道自己在青春期孩子的性生活中应该担任什么样的角色，所以父母们也在困惑。

一天，一位青春期女孩的妈妈去向心理医生咨询，因为她16岁的女儿跟她要避孕药。这位母亲苦恼地说道：“我了解我的女儿，我知道她恋爱了，想和她喜欢的那个男生发生关系，服用避孕药至少会让她安全。但是这样轻易地让她和别人发生性关系，让我这个做母亲的非常不舒服。”

心理医生回答说：“青春期的孩子跟父母要避孕药，正是这种要求说明她们还没有准备好进入成年期。假如你给女儿提供这种药，那同时你也让你的孩子失去了一个重要的经历：自己的决定自己承受。一个成熟的人不会把自己的责任推到另一个人身上，她要承担自己的责任。”

于是，这位母亲回到家之后对女儿说：“亲爱的，如果现在你觉得自己已经准备好可以有性行为了，那么你同样可以去向医生咨询避孕药的事情。如果我现在给你避孕药，那么我就要为你的行为承担责任，而不是你自己承担责任。”

的确，青春期的孩子已经算是大人了，她们应该为自己的事情负责。无论是对待“性”的问题，还是对待自己的人生，父母都要教她们对这些负起责任，要让她们明白很多事情，如果她们非要去做，那就要自己承担后果。

除此之外，父母还可以从其他方面对青春期的女孩进行性教育，让她们学会珍爱自己，顺利度过青春期。

方法一：要善于回答女儿提出的性问题

一位母亲这样讲述自己的育女经验：

有一天，12 岁的女儿突然很认真地问我："妈妈，我想问您一个问题，但是您一定要老实回答我，而且不许笑。"我见女儿这么一本正经，也郑重地点点头。这时，女儿有点不好意思地问我："妈妈，你说接吻的时候怎么喘气呀？"

我马上大大方方地笑着说："我们吸气的是鼻子，吃东西的是嘴巴。你用手捂住自己的嘴，看能不能喘气。"

女儿听完我的建议，果真试了试，然后又问我："妈妈，我看电视剧里男女接吻的时候总是侧着头，然后找个合适的角度，他们是不是怕鼻子碍事？"

"女儿，你说得很对，观察得也很仔细。"我赞许道。

这位母亲做得非常好，她没有对于女儿的这种好奇心横加指责，而是通过循循善诱的方式抹掉了女儿心理上对性问题的神秘色彩，使女孩之后能够正确对待性问题。

所以，如果女儿向你提出一些性问题，作为父母的你既不要藏着掖着，也不要批评、指责女儿，而是应该采取合适的方式回答女儿的性问题。

方法二：告诉女儿"可以做什么"

现在很多父母总在担心青春期的女儿会做出一些出格的事情，于是不停地提醒她们"这个不许做""那个不许做"，还总是喜欢把事情的后果严重化。岂不知父母这种"强迫式"地切断女儿与"性"之间的关联，只能让女孩对"性"的神秘性越加好奇，甚至促使她们更想去试一试。

因此，父母最好在给自己的女儿讲解各类性提问时，告诉你的女儿她"能做什么"，如可以和男同学一起玩、与男生握手等。

当然，有些原则父母一定要及早对女孩强调，例如，恋爱不要太早，不要轻易去尝试性关系，对感情要有责任心，不要把爱与性盲目地联系在一起，等等。

方法三：及时拉“犯错”的女孩一把

青春期少女怀孕的现象在实际生活中并不少见，她们或是因为对性的好奇，或是一时冲动，或是把爱与性盲目地联系在一起，以至于偷食了禁果。那么面对这种现状，父母们应该怎么做呢？是将女儿暴打一顿，骂她“不知廉耻”，还是找到害女儿怀孕的那个家伙大闹一场？无论你选择上面哪种方式，最后受伤害的永远是你的女儿。

其实，女孩子因为意外怀孕的事情，心理压力已经很大了，如果这时父母偏要不依不饶，很可能会把自己的女儿逼上绝路。与其如此，倒不如及时地拉女儿一把，帮助她妥善地解决问题，用自己博大的爱让“受伤”的女儿感到温暖和感动。下面这位母亲在这方面就做得非常好：

一天晚上，女儿走进我的房间，怯生生地丢给我一个“重磅炸弹”：“妈妈，我怀孕了！”当时我就被炸蒙了，丈夫正好出差不在家，我该找谁去商量这件事呢？幸好，我很快冷静了下来，女儿才刚刚16岁，现在最明智的做法就是把孩子打掉。

在这个过程中，我并没有责怪女儿，而是把她当成一个生病的孩子那样悉心照顾，给她讲生理卫生和避孕常识，给她讲我年轻时的恋爱经历……很快，女儿放下了心理包袱，把事情的始末告诉了我，原来她和一个男生互生情愫，两人一时冲动就偷尝了禁果。

我告诉女儿爱慕异性并没有错，但是过早发生性关系是不明智的。但知错能改，善莫大焉，我希望她以后不会再犯这样的错误，并且把这件事情当成我们两人之间的秘密，谁也不对他人提起，就连女儿的爸爸也不知道。

后来，女儿的身体康复之后，更加勤奋地学习，严格自律，和那位男同学正常交往，而且没有再和他单独相处过，更没有告诉他怀孕的事情。

现在，女儿已经成功考取了国外的一所名牌大学，并且年年获得奖学金。我想，如果当初我做错了决定，选错了教育方式，那么女儿很可能不会变得这么成功。

教育专家给女孩父母的育女方案

著名教育专家郑委老师在谈到青少年“性教育”的问题上，认为父母应从以下几方面去做：

1. 让孩子通过百科全书或专门的青春期读物等正规渠道学习生理知识。

2. 尊重孩子，并学会与孩子进行有效沟通。

3. 重视情感教育，帮助孩子树立正确的人生观、价值观、恋爱观、婚姻观和家庭观。

生命诚可贵
——教女孩正确看待生与死

青春期少女原本应该迎着朝阳快快乐乐地生活，应该享受花季、雨季般的青春浪漫，应该充满激情地去创造属于自己的美好人生。但是却有很多青春期女孩选择在人生最美好的年纪结束自己的花样年华。

某中学的 3 名女生因为看了电视中特殊的自杀方式，便商议一起尝试，最终造成两人死亡。

某高中的一名女学生，因为自己一直喜爱的偶像突然去世而自杀。

2003 年，北京一名 14 岁的女生因为学习成绩不理想，遭到家人的批评而服毒自杀。虽然经过医生的极力抢救脱离了生命危险，但这件事在女孩的心中留下了永远退不去的阴影。

2005 年，山西省一名年仅 12 岁的少女留下一封遗书后，自缢身亡。遗书上写道：

"亲爱的爸爸妈妈，我觉得压力好大，我承受不了了，唯有一死求解脱……"

2006 年，某高中的一名高一女生，因被同学怀疑是小偷，而忍受不了耻笑，最后走上了绝路……

看着这些正值青春年华的女孩一个个走上不归路，我们是无比痛心的！但为什么我们的孩子会这么脆弱，为什么想不开的时候她们只想到了"死亡解脱"？这里面深藏的问题值得我们父母深入思考。

其实，归根结底，女孩没有处理好"生与死"的问题，根源就在于女孩的父母。如果父母能及早对自己的孩子进行"生死教育"，并帮助她们化解心中的矛盾和情绪，这些少女就不会走上死亡之路。

那么有哪些具体的方法可以帮助父母们教育青春期少女正确看待生死，学会珍爱自己的宝贵生命呢？

方法一：让女孩正确认识到自己生命的价值

一位聪明的母亲曾这样谈起自己的育女经验：

有一次，上高一的女儿突然好奇地问我："妈妈，人为什么要活着呀？"我想了一下，笑着说："女儿，你这个问题问得非常好。妈妈认为，人是因为爱而活着的。举个例子来说，妈妈是因为有你爸爸、有你，还有外公和外婆的爱活着的。因为你们爱我，所以我才活得有希望、有成就感。"

女儿突然调皮地又问："那我们要是都不爱你了呢？"

我仍然笑着说："假如真有那一天，我也会把自己无私的爱奉献给你们，让你们能因感受到我的爱而活着。"

女儿动容地搂着我说："妈妈，我知道了，我也要为了爱而活着。"

很多青春期的孩子都会和上例中的女孩一样，对"人为什么活着"而存有疑惑。或许很多父母会说，这个问题多好回答——人可以为了家庭而活着、为了事业而活着、为了衣食住行而活着……

没错，你可以告诉女孩千万种人活着的理由，但无论是哪一种答案，这个答案都必须是乐观的、积极的、向上的，因为只有这样，才能让女孩们正确认识"人来到这个世上是为了什么"，才能让她们充满希望和热情地为未来打拼。

方法二：用恰当的词语向女孩表达和描绘死亡

"死亡"两个字并不可怕，但是在中国很多父母却把这个词语渲染得很可怕，例如，人死后要下地狱，森罗宝殿里有阎王爷、黑白无常，还有各种各样的残酷刑具，像刀山、血池、油锅、刑场等。这些都会让女孩对"死亡"产生误解。

除此之外，还有一种情况，也会让女孩产生误解，那就是对"死亡"的浪漫化和神话，例如，人死后可以轮回转世，甚至还会死而复生……这些思想观念很容易使女孩们认为死亡不算什么，更认为死亡是一种解脱。

因此，父母必须正确地对女孩进行"生死教育"，用恰当的语言向女孩表达和描述死亡，让她们认识到死亡是一种客观存在的现象，它既没有那么恐怖，也不像书中、电视里描写的那么美好。死亡只是一件自然现象，是一个人人都会遇到的"平常事"，然后鼓励女孩更加珍爱生命。

方法三：让女孩学会坦然接受生命的终结

女儿弯弯是她外婆一手带大的，所以她们的感情非常深厚，但我的母亲因为得了重病，最终离开了人世，这让女儿难以接受。再加上当时她正在寄宿高中上学，我们为了让她安心学习，就没有告诉她外婆去世的消息。

女儿知道这个消息后，非常伤心，整个假期都异常消沉，饭也吃得很少，还经常把自己锁在房间里偷偷哭泣。

我实在看不下去，就决定和女儿好好谈一谈："弯弯，妈妈知道外婆的去世令你很难过，妈妈也和你一样伤心，但悲伤并不能让外婆重新回到我们身边。"女儿仍伤感地说："妈妈，你说的我都知道，可是我总觉得外婆没离开我，她还会回来的。"

我摸着女儿的头说："乖女儿，妈妈了解你的感受。不过，外婆确实是去世了，有一天妈妈也会不在，这是大自然的规律。如果妈妈活到几百岁，岂不成了老妖怪。""妈妈才不是，无论你多老都是我最漂亮的妈妈。"说完，女儿破涕为笑，绽放了久违的笑容。

现实生活中，女孩们常常会接触死亡，如心爱的小兔子死了、邻居的老爷爷去世了、在马路上突然遇到一只死去的小狗……这些都是父母对女孩进行"生死教育"的绝佳时机，但前提是你不能说谎，而是真诚地告诉女孩一切，让她学会坦然接受生命的结束。

教育专家给女孩父母的育女方案

儿童心理学家海姆·G·吉诺特说："如果死亡对于成年人来说是一件难以捉摸的事情，那么，对于孩子来说，死亡就是神秘面纱下的谜团。"因此，为了帮助孩子正确面对死亡，应该这样做：

1. 不剥夺孩子痛苦和哀伤的权利，让她自由地为失去的生命和爱而哀悼。

2. 允许孩子充分地表达出自己的担心、幻想和感受，此时成人只需做一个贴心的聆听者。

3. 在简洁、诚实地告诉孩子死亡的真相时，应给她一个充满善意的拥抱和关切的眼神，让孩子安心。

附录一

父母最不该对女孩说的话

1.“说你几句就不高兴！”

专家建议：女孩挨骂后自然会有情绪，父母这时不要“火上浇油”再数落了。

2.“你怎么这么笨！”

专家建议：父母批评女孩时切忌使用讽刺、过激的语言，以妨碍女孩潜能的发挥，父母应帮助女孩找方法。

3.“别动，等你长大后再帮我！”

专家建议：父母应该分阶段培养女孩的动手能力，应该鼓励女孩去做，给女孩尝试的机会。

4.“你问我，我问谁！”

专家建议：父母说这种话会使女孩觉得受到了冷遇。这时，不妨说：“我也不太清楚，你可以再好好想一想。”

5.“不做完作业就别想玩！”

专家建议：父母应该和女孩一起制订一个合理的时间表，让女孩按照时间表来安排自己的时间。

6.“大人说话，小孩别插嘴！”

专家建议：这种话无形中会伤害女孩的自尊心。父母应该尊重女孩的表达需求。

7. “说不行就不行！”

专家建议：父母切勿制订过多的限制，影响女孩的成长。父母应该倾听女孩的想法，给出合理的建议。

8. “为了妈妈，你一定要考好！”

专家建议：父母应给女孩足够的自立、自主空间，不要把自己的意愿强加在孩子的身上，要让孩子为了自己而学习、生活。

9. “老毛病还没改！”

专家建议：面对女孩的各种坏习惯，父母们应仔细观察，找出原因，通过潜移默化的办法改掉坏习惯。

10. “你看看人家的孩子！”

专家建议：当女孩失败时，不要拿别人的孩子和她比较，这样容易导致她们自卑，应该给予女孩安慰。

11. “谁让你撒谎的！”

专家建议：当女孩撒谎时，父母应该通过间接引导的方式让女孩认识到问题的严重性，这样她以后就不会再犯了。

12. “一点礼貌都没有，快叫人！”

专家建议：父母应针对女孩不敢与人打招呼的具体原因，如怕生人等，采取有针对性的方式帮助女孩提高交际能力。

13. “出去就永远别回来！”

专家建议：当女孩顶撞父母时，威胁或以暴制暴只能激化矛盾、恶化亲子关系。父母应该多一些聆听、宽容、理解。

14. “要是这样，你一辈子都没有出息！”

专家建议：父母教育女孩时切忌否定女孩。应该以女孩的优点和兴趣为启动点，鼓励女孩，从而加速女孩的进步。

15“闭嘴，小孩子问那么多干什么吗！”

专家建议：父母应该耐心回答女孩的问题，也可以和她一起查资料找答案。

16.“考100分我就给你买礼物！”

专家建议：用金钱去“引诱”女孩，不如找出女孩不愿读书的根源，然后对症下药。应以精神鼓励为主。

17.“你这个窝囊废！”

专家建议：这样数落、嘲讽女孩，会让女孩变得胆怯、自卑。父母的鼓励是女孩最好的助推力。

18.“当个小组长有什么了不起！”

专家建议：女孩取得成绩后，父母要及时给予肯定和鼓励，这样女孩才会变得更有信心，更加努力。

19.“早知道这样，当初就不该生你！”

专家建议：这种践踏女孩尊严的话只会让她感到自卑，变得自暴自弃。父母批评女孩要注意用词。

20.“你敢不听我的话！”

专家建议：在劝说女孩时采取强压方式易激起女孩的逆反心理，应采取平等式沟通。

21.“你为什么不还手打他？！”

专家建议：不要纵容女孩报复，正确的做法是和女孩一起分析产生矛盾的原因，让女孩自己去解决。

22.“你这个‘人来疯’！”

专家建议：让女孩在日常生活中感受到家庭的快乐氛围，这是解决女孩“人来疯”的根本方法。

23.“马上给我滚！”

专家建议：这种话会让女孩觉得父母不再爱她了。父母应尽量克制自己，以避免伤害亲子感情。

24.“没看我正忙着吗！”

专家建议：父母说这句话容易让女孩放弃探索和学习。可以告诉女孩现在很忙，等忙过后再听她说。

25. “按我说的做！”

专家建议：女孩不是父母的傀儡，对于女孩的合理想法和意愿，父母不妨放手让女孩去独立完成。

附录二

父母最不该对女孩做的事

1. 吓唬孩子。

专家建议：父母的“恐吓管理”并不利于孩子的健康成长，如果遇到不听话的孩子，父母最正确的做法就是弄清楚孩子不良行为背后的原因，然后坦诚地指出孩子的错误。

2. 老是给孩子开“空头支票”。

专家建议：父母不应该欺骗孩子，而是应恪守自己对孩子的承诺，做到不失信于孩子。

3. 当着孩子的面议论他人是非。

专家建议：孩子易受家庭和父母的影响，而特别容易模仿大人。因此，父母切忌在孩子面前议论他人是非，如果非要讨论，最好避开孩子。

4. 用金钱“塑造”孩子。

专家建议：金钱不能代替亲子之爱，父母应多抽出时间陪陪孩子，真正地了解孩子需要的是什么。

5. 偷看孩子日记。

专家建议：父母应给予孩子充分的信任和独立的空间，要让孩子有决定自己事情的权利，让孩子有自己的隐私。

6. 孩子的理想，我做主。

专家建议：父母在谈论孩子的未来时，不宜用做大官、挣大钱、住豪宅这类的功利想法来激励孩子，应切实尊重孩子的理想。

7. 让孩子自己玩。

专家建议：父母不应漠视孩子的内心感受，除了给予孩子物质上的支持，还应该给予孩子精神上的关心。

8. 过分干涉孩子的衣着、发型。

专家建议：父母要正确看待自己和孩子在衣着、打扮方面的分歧，尽量尊重孩子自己的选择，允许孩子做自己喜欢的事情。

9. 夸大孩子的天然缺陷。

专家建议：父母应平静地接受孩子的一切，包括外表的小遗憾，既不能用“缺陷”逗弄自己的孩子，也不必刻意地掩饰它。

10. 禁止孩子的顽皮行为。

专家建议：父母切忌对孩子什么都警告、什么都禁止，而应在第一次发现孩子做错的时候，明明白白地告诉孩子，这件事情会造成什么样的影响。

11. 觉得孩子的行为荒唐，嘲笑她。

专家建议：作为父母，当女儿讲述她们千奇百怪的想法和伟大构想时，父母这时最应该做的就是鼓励自己的孩子。

12. 总是命令孩子“干什么”“怎么干”。

专家建议：父母在跟自己的女儿讲话时，要特别注意自己的语气，摒弃那些命令的语气，应多用协商和提示的口吻。

13. 不支持孩子的社会实践活动。

专家建议：父母应多支持一下女孩的社会实践活动，这样可以锻炼孩子怎么与客人打交道、怎么说服他人、怎么推销自己的商品、怎么合作和怎么理财等多方面的能力。

14. 替孩子陈诉“冤屈”。

专家建议：父母不应该替孩子陈诉冤屈，而应该让孩子认识到委屈和误解是人生常见事，然后告诉她如何恰当地去选择时机给对方解释清楚。

15. 用“分数”“名次”衡量孩子。

专家建议：作为父母，应冷静对待孩子的成绩，并用欣赏和发展的眼光，帮助孩子发掘其自身的潜力和优势。

16. 干涉孩子交朋友。

专家建议：父母不要干涉自己孩子的朋友，更不要以自己的好恶来评价他们，而是要选择相信孩子，在询问过孩子对自己朋友的评价后，再说出自己的想法。

17. 带孩子串门，不让孩子吃人家东西。

专家建议：父母没必要非让孩子禁锢自己的欲望，只要让孩子注意一些基本的礼仪就够了。

18. 忽略孩子 AQ 的培养。

专家建议：逆境商（AQ）对孩子的一生非常重要，父母不应该对孩子过度保护、溺爱，而是应让孩子也时常吃些“苦头”，学会如何应对人生的挫折和困境。

19. 责备孩子撒谎。

专家建议：父母应首先弄清楚孩子撒谎的原因，然后再决定用什么样的办法去纠正孩子的这种不良行为。

20. 一个“唱白脸”，一个“唱红脸”。

专家建议：父母在教导孩子时，应该保持相同的权威和立场，以免孩子不知道在家里到底该听谁的话。

21. 孩子提出问题时加以否定。

专家建议：父母应多鼓励孩子发散性地思考，在衡量她答案的合理性的同时，让孩子始终保持着强烈的好奇心。

22. 拿孩子跟别人的孩子做比较。

专家建议：父母们应用“平常心”面对自己的孩子“不如他人”的事实，然后多给自己的孩子创造自我展示的机会，相信她也能做到最好。

23. 把自己的梦想“移植”在孩子身上。

专家建议：孩子有实现自己梦想的权利，父母不应该把自己的梦想强加在孩子的身上，而是应该鼓励孩子朝着她自己的梦想前进。

24. 用拳头告诉孩子对与错。

专家建议：父母惩罚孩子要有“度”，一定不要伤害孩子的自尊心，更不能去伤害孩子的身体，很多时候说服教育比暴力教育更有教育效果。

25. 回避对孩子的性教育。

专家建议：父母应放平自己的心态，坦然面对孩子性教育的问题，开诚布公地与孩子讨论性及性器官的基本常识，让孩子知道大人对此所保持的态度。